Claas Birkemeyer

Privatisierung der Verantwortung im Umweltschutzrecht

Herausgegeben von

Prof. Dr. Martina Haedrich,
Friedrich-Schiller-Universität Jena

und

Prof. Dr. Michael Kotulla, Universität Bielefeld

Claas Birkemeyer

Privatisierung der Verantwortung im Umweltschutzrecht

Berliner Umweltrechtliche Schriften – Band 11
Herausgegeben von Haedrich/Kotulla

11

lexxionVerlag

Bibliografische Informationen der Deutschen Bibliothek

Die Deutsche Bibliothek verzeichnet diese Publikation in der Deutschen Nationalbibliografie; detaillierte bibliografische Daten sind im Internet über <http://dnb.ddb.de> abrufbar.

ISBN 978-3-939804-19-2

www.lexxion.de
Satz: typossatz GmbH, Berlin
Umschlag: Christiane Tozman

„Im Kern geht es darum, die Reichweite der Verantwortung des Staates für das friedliche Zusammenleben der Menschen zu bestimmen."

Prof. Dr. Eckart Klein, Mainz 1989

Für meinen Sohn Noah.

Vorwort des Herausgebers

Geht es um den Umweltschutz, denkt man in der Bundesrepublik Deutschland zunächst immer daran, was der „Staat" oder genauer die „öffentliche Hand" dafür tun soll oder muss. In dem Maße, wie staatliches Handeln in den Vordergrund tritt, wird zugleich die „Zuständigkeit" des Einzelnen für den Zustand der Umwelt, in der er lebt, relativiert. Dies geschieht vornehmlich mittels der geradezu unüberschaubaren Normenflut, welche den Staat und seine Organe zum verantwortlichen Handeln anhalten und den Einzelnen zu einem bloßen Adressaten solcher Maßnahmen werden lassen. Besonders signifikant äußert sich dieser Zustand mittlerweile durch die in Art. 20 a des Grundgesetzes dem Staat auch von Verfassungs wegen expressis verbis zugewiesene Umweltschutzverantwortung. Diese (Über-)Betonung der staatlichen Aufgabenwahrnehmung verwundert angesichts der primär jedem Grundrechtsträger durch das Grundgesetz garantierten Freiheit und der daraus resultierenden individuellen Verantwortlichkeit für die eigene Lebensgestaltung. Drängt sich dadurch doch der Verdacht auf, dass sich im Bereich des Umweltschutzes eine mit dem Leitbild unserer Verfassung vom selbstbestimmt und eigenverantwortlich handelnden Menschen nur schwerlich zu vereinbarende rechtliche und tatsächliche Schieflage etabliert hat. Dass dieses Phänomen bislang im Rahmen rechtswissenschaftlicher Abhandlungen geradezu stiefmütterlich – will heißen: kaum mehr als andeutungsweise – behandelt worden ist, muss spätestens bei näherer Betrachtung verwundern. Schlummert doch gerade in den Überlegungen zu mehr Einzelverantwortung auch ein noch immer weitgehend brach liegendes Chancenpotenzial, mit dessen Hilfe sich der Umweltschutz weiter effektuieren ließe. Um so überfälliger erscheint es daher, dass das mittlerweile als weitgehend selbstverständlich hingenommene Phänomen einmal kritisch hinterfragt wird. Genau das geschieht mit der hier vorliegenden Arbeit von Herrn Birkemeyer, wenn dort – soweit ersichtlich – erstmals der weitgehend in staatlicher bzw. öffentlicher Hand vereinigten Aufgabenwahrnehmung im Bereich des Umweltschutzes die Umweltschutzverantwortung eines jeden Einzelnen gegenübergestellt wird. Dabei thematisiert der Autor insbesondere die Frage einer möglicherweise vom Grundgesetz gebotenen anderen Verteilung der Umweltschutzverantwortung zwischen dem Staat und seinen Individuen. Ist allein schon der zurzeit eher „unorthodoxe" grundrechtlich-individualistische Umweltschutzansatz Birkemeyers bemerkenswert, so darf es geradezu als verdienstvoll angesehen werden, wenn der Autor mit seiner in diesem Band vorgestellten Studie versucht, diesen am streng etatistisch ausgerichteten geltenden Umweltschutzrecht zu messen und Alternativen dazu aufzuzeigen. Die Arbeit vermag eine Fülle neuer Denkanstöße zu geben und hat es daher verdient, in den Fachkreisen die ihr gebührende große Beachtung zu finden.

Prof. Dr. Michael Kotulla — Bielefeld, im Juni 2007

Vorwort

Die vorliegende Abhandlung entstand in den Jahren 2002 bis 2006 und wurde im Wintersemester 2006/2007 von der Fakultät für Rechtswissenschaft der Universität Bielefeld als Dissertation angenommen. Den Abschluss fand das Dissertationsverfahren mit der Disputation vom 15.3.2007.

Gemäß ihres programmatischen Titels – „Privatisierung der Verantwortung im Umweltschutzrecht" – berührt die Arbeit ein Thema, das Konjunktur hat und weitläufiger kaum sein könnte. Fern ab von teilweise hitzigen politischen Debatten um Entbürokratisierung, Normenfluten oder Privatisierungsmodellen wurde vorliegend ein eigener Ansatz gewählt, der die Bedeutung der Freiheit und Eigenverantwortung der Grundrechtsträger betont und das existierende Umweltrecht ausschließlich am Grundgesetz misst. Ungeachtet idealistischer oder wirtschaftlicher Interessen erweist sich dabei im Ergebnis aus verfassungsrechtlichen Gründen eine Pflicht des Staates, das hergebrachte System in weiten Teilen neu und im Sinne des Verhältnismäßigkeitsgrundsatzes „bürgerfreundlicher" zu formulieren.

Dank gilt vor allem meiner geliebten Frau Ulrike, die meine Doppelbelastung aus Dissertation und Tätigkeit als Anwalt oft als größere Belastung empfunden haben mag als ich selbst. Sie hat mich in allen Phasen der Arbeit unterstützt, nahezu ungeachtet eigener Befindlichkeiten.

Großer Dank gebührt ferner meinem Doktorvater, Prof. Dr. Michael Kotulla, M.A. für seine Ratschläge und seine Geduld, vor allem aber für sein stetiges Interesse an der Arbeit. Würdigung verdient ebenso Prof. Dr. Armin Hatje für die Erstellung des Zweitgutachtens.

Dank richtet sich auch an die Sozien der Rechtsanwaltskanzlei Streitbörger Speckmann, Bielefeld. Wenngleich man ein so hohes Maß an Verständnis und Geduld, wie es mir zuteil wurde, bei Ehefrau und Doktorvater vielleicht nicht immer voraussetzen darf, so tut man dies allzu oft, vielleicht oft allzu leichtfertig. Wenn einem aber ebenso viel Geduld und Verständnis auf beruflicher Ebene entgegengebracht werden, erfreut dies sehr und man darf sich überaus glücklich schätzen.

Nicht zuletzt danke ich meinen Eltern und Schwiegereltern, die immer an mich geglaubt und mich immer in allem unterstützt haben.

Claas Birkemeyer — Bielefeld, im Mai 2007

Inhaltsverzeichnis

Abkürzungsverzeichnis

a. A	andere Ansicht
a. F.	alte Fassung
ABlEG	Amtsblatt der Europäischen Gemeinschaften
Abs.	Absatz
AltholzVO	Altholzverordnung
AltölV	Altöl-Verordnung
Anm.	Anmerkung
AöR	Archiv des Öffentlichen Rechts
Art.	Artikel
AtG, AtomG	Atomgesetz
BauGB	Baugesetzbuch
BauO	Bauordnung
Bay	Bayern
BayVBl.	Bayrisches Verwaltungsblatt
BayVerfGHE	Entscheidungen des Bayrischen Verfassungsgerichtshofs
BB	Betriebsberater
Bbg	Brandenburg
BBodSchG	Bundesbodenschutzgesetz
Bd.	Band
Bearb.	Bearbeiter
BeckOK	beckonline Kommentar
BeckRS	beckonline Rechtsprechungsdatenbank
Begr.	Begründer
BGB	Bürgerliches Gesetzbuch
BGH	Bundesgerichtshof
BGHZ	Entscheidungen des BGH in Zivilsachen
BImSchG	Bundesimmissionsschutzgesetz
BImSchV	Bundesimmissionsschutz-Verordnung
Bln	Berlin
BNatSchG	Bundesnaturschutzgesetz
BT	Bundestag
BVerfG	Bundesverfassungsgericht
BVerfGE	Entscheidungen des Bundesverfassungsgerichts
BVerwG	Bundesverwaltungsgericht
BVerwGE	Entscheidungen des Bundesverwaltungsgerichts
BWaldG	Bundeswaldgesetz
bzgl.	bezüglich
bzw.	beziehungsweise

ChemG	Chemikaliengesetz
d. h.	das heißt
ders.	der selbe
DÖV	Die Öffentliche Verwaltung
Drucks	Drucksache
DStRE	Deutsches Steuerrecht - Entscheidungsdienst
DVBl.	Deutsches Verwaltungsblatt
EAG	Europäische Atomgemeinschaft
EG	Europäische Gemeinschaft(en)
EGKS	Europäische Gemeinschaft für Kohle und Stahl
EGV	Vertrag der Europäischen Gemeinschaften
ElektroG	Gesetz über das Inverkehrbringen, die Rücknahme und die umweltverträgliche Entsorgung von Elektro- und Elekronikgeräten
Erg.-Lfg.	Ergänzungslieferung
etc.	et cetera
EU	Europäische Union
EuGH	Europäischer Gerichtshof
EuGHE	Entscheidungen des EuGH
EuR	Europarecht (Zeitschrift)
EUV	Vertrag der Europäischen Union
EuZW	Europäische Zeitschrift für Wirtschaftsrecht
f./ff.	folgende/fortfolgende
Fn.	Fußnote
GefahrstoffVO	Gefahrstoffverordnung
GewA	Gewerbearchiv
GewA	Gewerbearchiv
GG	Grundgesetz
ggf.	gegebenenfalls
GO	Gemeindeordnung
grdl.	grundlegend
GRUR	Gewerblicher Rechtsschutz und Urheberrecht
h. M.	herrschende Meinung
Hrsg.	Herausgeber
i. d. S.	in diesem Sinne
i. e. S.	im engeren Sinne
i. V. m.	in Verbindung mit
i. w. S.	im weiteren Sinne
insb.	insbesondere

IVU-Richtline	Richtlinie über die integrierte Vermeidung und Verminderung der Umweltverschmutzung
JGG	Jugendgerichtsgesetz
JuS	Juristische Schulungen
JZ	Juristenzeitung
KfZ	Kraftfahrzeug
kg	Kilogramm
KrW-/AbfG	Kreislaufwirtschafts- und Abfallgesetz
LImSchG	Landesimmissionsschutzgesetz
lit.	Buchstabe
LKV	Landes- und Kommunalverwaltung
LSA	Land Sachsen-Anhalt
LWG	Landeswassergesetz
m. w. N.	mit weiteren Nachweisen
MMR	Multi Media & Recht
MV	Mecklenburg-Vorpommern
NachwV	Nachweisverordnung
Nds	Niedersachsen
NJOZ	Neue Juristische Online-Zeitschrift
NJW	Neue Juristische Wochenschrift
Nr.	Nummer
NRW	Nordrhein-Westfalen
NuR	Natur und Recht
NVwZ	Neue Zeitschrift für Verwaltungsrecht
NVwZ-RR	NVwZ-Rechtsprechungs-Report
NZBau	Neue Zeitschrift für das Baurecht
NZV	Neue Zeitschrift für Verkehrsrecht
OVG	Oberverwaltungsgericht
RdA	Recht der Arbeit
RhPf	Rheinland-Pfalz
Rn.	Randnummer(n)
ROG	Raumordnungsgesetz
S.	Seite
s.	siehe
s. o.	siehe oben
s. u.	siehe unten
Sächs.	sächsisch
Slg.	Sammlung
st. Rspr.	ständige Rechtsprechung

StGB	Strafgesetzbuch
StörfallVO	Störfallverordnung
u. a.	unter anderem oder und andere
UGB	Umweltgesetzbuch
UIG	Umweltinformationsgesetz
UmweltHG	Umwelthaftungsgesetz
UPR	Umwelt- und Planungsrecht
UVP	Umweltverträglichkeitsprüfung
UVPG	Gesetz über die Umweltverträglichkeitsprüfung
VerfGH	Verfassungsgerichtshof
VerfR	Verfassungsrecht
VerpackVO	Verpackungsverordnung
VerwArch	Verwaltungsarchiv
VG	Verwaltungsgericht
VGH	Verwaltungsgerichtshof
vgl.	vergleiche
Vorb.	Vorbemerkung
VwGO	Verwaltungsgerichtsordnung
VwVfG	Verwaltungsverfahrensgesetz
WHG	Wasserhaushaltsgesetz
WiRO	Wirtschaft und Recht in Osteuropa
z. B.	zum Beispiel
ZfA	Zeitschrift für Arbeitsrecht
zit.	zitiert
ZRP	Zeitschrift für Rechtspolitik
ZUR	Zeitschrift für Umweltrecht

Teil 1: Einleitung

Das Umweltschutzrecht im engeren Sinne bildet heute trotz seiner „problembezogenen Querschnittsaufgaben“[1] fast unumstritten ein eigenes abgrenzbares Rechtsgebiet.[2] Umweltschützende Rechtssätze zielen dabei verallgemeinernd gesprochen auf die Erhaltung und Verbesserung der natürlichen Lebensgrundlagen.

Eine genaue Eingrenzung des Umweltschutzrechts bereitet aber deshalb Schwierigkeiten, weil das Umweltrecht als Querschnittsrecht nahezu alle Lebensbereiche umfasst. Neben den oft als „klassische“ oder „reine Umweltgesetze“ bezeichneten Gesetzen, u. a. zum Schutz vor Immissionen (BImSchG, LImSchGe), des Bodens (BBodSchG), der Gewässer (WHG, LWGe) oder zum Umgang mit Abfällen (KrW-/AbfG), finden sich umweltschützende Regelungen auch in traditionelleren Materien wie im BauGB (vgl. u. a. § 1 Satz 2 Abs. 5 Nr. 1, 7, §§ 1 a, 2 a BauGB), in der Raumplanung (§ 1 Abs. 2 Satz 2 Nr. 2 ROG), ferner im Energie-, Berg-, Verkehrs-, Landwirtschafts- und Forstrecht, im Jagd- und Fischereirecht, im Tierschutz- sowie im Gesundheits- und Arbeitssicherheitsrecht.[3]

Zum Erreichen seiner Ziele kennt das Umweltrecht verschiedene Instrumente, mit denen es auf die Normenadressaten einwirkt.[4] Hierzu gehören im Wesentlichen Instrumente der Planung, der direkten Verhaltenssteuerung – wie u. a. Anzeigepflichten und Erlaubnisvorbehalte oder gesetzliche Ge- und Verbote –, zudem Instrumente indirekter Verhaltenssteuerung, ferner der betrieblichen Organisation sowie der staatlichen Eigenvornahme.[5]

Betrachtet man diese Instrumente, stellt sich heraus, dass der Staat im Bereich des Umweltschutzrechts trotz vieler jüngerer Modernisierungsversuche im Verwaltungsrecht ein weitgehendes Aufgabenfeld einnimmt. Die Planungsinstrumente, welchen im Umweltrecht ein hoher Stellenwert zukommt,[6] sind ungeachtet der Vielzahl ihrer verschiedensten Ausprägungen letztlich in der Regel originäre staatliche Maßnahmen – entweder solche der Exekutive oder der Legislative.[7] So stellt der Staat stets die maßgebenden Organe des Planungsverfahrens und -beschlusses. Gleiches gilt für die administrativen Kontrollinstrumente, u. a. die Anzeigepflichten und Erlaubnisvorbehalte, welche im Gewerberecht und

1 Schmidt-Aßmann, NVwZ 1987, 265, 265; Kotulla, Umweltrecht, Teil 1, Rn. 19; Kloepfer, Umweltrecht, § 1; Rn. 59; Helberg in: Koch (Hrsg.), Umweltrecht, § 3, Rn. 27.

2 Wolf, Umweltrecht, § 1, Rn. 4; bereits: Erbguth, NVwZ 1982, 649 f.

3 Vgl. hierzu Kloepfer, Umweltrecht, § 1, Rn. 70; Helberg in: Koch (Hrsg.), Umweltrecht, § 3, Rn. 27 ff.

4 Helberg in: Koch (Hrsg.), Umweltrecht, § 3, Rn. 62 ff.

5 Die Einteilung erfolgt hier nach Kloepfer, Umweltrecht, § 5, vgl. Rn. 4.

6 Schmidt-Aßmann, NVwZ 1987, 265, 270 f.

7 Allgemein zur staatlichen Planung, Maurer, Allgemeines Verwaltungsrecht, Teil 4, § 16, Rn. 1 ff.

ursprünglich im Polizeirecht wurzeln.[8] Zuständige Stelle dieser Eröffnungskontrollen ist herkömmlicherweise wiederum stets ein Hoheitsträger. Bei der staatlichen Eigenvornahme zeigt sich das Ausmaß des Staatsanteils im Umweltschutz am deutlichsten: Neben Notzuständigkeiten bei Gefahr im Verzug kennt das Umweltschutzrecht hier überdies Umweltschutzmonopole des Staates, die Tätigkeiten von Einzelnen weitgehend ausschließen – beispielhaft sei die nukleare Entsorgung (vgl. § 9 a Abs. 3 AtG) erwähnt. Hinzu kommen Forschung und Ausbildung im Umweltschutz, die vielfach in staatlicher Aufgabenwahrnehmung organisiert werden sowie bestimmte Dienstleistungen, wie die Entsorgung von Abfällen und Tierkörpern oder von Abwasser.[9] Die konsensualen[10] Instrumente und Instrumente indirekter Verhaltenssteuerung treten dahinter zurück, zumal auch hier der Staat nicht auf ein Gleichordnungsverhältnis beschränkt ist, sondern ihm eine weitgehende Entscheidungsmacht verbleibt.

Vergegenwärtigt man sich das immense Ausmaß der staatlichen Aufgabenwahrnehmung im Umweltschutzrecht und bedenkt gleichzeitig die überaus große Reichweite des Umweltschutzrechts in alle Bereiche des gesellschaftlichen Lebens, ergibt sich spiegelbildlich eine untergeordnete Bedeutung der Eigenverantwortlichkeit des Einzelnen gegenüber der staatlichen Aufgabenwahrnehmung im Umweltschutzrecht. Mit den Gesetzen und seiner Administration lenkt der Staat umweltrelevantes Verhalten der Grundrechtsträger, die als Normadressaten an die Regelungen gebunden sind. Eine eigenständige Entscheidungsfreiheit ist so weitgehend eingeschränkt.

Umso mehr verwundert, dass, wenngleich diese Lage in der rechtswissenschaftlichen Literatur oft als Missstand empfunden wird,[11] sich dennoch nur vereinzelt Bestrebungen finden, die sich mit einer juristisch-dogmatischen Begründung[12] um Verbesserungen in Form einer Aufwertung individueller Verantwortung bemühen. Zwar wurde wiederholt untersucht, ob Eingriffe in Rechte Einzelner, wie in die Berufsfreiheit aus Art. 12 GG, wenn eine Tätigkeit durch die Verwaltung nicht zugelassen oder beschränkt wird oder in Rechte aus Art. 14 GG, weil wegen umweltschützender Maßnahmen und Vorschriften eine Eigentumsnut-

---

8 Lübbe-Wolff, NVwZ 2001, 481 f.; Kloepfer, Umweltrecht, § 5, Rn. 36.

9 Vgl. Kotulla, Umweltrecht, Teil 1, Rn 45.

10 Näher hierzu Lübbe-Wolff, NVwZ 2001, 485, 490 f.; Schröder, NVwZ 1998, 1011 ff.

11 U. a. Becker, DÖV 1985, 1003 (1003); Wagner, NVwZ 1998, 1235 (1235); kritisch auch Lübbe-Wolff, NVwZ 2001, 481, 490 f.

12 So aber beispw. Wagner, NVwZ 1998, 1235 ff.; Von der dogmatischen Frage abzugrenzen ist die landläufige Erkenntnis, dass konsensuale Instrumente in der Rechtsanwendungsrealität effizienter sein können als „obrigkeitsstaatliche" Mittel, die vornehmlich aus wirtschaftlichen Gründen nach verbesserten Strukturen rufen; allgemein zu Ansätzen einer Verwaltungsmodernisierung: u.a. Miller, LKV 1998, 421, 421; Koch, NVwZ 1996, 215 ff.; allgemein zur „Privatisierungsdebatte": Ludwig, Privatisierung, S. 113 ff., 130 f.

zung beschränkt wird, gerechtfertigt sind, was dann oft mit dem Hinweis auf die höher wiegenden Umweltschutzinteressen bejaht wird.[13] Ferner wurde für partielle Bereiche verschiedentlich untersucht, inwieweit und unter welchen Voraussetzungen staatliche Aufgaben Einzelnen überlassen werden können, beispielsweise bei der Verantwortungsübertragung auf private Sicherheitsdienste oder bei der Wahrnehmung der Daseinsvorsorge durch „Private".[14] Diese meist finanziell motivierten Aspekte bieten jedoch keinen umfassenden juristischen Ansatz für das gesamte Umweltrecht. Auch eine Dissertation mit fast gleich lautendem Titel aus dem Jahr 1998[15] befasst sich nicht mit einer juristisch-dogmatischen Untersuchung, ob und inwieweit der Anteil der staatlichen Aufgabenwahrnehmung im Umweltrecht zugunsten von Freiheit und Eigenverantwortung der Grundrechtsträger zu reduzieren ist. Sie stellt vielmehr die bereits vorhandenen „konsensualen" Instrumente im Umweltschutzrecht kompilatorisch zusammen und untersucht die Voraussetzungen und Wirkungen dieser Instrumente.

Schließlich zeigen auch aktuelle Bemühungen zur Verwaltungsmodernisierung und zum Erlass eines Umweltgesetzbuches deutliche und motivierte Bestrebungen, die staatliche Aufgabenwahrnehmung zu vereinfachen und ein höheres Maß an Eigenverantwortlichkeit von Grundrechtsträgern zu erreichen.[16] Diese Gesetzesvorhaben berücksichtigen jedoch im Wesentlichen den politischen Willen, setzen sich mit einer dogmatischen Prüfung des bestehenden Umweltschutzrechts dagegen allenfalls am Rande auseinander.[17]

Die grundsätzliche Frage, wie sich der hohe Staatsanteil im Umweltschutzrecht rechtfertigt, blieb bislang weitgehend unbeantwortet.

Dies verwundert bereits, wenn man sich das Ausmaß der öffentlichen Diskussion um eine Verwaltungsmodernisierung und Deregulierung im Umweltschutzrecht vor Augen führt; erstaunt aber auch angesichts der vom Grundgesetz als verfassungsrechtliches Leitbild vorgegebenen freien und eigenverantwortlichen Grundrechtsträger – denn der oben beschriebene hohe Staatsanteil im Umweltschutzrecht scheint dazu in Widerspruch zu stehen.

13 Beispielhaft: Wollenteit, ZRP 2002, 199 ff.

14 U. a. Püttner, LKV 1994, 193 ff.; Schimanek, NZBau 2005, 304 ff.; Krölls, NVwZ 1999, 233 ff.; Schumacher, LKV 1995, 135 ff.; Wagner, ZRP 2000, 169 ff.; Scholz, NJW 1997, 14 ff.; Stober, ZRP 2001, 260 ff.

15 Ludwig, Privatisierung, vgl. insb. S. 28 f.

16 Beispielsweise § 3 des Entwurfs der unabhängigen Sachverständigen Kommission zum Umweltgesetzbuch, der appellierend eine Eigenverantwortung des Privaten fordert; Kloepfer, Umweltrecht, § 1, Rn. 50.

17 Die Entwürfe der Sachverständigen Kommission und der Professorenentwurf zum Umweltgesetzbuch werden daher im Folgenden nicht näher dargestellt; dazu vertiefend: Sendler, NVwZ 1996, 1145 ff.; Storm, NVwZ 1999, 35 ff.; Kloepfer, Umweltrecht, § 1, Rn. 40 ff., 44 ff. 48 ff.

In Anbetracht dessen ist es das Anliegen der vorliegenden Arbeit, das Verhältnis zwischen grundrechtlicher Freiheit und Eigenverantwortung einerseits sowie staatlicher Aufgabenwahrnehmung im Umweltschutz anderseits zu klären, um auf diese Weise ermitteln, inwieweit das derzeitige Maß staatlicher Aufgabenwahrnehmungen dem Leitbild unserer Verfassung entspricht. Dabei soll das deutsche Umweltschutzrecht mit seinen Instrumenten daraufhin untersucht werden, ob es den verfassungsrechtlichen Vorgaben genügt und wenn nicht, wann ein staatliches Instrument gegenüber einem anderen, der Freiheit des Individuums besser Rechnung tragenden zurückzutreten hat.

Die Untersuchung folgt dabei streng den (verfassungs-) rechtlichen Kriterien des Grundgesetzes: Dementsprechend nicht zum Gegenstand gehört die „wirtschaftspolitische" Ermittlung von Methoden, die sich volkswirtschaftlich besser zum Umweltschutz eignen. Auch zielt die Arbeit nicht darauf, ein ganz neues, „besseres" System zu schaffen. Sie soll jedoch einen Ansatz aufzeigen, um verfassungsrechtlich Fragwürdiges zu erkennen, zu bewerten und gegebenenfalls als rechtswidrig einzuordnen. Letztlich geht es darum, im Bereich des Umweltschutzes die Perspektive zu verändern; nämlich von der traditionellen Sichtweise eines schützenden Staates weg, hin zu einer höheren Verantwortung des Einzelnen.

Dabei wird auch der mittlerweile unübersehbare Einfluss des EU-Rechts zu erörtern sein. Zwar geht es im Kern um die deutsche Aufgabenwahrnehmung im Rahmen des nationalen Umweltschutzrechts. Doch ist das EU-Recht dem bundesdeutschen Recht „vorgelagert" und verpflichtet die Bundesrepublik als Mitgliedstaat ebenso wie teilweise ihre Einwohner unmittelbar, beeinflusst also das Verhältnis zwischen Trägern „deutscher" Grundrechte und dem deutschen Staat.

Insgesamt gilt es, mit der vorliegenden Studie herauszuarbeiten, ob unter Aufrechterhaltung der notwendigen Umweltstandards die Verantwortung der Grundrechtsträger erhöht und dadurch ein Gewinn an individuellen Freiheiten erreicht werden kann. Da sich eine solche Prüfung am Grundgesetz auszurichten hat, kann und wird diese Arbeit die weitgehend befestigten Pfade der rechtswissenschaftlichen Dogmatik zum Staatsrecht und zu den Grundrechten nicht verlassen. Allerdings macht sie es sich zur Aufgabe, das insoweit Bekannte zu bündeln, um daraus einen Maßstab zur Prüfung des hier interessierenden Umweltschutzrechts zu gewinnen.

Zu Beginn der Untersuchung gilt es, die Prämisse zu belegen, dass der individuellen Freiheit gegenüber der staatlichen Aufgabenwahrnehmung nach der Vorgabe des Grundgesetzes der Vorrang zukommt, um sodann das Verhältnis beider zueinander zu bestimmen (Teil 2). Aus dieser Klärung lässt sich ein Maßstab zur Prüfung der Zulässigkeit staatlicher Aufgabenwahrnehmung im Umweltschutz bereits gewinnen, anhand dessen die vorhandenen Instrumente im Umweltschutzrecht im Einzelnen auf ihre Rechtmäßigkeit untersucht werden können (Teil 3).

Schließlich soll im Ergebnis beantwortet werden, inwieweit der hohe Anteil staatlicher Aufgabenwahrnehmung im Umweltschutzrecht als zulässig angesehen werden darf und es soll ein Ausblick auf mögliche Verbesserungsvorschläge dargestellt werden (Teil 4).

Teil 2: Das Verhältnis von individueller und staatlicher Aufgabenwahrnehmung

– Vorrang individueller/„Subsidiarität" staatlicher Aufgabenwahrnehmung –

Soll das Umweltrecht daraufhin untersucht werden, ob dessen einzelne Instrumente in ihrer Ausgestaltung dem Leitbild der Verfassung genügen, wonach den Grundfreiheiten gegenüber der staatlichen Aufgabenwahrnehmung ein Vorrang zukommt, muss dieser grundsätzliche Vorrang individueller Aufgabenwahrnehmung zunächst nachgewiesen und im Weiteren das Verhältnis zwischen individueller Freiheit und Verantwortung einerseits und der staatlichen Aufgabenwahrnehmung andererseits bestimmt werden. Das Verhältnis zwischen Staat und dem Einzelnen wird dabei durch das Grundgesetz determiniert, indem es die Reichweite individueller Freiheiten sowie die Reichweite zulässigen staatlichen Handelns festlegt. Die Ermittlung dieses Verhältnisses liefert den Maßstab für die Prüfung der verfassungsrechtlichen Zulässigkeit der einzelnen Instrumente und Aufgabenzuteilungen im Umweltschutzrecht.

Bevor allerdings Feststellungen über den Vorrang individueller Freiheiten gegenüber staatlicher Aufgabenwahrnehmung getroffen werden können, müssen die im Rahmen der Arbeit immer wiederkehrenden Begriffe definiert werden, nämlich die Begriffe *Staat*, *Einzelner*, *Umweltschutzrecht* sowie *Subsidiarität*.

A. Begriffsbestimmung

Die Begriffe *Staat*, *Einzelner*, *Umweltschutzrecht* und *Subsidiarität* bilden die vier immer wiederkehrenden Termini der nachfolgenden Prüfung. Deshalb bedürfen sie aufgrund ihrer in der rechtswissenschaftlichen Literatur unterschiedlichen Verwendung zunächst einer Definition, um den Rahmen der Arbeit näher festzulegen.

I. Der Begriff des Staates

Der Begriff des Staates soll im Rahmen der Arbeit funktionsbezogen als zusammenfassender Begriff für alle Stellen *hoheitlicher* Gewalt (im Sinne des Art. 1 Abs. 1 Satz 2 und Abs. 3 GG, der eine umfassende Bindung der Staatsgewalt im weitesten Sinne statuiert[18]) verwendet werden.[19] Gilt es, das Verhältnis zwischen Staat und dem Einzelnen anhand des Grundgesetzes zu ermitteln, zählen zum Staatsbegriff demnach alle öffentlich-rechtlichen Stellen, die an die Grundrechte gebunden sind, namentlich die Gesetzgebung, die vollziehende Gewalt und die Rechtsprechung in einem weit verstandenen, lückenlosen Sinne.[20] Da die Gesetzgebung die grundlegende Weichenstellung vornimmt, welche Pflichten und Rechte den Einzelnen im Bereich des Umweltschutzes treffen, stehen nachfolgend zumeist Maßnahmen der Gesetzgebung im Hauptblickfeld der Arbeit, insbesondere in Teil 3, in dem die einzelnen staatlichen Maßnahmen einer Prüfung unterzogen werden.

Der Einzelne wird in seiner Entscheidungsfreiheit und Eigenverantwortung indes durch alle Träger öffentlicher Gewalt beeinträchtigt, so dass hier alle Staatsgewalten angesprochen sind, einschließlich der Exekutive und Judikative. Der Grundrechtsbindung unterliegen ferner Beliehene, also mit hoheitlichen Aufgaben betraute „Private" – sie sind der vollziehenden Gewalt und damit dem Staat zuzuordnen.[21]

II. Der Begriff des Einzelnen

Umgekehrt unterliegen dem Begriff des Einzelnen im Rahmen dieser Arbeit alle Träger von Grundrechten. Synonym zu diesem Begriff wird daher das Wort Grundrechtsträger verwandt und darüber hinaus aus sprachlichen Gründen das Wort „Individueller".[22] Hierzu zählen neben den natürlichen Personen mit Blick auf Art. 19 Abs. 3 GG auch juristische Personen des Privatrechts und Personengesellschaften, soweit diese als Rechtssubjekte Träger von Grundrechten im Einzelfall sein können (Art. 19 Abs. 3 GG).[23] Da maßgebend auf die Eigenschaft des Einzelnen als Grundrechtsträger abgestellt wird, bedarf es auch keiner strengen Unterscheidung zwischen Deutschen im Sinne des Grundgesetzes und Auslän-

---

18 Herdegen in: Maunz/Dürig (Begr.), Grundgesetz, Art. 1 III, Rn. 52.

19 Im Sinne der Staatsfunktionen bzw. „Grundtypen" staatlicher Aufgabenerfüllung, vgl. Ipsen, Staatsrecht I, § 14, Rn. 741 ff.

20 Vgl. Höfling in: Sachs (Hrsg.), Grundgesetz, Art. 1, Rn. 76 ff.; Herdegen in: Maunz/Dürig (Begr.), Grundgesetz, Art. 1 III, Rn. 92.

21 Herdegen in: Maunz/Dürig (Begr.), Grundgesetz, Art. 1 III, Rn. 101.

22 Gelegentlich wird zur Vereinfachung synonym auch das Wort „Privater" genutzt, wenn dies für eine klarere Abgrenzung zu Hoheitsträgern erforderlich erscheint.

23 Vgl. Herdegen in: Maunz/Dürig (Begr.), Grundgesetz, Art. 1 III, Rn. 50; Der Begriff des Einzelnen kann demnach im Folgenden auch eine Personenmehrheit betreffen, die sich als solche auf einen Grundrechtsschutz berufen darf.

dern.[24] Letztere genießen zumindest u. a. den Schutz der Art. 1 Abs. 1,[25] 2 Abs. 1[26] und 14 Abs. 1[27] GG. Nichtdeutsche genießen dagegen keinen Schutz der Berufsfreiheit aus Art. 12 Abs. 1 GG, sondern allein aus Art. 2 Abs. 1 GG.[28] Über den „ergänzenden" Schutz des Art. 2 Abs. 1 GG aller in speziellen Deutschengrundrechten umschriebenen Lebensbereiche gelten die Aussagen der nachfolgenden Prüfung damit für Deutsche und Ausländer gleichermaßen.[29] Eine gesonderte Darstellung bleibt damit entbehrlich.

Von einer umfassenden Darstellung der divergierenden Ansichten dazu, wann die Eigenschaft eines Individuums als Grundrechtsträger „zeitlich" beginnt oder endet, kann vorliegend abgesehen werden. Gilt es, das Verhältnis der individuellen zur staatlichen Aufgabenwahrnehmung zu ermitteln, sind im Rahmen der Arbeit als Einzelne/Grundrechtsträger allein Personen angesprochen, die einen eigenverantwortlichen Willen bilden können.

Die Grundrechtsträgerschaft endet damit unabhängig von der rechtswissenschaftlichen Diskussion zu dem Thema für die vorliegende Untersuchung mit dem Tod im medizinischen Sinne, also mit dem Eintritt der irreversiblen Funktionsunfähigkeit des Gehirns.[30] Gleiches gilt für den noch nicht geborenen Menschen.[31] Da der ungeborene Mensch zu keiner eigenen Willensbildung fähig ist, unterliegt er im Rahmen dieser Arbeit nicht dem Begriff des Einzelnen.

Wurde zuvor auf die Willensbildungsfähigkeit abgestellt, bereitet Schwierigkeiten dagegen die Abgrenzung, ab wann dem Grundrechtsträger das für eine Eigenverantwortlichkeit ausreichende bzw. erforderliche Maß einer eigenen Willensbildung zuerkannt werden kann. Dies birgt indes keine Schwierigkeit für die Begriffsbildung – vielmehr führt die graduelle Implikation zu der Frage nach dem geeigneten umweltschützenden Mittel und verdeutlicht das Erfordernis, dass der

24 Zur Unterscheidung zwischen Deutschen- und Jedermannsgrundrechten siehe Herdegen in: Maunz/Dürig (Begr.), Grundgesetz, Art. 1 III, Rn. 48.

25 Höfling in: Sachs (Hrsg.), Grundgesetz, Art. 1, Rn. 46.

26 Murswiek in: Sachs (Hrsg.), Grundgesetz, Art. 2, Rn. 39.

27 Wendt in: Sachs (Hrsg.), Grundgesetz, Art. 14, Rn. 16.

28 Tettinger in: Sachs (Hrsg.), Grundgesetz, Art. 12, Rn. 18; Di Fabio in: Maunz/Dürig (Begr.), Grundgesetz, Art. 2 I, Rn. 28 ff., 33.

29 Umfassend zu den bis heute hierzu widerstreitenden Auffassungen und der Kritik Di Fabio in: Maunz/Dürig (Begr.), Grundgesetz, Art. 2 I, Rn. 28 ff.; vgl. auch unten zur Bedeutung des Art. 2 Abs. 1 GG für den Schutz der Handlungen von Nichtdeutschen: Teil 2.B.II.a).

30 Näher zum Bereich Lebensende und Grundrechtsträgerschaft: Anderheiden, Staat 2000, 509 ff.; Kübbler, Verfassungsrechtliche Aspekte der Organentnahme zu Transplantationszwecken, 1977, 66 ff; Einen Überblick zur neueren Rechtsprechung des BVerfG zu diesem Thema liefert Pabst, NJW 2002, 999 ff.

31 Zu den widerstreitenden Ansichten, ab wann dem noch nicht Geborenen welcher Grundrechtsschutz zukommt, siehe BVerfGE 39, 1 (36 f.); 88, 203 (251 f.); näher hierzu: Kunig, Jura 1991, 415 ff.; Dreier, ZRP 2002, 377 ff.

Staat in Fällen, in denen ein Grundrechtsträger die geforderte Eigenverantwortung nicht zeigt, eingreifen kann.

Dies findet seine Bestätigung in der geltenden Rechtsordnung, die beispielsweise auf eine verringerte Verantwortlichkeit im Rahmen des zivilrechtlichen Haftungssystems (beispielsweise § 828 BGB) oder im Strafrecht (beispielsweise § 19 StGB, § 3 JGG) Rücksicht nimmt, während gleichsam bereits vor Vollendung des achtzehnten Lebensjahres die Eigenverantwortung anerkannt wird, vgl. §§ 828, 106 BGB.[32]

Ob eine Person in einer bestimmten Situation einen im Sinne des erforderlichen Umweltschutzes ausreichenden Willen bildet, bzw. bilden will und diesen umsetzen kann, entscheidet sich erst im jeweiligen Einzelfall (der freilich vom Gesetzgeber abstrakt zu antizipieren ist). Deshalb verbietet es sich, bereits bei der Bestimmung des Begriffs des Einzelnen Personen „auszusondern", die hinter dem erforderlichen Maß an Verantwortung zurückbleiben. Es gilt vielmehr, bei der Verteilung individueller und staatlicher Verantwortung zu berücksichtigen, dass umweltschützende Maßnahmen nicht ausschließlich auf den Idealfall abzielen dürfen.

Demnach zählen zum Begriff des Einzelnen schlicht alle geborenen (lebenden) Grundrechtsträger.

Eine Sonderstellung nehmen in der allgemeinen Grundrechtsdogmatik juristische Personen des öffentlichen Rechts ein, denen die Rechtsprechung des Bundesverfassungsgerichts[33] und die Lehre[34] unter bestimmten Voraussetzungen ausnahmsweise ebenfalls eine Grundrechtsträgerschaft zuerkennen. Nach der umstrittenen[35] Rechtsprechung des Bundesverfassungsgerichts genießen juristische Personen des öffentlichen Rechts dann den Schutz der Grundrechte, wenn sie unabhängig vom Staat sind und als Ausfluss eines „personalen Substrats" Grundrechte ihrer Mitglieder oder Benutzer als Sachwalter wahrnehmen.[36] Solche juristischen Personen des öffentlichen Rechts dem Begriff des „Privaten" (Einzelnen) zuzuordnen, verbietet sich zwar aufgrund ihrer öffentlich rechtlichen Struktur. Auch dient die Arbeit der Betonung der Verantwortlichkeit der (einzelnen) Grundrechtsträger, weshalb jene im Mittelpunkt der Untersuchung stehen. Gleichwohl sind die

---

32 Zum umstrittenen Problem der Bestimmung des Eintritts der sogenannten Grundrechtsmündigkeit: Hohm, NJW 1986, 3107, 3108 f.

33 BVerfGE 15 , 256 (262); 31, 314 (322) – Universitäten und Fakultäten; BVerfGE 31, 314 (321 f.); 34, 160 (161); 35, 202 (222); 59, 231 (254 f.); 61, 82 (102); 83, 238 (296) – öffentlich-rechtliche Rundfunkanstalten; BVerfGE 19, 1 (5); 30, 112 (119 f.); 70, 138 (160 f.) m. w. N. – Kirchen und „öffentlich-rechtliche" Religionsgemeinschaften.

34 Herdegen in: Maunz/Dürig (Begr.), Grundgesetz, Art. 1 III, Rn. 51.

35 Vgl. Nachweise bei Stern, Staatsrecht III/1, S. 1149 f., 1156.

36 BVerfGE 31, 314 (322); 39, 302 (314); 45, 63 (79); 75, 192 (197); Herdegen in: Maunz/Dürig (Begr.), Grundgesetz, Art. 1 III, Rn. 51.

nachfolgenden Untersuchungsergebnisse auch auf die vorgenannten „privatbezogenen“ juristischen Personen des öffentlichen Rechts übertragbar. Von besonderer Bedeutung ist dabei aber, dass das einzelne (private) Mitglied (bzw. der Benutzer) nach der herrschenden Meinung wiederum selbst Grundrechtsschutz gegenüber der öffentlich-rechtlichen Organisationseinheit genießt.[37] Deshalb gelten die nachfolgenden Ergebnisse ebenfalls im Verhältnis zwischen dem „privaten“ Mitglied (Benutzer) und der juristischen Person des öffentlichen Rechts.

III. Der Begriff des Umweltrechts

Eine Abgrenzung des Umweltschutzrechts bereitet Schwierigkeiten, weil Umweltschutz eine „problembezogene Querschnittsaufgabe“ betrifft.[38] Umweltschützende Regelungen sind fast über die gesamte Rechtsordnung verstreut und überspringen dabei nahezu alle traditionellen rechtssystematischen Klassifizierungen.[39] In der rechtswissenschaftlichen Lehre finden sich viele Versuche, den Begriff des Umwelt(schutz)rechts zu definieren.

Aus dem Begriffsteil „Schutzrecht“ lässt sich jedenfalls entnehmen, dass das Umweltschutzrecht als die Gesamtheit der Rechtsgrundlagen umschrieben werden muss, die dem Schutz der Umwelt zu dienen bestimmt ist.[40]

Unter „Umwelt“ werden hier die natürlichen Lebensgrundlagen des Menschen verstanden, wobei mit „natürlichen Lebensgrundlagen“ auch vom Menschen gestaltete Räume gemeint sind – sog. modifizierter restriktiver Umweltbegriff.[41] Hierzu zählen demzufolge alle Umweltgüter, die Grundlage menschlichen, tierischen und pflanzlichen Lebens sind – also alle Umweltgüter, ohne die das Leben nicht über längere Zeiträume fortbestehen könnte[42] – und darüber hinaus auch diejenigen natürlichen Güter, ohne die ein physiologisch gesundes Leben unmöglich ist.[43] Die Qualität des Lebens nimmt nicht bloß irgendeine Form von Existenz ein, die nur in einem „Dahinsiechen“ besteht. Vielmehr stehen unter dem Schutz die natürlichen Grundlagen der Vitalität insgesamt.[44]

---

37 BVerfGE 14, 121 (130 f.).

38 Kotulla, Umweltrecht, Teil 1, Rn. 19; Kloepfer, Umweltrecht, § 1; Rn. 59; Helberg in: Koch (Hrsg.), Umweltrecht, § 3, Rn. 27.

39 Kloepfer, Umweltrecht, § 1, Rn. 59; Helberg in: Koch (Hrsg.), Umweltrecht, § 3, Rn. 27.

40 Wolf, Umweltrecht, Rn. 4.

41 Vgl. näher hierzu und zu den übrigen Ansätzen Kloepfer, Umweltrecht, § 1, Rn. 16, 18; ebenso wie Helberg in: Koch (Hrsg.), Umweltrecht, § 3, Rn. 1.

42 Vgl. Müller-Bromley, Staatszielbestimmung Umweltschutz im Grundgesetz?, 1990, S. 109 f.

43 Murswiek, in: Sachs (Hrsg.), Grundgesetz, Art. 20 a, Rn. 149 f.

44 Murswiek, NVwZ 1996, 222, 224.

Als Querschnittsaufgabe finden sich Regelungen zum Schutz der Umwelt in spezifischen Umweltgesetzen, die insgesamt den Schutz der Umwelt bezwecken.[45] Ein umweltschützender Charakter kommt darüber hinaus auch vielen weiteren Normen des öffentlichen Rechts in Gesetzen zu, die nicht originär auf den Schutz der Umwelt zielen, wie u. a. die §§ 1 Satz 2 Abs. 5 Nr. 1, 7, 1 a, 2 a BauGB, § 1 Abs. 2 Satz 2 Nr. 2 ROG, ferner Regelungen im Technik-, Energie-, Berg-, Verkehrs-, Landwirtschafts- und Forstrecht, im Jagd- und Fischereirecht, im Tierschutz- sowie im Gesundheits- und Arbeitssicherheitsrecht.[46]

Eine Abgrenzung zwischen dem Umweltrecht i. e. S., dem Umweltrecht i. w. S. und dem – das Umweltrecht als abgrenzbares Rechtsgebiet verstandenen – Nachbarrecht gelingt dabei nicht immer. Es ist allerdings an dieser Stelle abermals weder erforderlich noch förderlich, diese Abgrenzung abschließend vorzunehmen, da der zu bildende Prüfungsmaßstab auf alle diese Reglungen anwendbar sein wird. Soweit nachfolgend das Umweltrecht exemplarisch – die Prüfung aller umweltrechtlichen Regelungen würde den Rahmen der Arbeit sprengen – mit der Frage nach der verfassungsrechtlichen Erforderlichkeit einer höheren Verantwortung der Einzelnen durchleuchtet wird, sollen zwar beispielhaft die eher klassischen Umweltschutzregelungen herangezogen werden. Welche Regelungen hierzu zählen, darf angesichts des übergreifenden Maßstabes allerdings offen bleiben, ohne die Aussagekraft der Arbeit zu schwächen: Dies stärkt das Ergebnis vielmehr, weil es eine „Gesamtantwort" liefert; je weiter und unbestimmter der Begriff verwendet wird, desto größer wird die Aussagekraft der Untersuchung.

IV. Begriff der Subsidiarität staatlichen Handelns

Die Wörter „Subsidiarität" und „subsidiär" entspringen dem Lateinischen und bedeuten sinngemäß *zurücktretend* oder *nachrangig*. Mit dieser etymologischen Bedeutung wird der Begriff Subsidiarität im Rahmen der Arbeit genutzt.

Der in der Rechtswissenschaft gebrauchte Wortsinn wurzelt naturgemäß ebenfalls in dieser etymologischen Herleitung, erfuhr aber historisch insbesondere im Staatsrecht eine bestimmte Konnotation, die über das hier Gemeinte hinausgeht: Der staatsrechtliche Subsidiaritätsbegriff[47] findet sich bereits in Gedankengängen von Aristoteles, Althusius sowie Thomas von Aquin und erhielt seine für die europäischen freiheitlichen Verfassungen erste ausdrückliche Formulierung in

45 Zu diesem Kernbereich umweltspezifischer Gesetze zählen u. a. das BImschG, das BNatSchG, das WHG, das BBodSchG, das Krw-/AbfG und ensprechende Vorschriften der Länder.

46 Vgl. hierzu Kloepfer, Umweltrecht, § 1, Rn. 70; Helberg in: Koch (Hrsg.), Umweltrecht, § 3, Rn. 27.

47 Eingehend zum staatsrechtlichen Subsidiaritätsbegriff: Hablitzel, Subsidiarität 1994.

der katholischen Soziallehre, namentlich in der Enzyklika „Quadragesimo anno" des Papstes Pius XI. vom 15. 5. 1931.[48] Ihm liegt der Gedanke zugrunde, dass im gesellschaftlichen bzw. im staatsorganisationsrechtlichen Gefüge die jeweilige Aufgabe von der kleinsten Einheit wahrgenommen werden soll, die hierzu in der Lage ist und beinhaltet für übergeordnete Stellen das Verbot, solche Aufgaben zu übernehmen.[49] Positiv formuliert soll die übergeordnete Stelle überdies zunächst zur Hilfe, nicht zur Übernahme der Aufgabe verpflichtet sein.[50] Im Grundgesetz findet sich der so verstandene Subsidiaritätsgrundsatz am stärksten ausgeprägt in den Art. 28 Abs. 1 und 2, 30, 70[51] ff. GG.

Im Rahmen der vorliegenden Arbeit soll das Wort „Subsidiarität" dagegen allein das Verhältnis zwischen Staat und Grundrechtsträgern sowie den Vorrang der Aufgabenwahrnehmung letzterer beschreiben. Verglichen mit dem zuvor erläuterten staatsrechtlichen Begriff geht es hier mithin ebenfalls um eine Vor- bzw. Nachrangigkeit, allerdings allein fokussiert auf das diametrale Verhältnis zwischen dem Einzelnen und dem Staat, nicht auch um das Verhältnis staatlicher Stellen untereinander.

B. Das Menschenbild in den Bestimmungen des Grundgesetzes; Stellenwert der Grundfreiheiten

Gilt es, das Verhältnis der Umweltschutzverantwortung zwischen Staat und dem Einzelnen zu klären, soll zunächst der Blick auf die verfassungsrechtlichen Grundlagen der Stellung der „Privaten" gegenüber dem Staat gelenkt werden. Als das maßgebliche Regelwerk für die Beziehungen zwischen Staat und den Einzelnen stellt das Grundgesetz die individuelle Freiheit in den Vordergrund. Die Regelungen des Grundgesetzes beginnen mit Art. 1 Abs. 1 GG, dem Schutz der Menschenwürde, zu deren Achtung und Schutz alle staatliche Gewalt verpflichtet ist, und dem Freiheitskatalog der Art. 2 – 19 GG. Die Art. 1 – 19 GG bilden das Kernstück des Grundgesetzes. Auf diese Weise verdeutlicht bereits der Aufbau des Grundgesetzes den Stellenwert der individuellen Freiheiten.[52] Dementsprechend geht das Grundgesetz von einer unangetasteten Freiheit der Einzelnen und ihres Zusammenlebens aus; dem Staat obliegt (erst) dann – subsidiär – die Aufgabe,

48 Heberlein, NVwZ 1995, 1052, 1053.

49 Heberlein, NVwZ 1995, 1052, 1053; Grabitz, in: Vogel (Hrsg.), Föderalismus in der Bewährung, 1991, S. 139 (140); Nierhaus in: Sachs (Hrsg.), Grundgesetz, Art. 28, Rn. 32 m. w. N., 52 ff.

50 Vgl. Heberlein, NVwZ 1995, 1052, 1053.

51 Dort insbesondere Art. 72 Abs. 2 GG; vgl. Degenhart in: Sachs (Hrsg.), Grundgesetz, Art. 72, Rn. 10.

52 Herdegen in: Maunz/Dürig (Begr.), Grundgesetz, Art. 1 I, Rn. 4.

dieses Zusammenleben zu ordnen und die Freiheiten der Grundrechtsträger zu sichern.

I. Art. 1 Abs. 1 GG

Der Vorrang der Freiheit und Eigenverantwortung der Einzelnen gegenüber der staatlichen Aufgabenwahrnehmung folgt zunächst aus Art. 1 Abs. 1 GG. Dieser garantiert die Menschenwürde als unantastbares Gut und verpflichtet alle Staatsgewalt, diese zu achten und zu schützen.[53] Wegen seiner systematischen Stellung vor Art. 1 Abs. 3 GG, der die Staatsgewalt an die „nachfolgenden Grundrechte" bindet, blieb der Charakter des Art. 1 Abs. 1 GG als Grundrecht zwar umstritten,[54] gleichwohl besteht wegen der klaren Aufforderung in Art. 1 Abs. 1 Satz 2 GG, nach der die Staatsgewalt die Menschenwürde zu achten und zu schützen hat, Einigkeit darüber, dass alle Staatsgewalt durch dieses Schutzgut als oberstes Konstitutionsprinzip[55] verpflichtet wird.[56] Der Schutz der Menschenwürde wird dabei als ein dem Verfassungsgeber vorgelagertes Recht verstanden.[57] Dieses Recht steht nicht zu seiner Disposition und genießt den Ewigkeitsschutz des Art. 79 Abs. 3 GG.[58] In der Würde des Menschen liegt nach einer frühen Stellungnahme des Bundesverfassungsgerichts der oberste Wert.[59]

1. Inhalt

Den Inhalt des Art. 1 Abs. 1 GG und damit seine Aussagekraft für die Frage nach dem Stellenwert der Eigenverantwortung der Einzelnen positiv zu erfassen, bereitet seit Kodifizierung der Verfassung Schwierigkeiten.[60] Nach der Auffassung des Bundesverfassungsgerichts gelingt die Definition des weiten und unbestimmten

53 Herdegen in: Maunz/Dürig (Begr.), Grundgesetz, Art. 1 I, Rn. 4.

54 Hufen, NJW 2001, 849, 850; Harks, NJW 2002, 716, 717; Dreier in: Dreier, Grundgesetz (Hrsg.), Art. 1 I, Rn. 71; Höfling in: Sachs (Hrsg.), Grundgesetz, Art. 1, Rn. 5a; Hofmann in: Schmidt-Bleibtreu/Klein (Begr.), Grundgesetz, Art. 1, Anm. 8 jeweils m.w.N.

55 Vgl. BVerfGE 6, 32 (41); 61, 126 (137); 72, 105 (115); Herdegen in: Maunz/Dürig (Begr.), Grundgesetz, Art. 1 I, Rn. 5; Schmitt Glaeser, ZRP 2000, 395, 397 und NJW 1996, 873, 876; Schittek, NVwZ 1988, 804, 805; Ipsen, Staatsrecht II, § 4, Rn. 216.

56 Höfling, JuS 1995, 857 f.; Pieroth/Schlink, Staatsrecht II, Rn. 350.

57 Vgl. Götz, NJW 2005, 953 (954); Lücke in: Sachs (Hrsg.), Grundgesetz, Art. 79, Rn. 31 ff.

58 Höfling in: Sachs (Hrsg.), Grundgesetz, Art. 1, Rn. 9 f.; Herdegen in: Maunz/Dürig (Begr.), Grundgesetz, Art. 1 I, Rn. 4; Ipsen, Staatsrecht II, § 4, Rn. 219.

59 BVerfGE 5, 85 (204); Jarass in: Jarass/Pieroth, Grundgesetz, Art. 1, Rn. 5.

60 Herdegen in: Maunz/Dürig (Begr.), Grundgesetz, Art. 1 I, Rn. 30 m. w. N.

Begriffs der Menschenwürde nur im Einzelfall – eine allumfassende Begriffsbestimmung bleibe unzureichend.[61] Gleichwohl versuchte die rechtswissenschaftliche Literatur wiederholt, den Begriff der Menschenwürde zu beschreiben oder ihm zumindest nahe zu kommen. Die Rechtswissenschaft bietet im Wesentlichen zwei Definitionsansätze:[62]

Eine Ansicht vertritt mit der sogenannten *„Mitgifttheorie“* einen philosophisch-christlichen Ansatz.[63] Sie versteht die Würde des Menschen als einen von Gott oder der Natur ihm mitgegebenen Wert; sie spricht also den Eigenwert, die Wesenheit, die Natur des Menschen schlechthin an.[64] Ein weiterer Ansatz, die sogenannte *„Leistungstheorie“*,[65] bestimmt die Menschenwürde entscheidend über die Leistung der Identitätsbildung. Demnach kommt dem Menschen seine Würde aufgrund seines eigenen, selbstbestimmten Verhaltens zu.[66]

Obschon beide Definitionsversuche wichtige Aspekte der Menschenwürde berücksichtigen, eignen sie sich jedoch kaum, eine Definition im juristischen Sinne zu liefern, da sie unter der gleichen Unbestimmtheit leiden wie der zu definierende Begriff selbst.[67] Sie umschreiben das Schutzgut nur vage; eine Subsumtion oder ein objektiviertes Verständnis des Schutzgehaltes bieten sie nicht, sondern erschöpfen sich in einer Auflistung einzelner (Schutz-) Positionen.[68] Zudem weisen beide Definitionsansätze Unstimmigkeiten auf. Die erste Ansicht, die „Mitgifttheorie“, krankt bereits im Ansatz, wenn sie eine Definition unter Zuhilfenahme philosophisch-metaphysischer Begriffe formuliert. Nicht verkannt wird, dass das Grundgesetz von christlichen Werten geprägt ist und in christlicher Tradition steht. Dennoch erschweren solche Begrifflichkeiten ein exaktes juristisches Arbeiten, da sie sich aus der individuellen Glaubens- und Auffassungswelt determinieren, also rein subjektiver Natur sind. Die Rückbesinnung auf ein allgemeines gesellschaftliches Glaubensbild oder auf philosophische Richtungen vermindert die Problematik der Subjektivität, beseitigt sie jedoch auch nicht.

Unter der Schwierigkeit einer Objektivierbarkeit leidet auch der zweite Definitionsversuch, die „Leistungstheorie“. Offen bleibt hier, was unter der Leistung der Identitätsbildung verstanden werden muss. Die Bestimmung der Menschenwürde unterliegt so ebenfalls dem individuellen Verständnis des Rechtsanwen-

61 BVerfGE 30, 1 (30); Schmitt Glaeser, ZRP 2000, 395 (397).

62 Vertiefend, auch zu weiteren Ansätzen: Gern, NJW 1983, 1585, 1586 ff.

63 Vgl. dazu Hofmann, AöR 118 (1993), 353.

64 Nipperdey, Grundrechte II, S. 1; Gern, NJW 1983, 1585, 1586 ff.

65 Luhmann, Grundrechte als Institution, S. 53 ff.; Geddert-Steinacher, Menschenwürde als Verfassungsbegriff, 1990, S. 116 ff.

66 Luhmann, Grundrechte als Institution, S. 53 ff.

67 Herdegen in: Maunz/Dürig (Begr.), Grundgesetz, Art. 1 I, Rn. 30, 31.

68 Herdegen in: Maunz/Dürig (Begr.), Grundgesetz, Art. 1 I, Rn. 31.

ders. In der Literatur erfuhr die Leistungstheorie zudem Kritik, weil sie Fälle nicht hinreichend berücksichtigt, in denen der Betroffene nicht Willens oder in der Lage ist, eine Identitätsbildung in dem hier gemeinten Sinne zu tätigen.[69] Diese Form der Definition der Menschenwürde scheitert nämlich, sobald der Betroffene Umstände hinnehmen will, die von der Allgemeinheit als unwürdig aufgefasst werden, beispielsweise in den „Zwergenwurf-Fällen"[70] oder bei Kleinkindern, die den erforderlichen Willen noch nicht bilden können. Allerdings setzt diese Kritik das Verbot oder zumindest eine eingeschränkte Zulässigkeit voraus, auf seine Menschenwürde verzichten zu dürfen. Ob und inwieweit das Verbot auf den Einzelfall bezogen zutrifft, mag hier dahinstehen.[71]

Letztlich bleibt festzuhalten, dass eine positive Bestimmung des Schutzbereichs an der mangelnden Objektivierbarkeit des Begriffs der *„Würde des Menschen"* scheitert. Eine umfassende positive Definition fehlt oder sieht sich zumindest berechtigten Einwänden ausgesetzt. Deshalb nähern sich beide Ansätze letztlich der Vorgehensweise des Bundesverfassungsgerichts an, welches im Einzelfall eine Verletzung des Schutzguts prüft, obschon hierin lediglich vorwiegend eine Negativ-Abgrenzung des Inhalts des Art. 1 Abs. 1 GG liegt.[72] Hierdurch entsteht das Erfordernis einer umfangreichen Kasuistik, um den Inhalt der Bestimmung objektivierbar und zuverlässig vorhersehbar zu bestimmen. Zudem verlagert dieser Weg das Problem des Schutzbereichs eigentlich in die Erörterung des Eingriffs.[73] Wegen der Schwierigkeit einer positiven Begriffsbestimmung darf diese Vorgehensweise jedoch hingenommen werden. Danach kann der Schutzbereich des Art. 1 Abs. 1 GG also nur im Einzelfall verlässlich durch die Prüfung ermittelt werden, ob eine Maßnahme im zu beurteilenden Sachverhalt die gesellschaftlich konsensfähige Grenze der Wahrung der Menschenwürde überschreitet. Verallgemeinerungsfähige Aussagen über den Inhalt des Art. 1 Abs. 1 GG lassen sich demnach vornehmlich der Rechtsprechung des Bundesverfassungsgerichts entnehmen. Zwar tragen auch alle übrigen Gerichte zur Auslegung des Art. 1 Abs. 1 GG bei, doch erfahren die Entscheidungen des Bundesverfassungsgerichts eine herausragende Beachtung in der mittlerweile umfangreichen Jurisprudenz, weshalb sich die nachfolgende Darstellung der Kasuistik zu Art. 1 Abs. 1 GG auf Grundentscheidungen des Bundesverfassungsgerichts beschränken darf.

---

69 Pieroth/Schlink, Staatsrecht II, Rn. 356.

70 VG Neustadt, NVwZ 1993, 98; v. Olshausen, NJW 1982, 2221 ff. (Peepshow); kritisch Fechner, JuS 2003, 734, 736.

71 Näher hierzu: BVerfGE 7, 198 (206); 45, 187 (229); VG Neustadt, NVwZ 1993, 98, 99; Wiese, ZfA 1971, 273, 282; Fisahn, ZRP 2001, 49, 54.

72 Pieroth/Schlink, Staatsrecht II, Rn. 358.

73 Haltern, JuS 2002, 1197, 1202.

In seinem Bemühen um eine objektivierbare Begrifflichkeit arbeitete das Bundesverfassungsgericht schon früh mit der auf *Dürig* zurückgehenden[74] sogenannten *„Objektformel“*,[75] mit der das Gericht einen groben, durch Einzelfallentscheidungen zu konkretisierenden[76] Ansatz bietet, den Begriff der Menschenwürde positiv zu bestimmen. Danach verstößt hoheitliches Handeln gegen die Würde des Menschen, wenn der Mensch einer (staatlichen) Behandlung ausgesetzt wird, die seine Subjektqualität prinzipiell infrage stellt.[77] Die staatliche Maßnahme verletzt die Menschenwürde, sobald sie den Wert des Menschen als Person vernachlässigt – den Wert, der dem Menschen kraft seines Personseins zukommt.[78] Das schützt vor einer fremdbestimmten Menschenprägung, gegen funktionalistische Konditionierung und gegen uniformierende Wesensbestimmungen.[79] Das Bundesverfassungsgericht hat diese Formel später zu präzisieren versucht. Hiernach komme es zudem auf subjektive Merkmale an – die staatliche Maßnahme müsse „willkürlich“ und „verächtlich“ sein.[80] Der Zusatz erfuhr allerdings Kritik des Minderheitsvotums[81] zu dieser Entscheidung, ebenso aus der rechtswissenschaftlichen Literatur.[82] Diese hält entgegen, der Mensch dürfe schlechterdings nicht unpersönlich behandelt werden; es verstoße bereits gegen den Schutz der Menschenwürde, wenn der Mensch durch staatliche Maßnahmen wie ein Gegenstand behandelt wird, selbst, wenn das in guter Absicht geschehe.[83]

Die Kritik verdient Zustimmung. Der Präzisierungsversuch des Gerichts führt, wenn er wörtlich angewendet wird, zu einer zu engen Auslegung. Der Schutz der Menschenwürde reicht weiter, als willkürliche und verächtliche Eingriffe abzuwehren. Fraglich bleibt insoweit allerdings, ob das Gericht sich selbst an seine Vorgabe wortgetreu halten wird.[84] Ihm steht nach wie vor die Möglichkeit offen, im Einzelfall Verstöße gegen Art. 1 Abs. 1 GG festzustellen und sein eigenes Postulat – das Erfordernis willkürlicher und verächtlicher Eingriffe – auszulegen. Unklar

74 Schmitt Glaeser, ZRP 2000, 395, 389; Teilweise wird ihr philosophischer Ursprung bereits bei Kant gesehen, während Dürig als prägender Begründer einer rechtswissenschaftlich nutzbaren Formel gilt: vgl. Fechner, JZ 1986, 653, 654 ff.; Fassbender, NJW 2001, 2745, 2749.

75 St. Rspr.: u. a. BVerfGE 9, 167 (171); 27, 1 (6); 96, 375 (399); kritisch Hofmann, AöR 1993, 353.

76 Papst, NJW 2002, 999, 1001; Vgl Enders, Menschenwürde, 101 ff.

77 Herdegen in: Maunz/Dürig (Begr.), Grundgesetz, Art. 1 I, Rn. 34 mit Nachweisen zur Rechtsprechung.

78 BVerfGE 30, 1 (26); Vgl Enders, Menschenwürde, 101 ff.

79 Höfling in: Sachs (Hrsg.), Grundgesetz, Art. 1, Rn. 30.

80 BVerfGE 30, 1 (26).

81 BVerfGE 30, 1 (33, 42 f.).

82 Dieterich, Erfurter Kommentar, GG, Art. 1, Rn 6; Herdegen in: Maunz/Dürig (Begr.), Grundgesetz, Art. 1 I, Rn. 34; vgl. auch Fechner, JZ 1986, 653, 654 ff.; Fassbender, NJW 2001, 2745, 2749.

83 BVerfGE 30, 33 (39 f.); Pieroth/Schlink, Staatsrecht II, Rn. 360.

84 Seit der Entscheidung BVerfGE 30, 1 (26) hat das Gericht dieses zusätzliche Erfordernis auch nicht mehr aufgegriffen, siehe: Herdegen in: Maunz/Dürig (Begr.), Grundgesetz, Art. 1 I, Rn. 34 in Fn. 7.

bleibt nämlich wiederum, worin im Einzelfall ein willkürlicher oder verächtlicher Eingriff liegt.[85] Letztlich arbeitet das Bundesverfassungsgericht erneut und ebenso wie die rechtswissenschaftliche Literatur mit subjektiven Begriffen, die eine vorhersehbare Bestimmung des Inhalts des Schutzguts des Art. 1 Abs. 1 GG losgelöst von der Kasuistik erschweren.[86]

Im Ergebnis berührt staatliches Handeln jedenfalls dann die Menschenwürde, wenn es den Menschen zum bloßen Gegenstand degradiert und ihn nicht mehr als Subjekt erfasst. Eine darüber hinaus gehende, von Einzelsachverhalten losgelöste Definition im juristisch brauchbaren Sinn misslang bisher.

2. Bedeutung der Objektformel für die Stellung der Grundrechtsträger im Umweltschutzrecht

Soll der Mensch gemäß Art. 1 Abs. 1 GG als Individuum mit seinen persönlichen Stärken und Schwächen, nicht als „Objekt" durch den Staat behandelt werden – wobei Pauschalierungen zulässig und erforderlich sind, allein, um abstrakt-generelle Regelungen schaffen zu können –, folgen daraus Konsequenzen für die Zulässigkeit staatlicher Maßnahmen und Instrumente im Umweltschutzrecht. Den Menschen als Subjekt zu begreifen, bedeutet im Grundsatz wenigstens, ihm Handlungsspielraum und Eigenverantwortung zu belassen, soweit dies möglich ist. Nimmt der Staat dem Einzelnen nämlich jegliche Entscheidungsfreiheit und sorgt für alle Eventualitäten, wird der Mensch zum „Spielball", zum Objekt staatlicher Machtausübung. Hier ließe der Staat die individuellen Fähigkeiten außer Acht und organisierte das Zusammenleben der Einzelnen gleich einem Planspiel. Orientiert an Art. 1 Abs. 1 GG obliegt es dem Staat daher, bei seiner Machtausübung den freien Willen der Einzelnen zu wahren und sich soweit wie möglich zurückzuhalten.[87] Die Einzelnen dürfen demgegenüber eine individuelle Entscheidungsfreiheit beanspruchen.

Neben der Gewährleistung von Freiheit leitet sich so auch die Forderung nach Eigenverantwortung aus Art. 1 Abs. 1 GG ab.[88] Eigenverantwortung bedeutet in diesem Sinne nämlich, anders als es in der Gesellschaft oft aufgefasst wird, keine Last, sondern bildet die „Grundfeste" menschenwürdigen Lebens. Sieht sich der Staat einem phlegmatischen Volk „gegenüber", das sich nicht auf die eigene Kraft,

85 Herdegen in: Maunz/Dürig (Begr.), Grundgesetz, Art. 1 I, Rn. 34.

86 Herdegen in: Maunz/Dürig (Begr.), Grundgesetz, Art. 1 I, Rn. 34.

87 Herdegen in: Maunz/Dürig (Begr.), Grundgesetz, Art. 1 I, Rn. 25 („selbstbestimmter Lebensentwurf").

88 Hierzu grdl. Luhmann, Grundrechte als Institution, S. 74 ff. sowie Grabitz, Freiheit und VerfR, S. 201 ff.

sondern auf die der verstaatlichten Gesellschaft verlässt, übernimmt er in zunehmenden Maße die Lenkung bis zu einer alles umfassenden Fürsorge, die schließlich keinen Raum für individuelle Freiheit lässt/lassen kann. Die Menschenwürde als Abwehrrecht führt mit Blick auf die Objektformel quasi automatisch zu diesem Ergebnis: Das Verbot, Menschen wie Objekte zu behandeln, postuliert gleichsam das Gebot der Selbstbestimmung, sog. Individuelle Zurechnung des eigenen Verhaltens.[89] Auch das Bundesverfassungsgericht fordert ein hohes Maß an Eigenverantwortung des Grundrechtsträgers und führt dies auf das jeweilig zu prüfende Grundrecht und die Menschenwürde zurück.[90] Nichts anderes meint es, wenn es beispielsweise von der hohen Bedeutung der freien Berufsentscheidung für die eigenverantwortliche Lebensführung spricht.[91] So betrachtet trifft der oben genannte Definitionsansatz, wonach die Menschwürde der Leistung der Identitätsbildung unterliegt, doch einen Kern des Aussagegehalts des Art. 1 Abs. 1 GG.

II. Der Grundrechtskatalog der Art. 2–19 GG

Neben Art. 1 GG[92] eröffnet der Grundrechtskatalog die Verfassung, worin sich eine besondere Gewichtung der Grundrechte gegenüber den weiteren Normen – maßgeblich – zur Staatsorganisation widerspiegelt. Diese symbolische Stellung wird durch die inhaltliche Bedeutung der Grundrechte verstärkt sowie ferner untermauert, indem staatliche Maßnahmen, die in die in den Art. 2 – 19 GG verbürgten Rechte eingreifen, unter einen Rechtfertigungsvorbehalt gestellt werden. Die Grundrechte verbürgen dem Einzelnen neben den Gleichheitsgrundrechten zunächst Freiheitsgarantien und damit Abwehrrechte gegen staatliche Machtausübung. So wird der Rahmen für die Beziehungen zwischen Grundrechtsträgern und Staat konkreter gezogen: Zuerst steht der Einzelne frei von staatlichen Eingriffen; erst, wenn die besonderen Voraussetzungen für eine staatliche Maßnahme erfüllt sind, darf der Staat tätig werden. Der Einzelne genießt Freiheit in seinen Handlungen, während dem Staat nicht zugleich eine gleichrangige Aufgabe zukommt, sondern er nur unter bestimmten Voraussetzungen (ordnend) eingreifen darf. Solange dem Staat aber keine den Freiheitsgarantien gleichrangige, fürsorgende Aufgabe zuteil wird, das Leben der Einzelnen zu lenken, müssen bzw.

89 Vgl. Langer NJW 1990, 1328, 1332.

90 Vgl. BVerfGE 45, 187 (228); BVerfGE 41, 29 (50); Herdegen in: Maunz/Dürig (Begr.), Grundgesetz, Art. 1 I, Rn. 25.

91 BVerfGE 39, 258 (270); 43, 291 (315); vgl. auch BVerfGE 33, 303 (330 f.); kritische Auseinandersetzung: Langer NJW 1990, 1328, 1332.

92 Zur Frage der Grundrechtsqualität der Bestimmungen des Art. 1 GG siehe oben, Teil 2, I.

sollen[93] diese die Verantwortung zuallererst selbst wahrnehmen. Staatliche Aufgabenwahrnehmung ist in diesem Sinne subsidiär gegenüber der individuellen Aufgabenwahrnehmung.

Die staatlichen Umweltschutzinstrumente kollidieren immer wieder mit den Freiheiten aus den Art. 2, 12 und 14 GG. Deren besondere Bedeutung für das Umweltschutzrecht verdient deshalb im Folgenden eine nähere Darstellung. Hierbei handelt es sich nicht um die ausschließlich im Umweltschutzrecht betroffenen Grundrechte. Vielmehr berühren staatliche umweltschützende Tätigkeiten auch weitere Grundrechtsbereiche.[94] Den Schwerpunkt bilden jedoch die drei vorgenannten Artikel. Hierauf darf und wird sich die Darstellung nachfolgend beschränken.

1. Art. 2 Abs. 1 GG[95]

Art. 2 Abs. 1 GG, wegen seines gegenüber den übrigen Grundrechten allgemeinen, nicht auf einen bestimmten Lebenssachverhalt gerichteten Charakters als sogenanntes „Auffanggrundrecht" bezeichnet,[96] bildet eine Fortschreibung des oben aufgeführten Bedeutungsgehaltes des Art. 1 Abs.1 GG, indem es im Wesentlichen die allgemeine Handlungsfreiheit und das allgemeine Persönlichkeitsrecht gewährleistet.[97] Diese zwei Kernaussagen entnehmen Rechtsprechung und Literatur der Norm seit dem „Elfes – Urteil" des Bundesverfassungsgerichts.[98] Wenngleich Art. 2 Abs. 1 GG dogmatisch betrachtet zunächst lediglich eine Auffangnorm darstellt, die eine gegenüber den spezielleren Freiheitsrechten subsidiäre Anwendung findet,[99] kommt ihr dennoch eine herausragende Bedeutung zu:

---

93 Siehe bereits oben, B.I.2. sowie unten, B.II.1.b).

94 So z. B. – streitig – Art. 11 GG bei der Umsiedlung zugunsten von Kohletagebau: Baer, NVwZ 1997, 27 ff. und mit Blick auf das Technikrecht und die Forschung: Art. 5 Abs. III GG; Zur Beziehung zwischen Regulierungsdichte im Umweltschutzrecht und Wissenschafts- und Forschungsfreiheit siehe Wagner, NVwZ 1998, 1235 ff.

95 Nicht verkannt wird die herausragende Bedeutung des Art. 2 Abs. 2 GG im Umweltschutzrecht. Vorliegend gilt der Blick indes den Freiheitsrechten, die mit Umweltschutzinstrumenten des Staates am häufigsten kollidieren. Auf Art. 2 Abs. 2 GG wird dagegen im Rahmen der Schutzpflichten einzugehen sein, unten D. I. 2.

96 Hufen, NJW 1999, 1504, 1509; Di Fabio in: Maunz/Dürig (Begr.), Grundgesetz, Art. 2, Rn. 21; Murswiek in: Sachs (Hrsg.), Grundgesetz, Art. 2, Rn. 10; Pieroth/Schlink, Staatsrecht II, Rn. 369.

97 Jarass, NJW 1989, 857, 857; vgl. auch Pabst, NJW 2002, 999, 999; Harks, NJW 2002, 716, 718; Ipsen, Staatsrecht II, § 18, Rn. 725.

98 BVerfGE 6, 32; zu der bis heute – aber nur noch ganz vereinzelt – anhaltenden Kritik an dieser weiten Auslegung: Ipsen, Staatsrecht II, § 18, Rn. 724, 725 und v. Münch, Staatsrecht 2, Rn. 309 jeweils m. w. N.

99 BVerfGE 6, 32 (37); 21, 227 (234); 67, 157 (171); Di Fabio, in: Maunz-Dürig (Begr.), Grundgesetz, Art. 2 I Rn. 7.

Einmal, indem Art. 2 Abs. 1 GG als Grundnorm aller Freiheitsrechte die übrigen Freiheiten bereits „mitgewährleistet",[100] des Weiteren, indem er zahlreiche Lebenssachverhalte erfasst, die nicht von speziellen Freiheitsrechten erfasst werden. Indem Art. 2 Abs. 1 GG die menschliche Freiheit schlechthin verbürgt und so einen lückenlosen Schutz menschlicher Freiheit gewährleistet, gebührt ihm die Bezeichnung als „Hauptfreiheitsrecht".[101]

a) Schutzbereich

Die moderne rechtswissenschaftliche Literatur entnimmt Art. 2 Abs. 1 GG – inzwischen schon traditionell – zwei Kernaussagen:[102]

Zunächst gewährleistet Art. 2 Abs. 1 GG die sogenannte allgemeine Handlungsfreiheit.[103] Geschützt wird – anders als bei den speziellen Freiheitsrechten – kein bestimmtes, an einen besonders umschriebenen Lebenssachverhalt angelehntes Verhalten, sondern *jegliches* menschliche Verhalten.[104] In diesem Sinne verbürgt Art. 2 Abs. 2 GG nach fast einhelliger Ansicht[105] in der Rechtswissenschaft die Freiheit, „zu tun und zu lassen, was man will".[106] Der Schutzbereich wird dabei denkbar weit verstanden.[107] Infolgedessen berühren umweltschutzrelevante staatliche Maßnahmen den Schutzbereich des Art. 2 Abs. 1 GG regelmäßig. So schützt Art. 2 Abs. 1 GG u. a. das Reiten im Walde,[108] den Aufenthalt in der freien Natur[109] oder vor Flugverboten für Hobbyflieger.[110]

Die allgemeine Handlungsfreiheit gewährleistet überdies negativ betrachtet, Tätigkeiten zu unterlassen. So fällt allgemein das Führen von KfZ ohne Schutz-

---

100 So ermittelt das BVerfG beispielsweise den Schutzbereich bei Sachverhalten mit Ausländerbezug regelmäßig in Anlehnung an „Deutschengrundrechte": BVerfGE 35, 382 (399); 38, 52 (57 f.); 49, 168 (180 f.).

101 Vgl. Murswiek in: Sachs (Hrsg.), Grundgesetz, Art. 2, Rn. 10, 12.

102 Di Fabio in: Maunz/Dürig (Begr.), Grundgesetz, Art. 2 I, Rn. 11, 12 ff., 127 ff.

103 Di Fabio in: Maunz/Dürig (Begr.), Grundgesetz, Art. 2 I, Rn. 12.

104 Jarass, NJW 1989, 857, 857; Pieroth/Schlink, Staatsrecht II, Rn. 368; umfassend zum Meinungsstreit um die weite bzw. enge Auslegung: Di Fabio in: Maunz/Dürig (Begr.), Grundgesetz, Art. 2 I, Rn. 12 m. w. N.

105 Um eine Eingrenzung des weiten Verständnisses bemüht u. a.: Duttge, NJW 1997, 3353 m. w. N.; s. auch zum Meinungsstreit um die weite bzw. enge Auslegung Di Fabio in: Maunz/Dürig (Begr.), Grundgesetz, Art. 2 I, Rn. 12.

106 Murswiek in: Sachs (Hrsg.), Grundgesetz, Art. 2, Rn. 43.

107 Murswiek in: Sachs (Hrsg.), Grundgesetz, Art. 2, Rn. 43.

108 BVerfGE 80, 137.

109 Mattner DÖV 1989, 612; BayVerfGH NVwZ-RR 1992, 12 ff; in Bayern räumt Art. 141 Abs. 3 BayVerf ausdrücklich ein Recht auf Naturgenuss ein, vgl. Kloepfer/Brandner, NVwZ 1988, 115, 120.

110 VGH München NVwZ-RR 1998, 623 ff.

helm,[111] bzw. ohne Sicherheitsgurt[112] in den negativen Schutzbereich des Art. 2 Abs. 1 GG. Für das Umweltschutzrecht im Besonderen fiele beispielsweise die Freiheit, seinen Hausmüll nicht dem öffentlichen Entsorgungsträger zu überlassen (§ 13 Abs. 1 KrW-/AbfG) oder sein Abwasser nicht in die öffentliche Kanalisation einzuleiten (z. B. § 9 GO NRW i. V. m. den kommunalen Entwässerungssatzungen), in den negativen Schutzbereich des Art. 2 Abs. 1 GG.[113]

Weiterhin verbürgt Art. 2 Abs. 1 GG in Zusammenschau mit Art. 1 Abs. 1 GG das sogenannte allgemeine Persönlichkeitsrecht.[114] In dieser Variante des Grundrechts richtet sich der Blick weniger auf ein bestimmtes Tun oder Unterlassen des Grundrechtsträgers, sondern vordringlich auf seine verschiedenen Entfaltungsweisen als Subjekt.[115] Von der rechtswissenschaftlichen Literatur in Gruppen unterteilt verbürgt diese Ausprägung des Schutzbereichs im Wesentlichen das Recht zur Selbstbestimmung, zur Selbstbewahrung sowie das Recht der Selbstdarstellung.[116]

Das Recht zur Selbstbestimmung betrifft zunächst die bereits bei Art. 1 Abs. 1 GG angesprochene Eigenverantwortung und Entscheidungsfreiheit. Der Einzelne genießt das Recht, sein Geschick selbst zu lenken und dabei auch negative Folgen in Kauf zu nehmen. Das schließt u. a. die auch oft im Bereich der allgemeinen Handlungsfreiheit verortete[117] Privatautonomie mit ein. Das Bundesverfassungsgericht hat aus dem Recht auf Selbstbestimmung ferner das Recht abgeleitet, selbst zu bestimmen, wann der Einzelne welche persönlichen Informationen offenbart – das sogenannte „informationelle Selbstbestimmungsrecht".[118] Weniger Bedeutung im Umweltschutz erlangen das Recht der Selbstbewahrung, also sich abzuschirmen und aus der Öffentlichkeit zurückzuziehen[119] sowie das Recht der Selbstdarstellung, das verbürgt, sich unerbetener öffentlicher Darstellung seiner Person erwehren zu können (auch hiermit steht das informationelle Selbstbestimmungsrecht in Zusammenhang, indem der Grundrechtsträger eine öffentliche Darstel-

111 BVerfGE 59, 275 (278).

112 BVerfG NJW 1987, 189.

113 Jarass in: Jarass/Pieroth, Grundgesetz, Art. 2, Rn. 5.

114 BVerfGE 54, 148 (153); Pabst, NJW 2002, 999, 999; Harks, NJW 2002, 716, 718; Murswiek in: Sachs (Hrsg.), Grundgesetz, Art. 2, Rn. 59, 62.

115 Vgl. Murswiek in: Sachs (Hrsg.), Grundgesetz, Art. 2, Rn. 59 ff.

116 Pieroth/Schlink, Staatsrecht II, Rn. 373 ff.; vgl. auch Murswiek in: Sachs (Hrsg.), Grundgesetz, Art. 2, Rn. 68 ff., 69, 71, 74; Di Fabio in: Maunz/Dürig (Begr.), Grundgesetz, Art. 2 I, Rn. 148.

117 Di Fabio in: Maunz/Dürig (Begr.), Grundgesetz, Art. 2 I, Rn. 101; Spieß, DVBl. 1994, 1222, 1222 f.

118 BVerfGE 65, 1 (42); 80, 367 (373); Überblick zu den unter das Recht auf Selbstbestimmung gefassten Fallgruppen: Jarass, NJW 1989, 857, 858 f. und zu der jeweiligen Rechtsprechung: Di Fabio in: Maunz/Dürig (Begr.), Grundgesetz, Art. 2 I, Rn. 173 ff.

119 Pieroth/Schlink, Staatsrecht II, Rn. 375.

lung seiner privaten Daten verhindern darf),[120] das die persönliche Ehre schützt und einen Anspruch auf Gegendarstellung und Berichtigung bei Verletzung dieses Rechts schafft.[121]

b) Bedeutung des Art. 2 Abs. 1 GG für das Umweltschutzrecht

Art. 2 Abs. 1 GG erlangt eine zentrale Bedeutung im Umweltschutzrecht. Viele Verhaltensweisen, die das Umweltschutzrecht berührt, betreffen keinen durch ein spezielles Grundrecht geschützten Lebenssachverhalt. In seiner Grundaussage stellt Art. 2 Abs. 1 GG klar, dass der Einzelne frei handeln und entscheiden darf. Solange der Einzelne weder die Rechte anderer noch die verfassungsmäßige Ordnung oder die Sittengesetze verletzt, gewährleistet das Grundgesetz damit eine vollumfängliche Entscheidungsfreiheit.

Auch Art. 2 Abs. 1 GG misst der persönlichen Freiheit einen Stellenwert im Verfassungsgefüge zu, der in seiner Bedeutung auf ähnlicher Stufe steht, wie das Leben und die Würde des Menschen – einen Stellenwert, der der staatlichen Machtausübung vorangestellt wird. Art. 2 Abs. 1 GG bildet damit das zentrale Grundrecht der Selbstbestimmung:[122] Der Staat darf in diese Freiheit nur im Rahmen des Schutzes von Drittrechten, der verfassungsmäßigen Ordnung oder der Sittengesetze eingreifen. Auf das genaue Verhältnis zwischen staatlicher Aufgabenwahrnehmung aufgrund grundgesetzlicher Ermächtigung und individueller Freiheit wird zwar später noch genauer einzugehen sein (siehe unten, C.). Indes zeigt schon der Umstand, wonach hoheitliche Eingriffe an Voraussetzungen gebunden sind und – soweit diese Voraussetzungen nicht vorliegen bzw. keine Kollision widerstreitender Rechte von Grundrechtsträgern einen Ausgleich fordert – eine unbeschränkte Freiheit verbürgt wird, dass das Grundgesetz der Freiheit der Einzelnen den Vorrang vor staatlicher Aufgabenwahrnehmung einräumt.

Demgemäß wird Art. 2 I GG auch als Ausdruck des staatlichen Verzichts auf die Vorgabe eines bevorzugten Entfaltungskonzepts, als Verbürgung der freiheitlichen Entfaltung nach eigenem Entwurf betrachtet,[123] was wiederum die grundgesetzlich vorausgesetzte Eigenverantwortlichkeit der Einzelnen betont.

---

120 Vgl. Jarass, NJW 1989, 857, 858.

121 Pieroth/Schlink, Staatsrecht II, Rn. 377.

122 Hufen, NJW 2001, 849, 851.

123 Kube, JuS 2003, 111, 111.

2. Art. 14 Abs. 1 GG

Dem Eigentumsschutz des Art. 14 Abs. 1 GG kommt im Umweltschutzrecht ebenfalls eine hohe Bedeutung zu. Dies gilt besonders für private Eigentümer, denen durch staatliches Umweltschutzrecht Handlungs- und Unterlassungspflichten aufgegeben werden, insbesondere in Fällen, in denen die Reichweite des Eigentums und seiner Nutzung durch neue Inhalts- und Schrankenbestimmungen verkürzt wird, um umweltschützende Maßnahmen zu verwirklichen. Dies gilt auch für private Gewerbetreibende, wenn ihr eingerichteter und ausgeübter Gewerbebetrieb durch umweltschützende Normen betroffen wird, ferner bei der Enteignung zur Verwirklichung umweltschützender Maßnahmen.

a) Schutzbereich

Aufgrund der Vorgabe des Art. 14 Abs. 1 S. 2 GG, nach dem Inhalt und Schranken des Eigentums durch die Gesetze bestimmt werden, unterliegt der Eigentumsbegriff der Wandelbarkeit.[124] Eigentum im Sinne des Art. 14 Abs. 1 GG umfasst daher alles, was das einfache Recht zum jeweiligen Zeitpunkt als Eigentum definiert.[125] Eine untere Grenze für die Definition des Eigentums bilden vornehmlich die Institutsgarantie[126] und der Verhältnismäßigkeitsgrundsatz.[127]

Zu dem verfassungsrechtlichen Begriff des Eigentums zählt zunächst der bürgerlichrechtliche Eigentumsbegriff des § 903 BGB, der einzelne bewegliche und unbewegliche körperliche Sachen im Sinne von § 90 BGB sowie Tiere (S. 2) erfasst.[128] Der verfassungsrechtliche Eigentumsbegriff geht indessen über den Eigentumsbegriff des § 903 BGB hinaus.[129] Letzterer bietet nur einen Ausschnitt der Inhaltsbestimmung des Begriffs. So schließt der verfassungsrechtliche Eigentumsbegriff überdies anerkanntermaßen alle privatrechtlichen vermögenswerten

124 Hesse, Verfassungsrecht, Rn. 442; Wieland in: Dreier (Hrsg.), Grundgesetz, Art. 14, Rn. 21.

125 BVerfGE 58, 300 (336); vgl. auch Papier in: Maunz/Dürig (Begr.), Grundgesetz, Art. 14, Rn. 35 ff.

126 Berg, JuS 2005, 961, 963 m. w. N.; Wendt in: Sachs (Hrsg.), Grundgesetz, Art. 14, Rn. 10, 60, 70; kritisch zur „verblassenden Aussagekraft“ der Institutsgarantie: Papier in: Maunz/Dürig (Begr.), Grundgesetz, Art. 14, Rn. 39.

127 Wendt in: Sachs (Hrsg.), Grundgesetz, Art. 14, Rn. 73; Pieroth/Schlink, Staatsrecht II, Rn. 900.

128 Fritzsche in: Bamberger/Roth, BGB, § 903, Rn. 6; Jauernig in: Jauernig (Hrsg.), BGB, Vor § 903, Rn. 1; Säcker in: MüKo, BGB, § 903, Rn. 1.

129 Wendt in: Sachs (Hrsg.), Grundgesetz, Art. 14, Rn. 22 ff.; Herrmann in: Staudinger, BGB 2005, Eckpfeiler des Zivilrechts, Das Eigentum, Nr. 2 – Verfassungsrechtlicher Schutz; Wieland in: Dreier (Hrsg.), Grundgesetz, Art. 14, Rn. 21.

konkreten Rechte mit ein,[130] mithin jede rechtmäßig erworbene Rechtsposition.[131] Dabei muss die Rechtsposition allerdings eine konkrete Ausgestaltung gefunden haben, nicht geschützt ist das Vermögen als Ganzes.[132] Zum verfassungsrechtlichen Eigentumsbegriff zählen also das „geistige Eigentum"[133] wie auch Nutzungsrechte.[134]

Gemäß der herrschenden Lehre und der obergerichtlichen Rechtsprechung gehört dazu auch der eingerichtete und ausgeübte Gewerbebetrieb in seiner Gesamtheit,[135] allerdings – um eine durch das Grundgesetz nicht vorgesehene Ausweitung des Schutzbereichs durch den Rechtsbegriff des eingerichteten und ausgeübten Gewerbebetriebes zu verhindern – nur insoweit, als die hierin zusammengefassten Rechte für sich bereits verfassungsrechtlichen Schutz genießen, weshalb günstige Umweltbedingungen (im sozialen Sinn) und andere tatsächliche Gegebenheiten keinen Schutz des Art. 14 GG genießen.[136]

Schließlich sollen auch vermögenswerte subjektiv - öffentliche Rechte in den Eigentumsbegriff einzubeziehen sein, soweit diese dem Inhaber als privatnützig zugeordnet sind und diese auf nicht unerheblichen Eigenleistungen beruhen.[137]

Geschützt sind der jeweilige Bestand des Eigentums und seine Nutzung. In Abgrenzung zu Art. 12 Abs. 1 GG umfasst der Eigentumsschutz jedoch keine Gewinnerwartungen.[138]

---

130 BVerfG, GRUR 1964, 554 ff.; BVerfG, 36, 281 (290 f.); 51, 216 f.; 78, 58 (71); Dörr, NJW 1988, 1049, 1050; Papier in: Maunz/Dürig (Begr.), Grundgesetz, Art. 14, Rn. 55; Pieroth/Schlink, Staatsrecht II, Rn. 903.

131 Fehling, Faust, Rönnau, JuS 2006, 18, 18.

132 Fehling, Faust, Rönnau, JuS 2006, 18, 19; Papier in: Maunz/Dürig (Begr.), Grundgesetz, Art. 14, Rn. 160; Wendt in: Sachs (Hrsg.), Grundgesetz, Art. 14, Rn. 38.

133 Götting, GRUR 2006, 353, 357; Dörr, NJW 1988, 1049, 1050.

134 Fehling, Faust, Rönnau, JuS 2006, 18, 19; Dörr, NJW 1988, 1049, 1050.

135 BVerwGE 62, 224 (226); BGHZ 23, 157 (162); 92, 34 (37); Dörr, NJW 1988, 1049, 1050; Scholz, NVwZ 1982, 337 (338); Kröhn, GewA 1981, 249.

136 BVerfGE 51, 193 (221); 58, 300 (353); Papier in: Maunz/Dürig (Begr.), Grundgesetz, Art. 14, Rn. 100.

137 BVerfGE 97, 271 (284) – Ansprüche gegen öffentliche Versicherungen; Fehling, Faust, Rönnau, JuS 2006, 18, 19; im Einzelnen auch zu dem (verebbenden) Meinungsstreit hierzu: Papier in: Maunz/Dürig (Begr.), Grundgesetz, Art. 14, Rn. 123 ff., 129 ff.

138 BVerfGE 110, 274 (290); Berg, JuS 2005, 961, 963; differenzierend: Wendt in: Sachs (Hrsg.), Grundgesetz, Art. 14, Rn. 44.

b) Bedeutung des Art. 14 Abs. 1 GG für das Umweltschutzrecht

Wie Art. 2 Abs. 1 GG für allgemeine Handlungen und Entscheidungen vorsieht, dass der Grundrechtsträger „tun und lassen kann, was er will“,[139] verbürgt Art. 14 Abs. 1 GG das Recht des privaten Eigentümers, mit seinem Eigentum eigenverantwortlich und frei umzugehen.[140] Staatliche Umweltschutzmaßnahmen geraten dabei traditionell immer wieder in den Konflikt mit geschützten Eigentümerinteressen, da und soweit sich der Privateigentümer als Umweltbelaster auf den Schutz des Art. 14 Abs. 1 GG berufen kann.

Allerdings liefert Art. 14 Abs. 1 GG scheinbar auf den ersten Blick keine mit Art. 2 Abs. 1 GG vergleichbar klare Abgrenzung zwischen der Stellung des Einzelnen und der staatlichen Hoheitsbefugnis. Im Rahmen des Art. 2 Abs. 1 GG wird die Freiheit des Grundrechtsträgers der Formulierung nach deutlich den staatlichen Machtbefugnissen vorangestellt, während im Rahmen des Art. 14 Abs. 1 GG diese Abgrenzung mit Blick auf den verfassungsrechtlichen Staatsauftrag, das Eigentum gesetzlich zu definieren, „verwischt“ erscheint. Dies könnte für eine Abhängigkeit der privaten Eigentumsnutzung von der staatlichen Definitionsbefugnis sprechen. Allerdings bleiben auch insoweit die Abgrenzung und der Schutzumfang klar, als Inhalts- und Schrankenbestimmungen, die den vorhandenen Bestand verkürzen, dem Verhältnisgrundsatz unterliegen.[141] Zudem gilt auch für Inhalts- und Schrankenbestimmungen die Institutsgarantie.[142] Diese setzt dem staatlichen Definitionsauftrag Grenzen – es muss zumindest eine Privatnützigkeit und Verfügungsbefugnis gewahrt bleiben.[143] Die Institutsgarantie sichert damit den Grundbestand des Eigentums.[144] Die grundsätzliche Wertentscheidung der Verfassung für ein Privateigentum darf nicht ausgehöhlt werden.[145]

Für den jeweiligen Bestand des Eigentums erkennt das Grundgesetz daher wiederum die grundsätzlich unangetastete Freiheitsausübung durch den Grundrechtsinhaber an, indem es diesen vor Enteignungen, sonstigen Eingriffen und Inhalts- und Schrankenbestimmungen schützt und solchen Grenzen zieht.

---

139 Rennert, NJW 1989, 3261, 3262.

140 Vgl. Wieland in: Dreier (Hrsg.), Grundgesetz, Art. 14, Rn. 24.

141 BVerfGE 58, 300 (335 f.); 100, 226 (240); 102, 1 (17); BVerfG, NVwZ 2003, 197, 198; Sellmann, NVwZ 2003, 1417, 1420.

142 BVerfGE 31, 229 (240); 275 (283); 49, 382 (392); Berg, JuS 2005, 961, 963; Wendt in: Sachs (Hrsg.), Grundgesetz, Art. 14, Rn. 60 f.; Pieroth/Schlink, Staatsrecht II, Rn. 952.

143 BVerfGE 91,294 (308); Jochum/Durner, JuS 2005, 220, 220; Wendt in: Sachs (Hrsg.), Grundgesetz, Art. 14, Rn. 60 f.

144 BVerfGE 24, 367 (389); Fehling, Faust, Rönnau, JuS 2006, 18, 19.

145 BVerfGE 21, 150 (155).

„Aufgelockert" wird das Verhältnis zwischen dem Einzelnen und dem Staat im Rahmen des Eigentumsschutzes auch, aber erneut nur auf den ersten Blick, indem Art. 14 Abs. 2 GG das Eigentum einer „Sozialbindung" unterstellt. Danach dient das Eigentum auch der Allgemeinheit.[146] Die Rechtsprechung und die rechtswissenschaftliche Literatur verstehen den Begriff der Sozialbindung indes zu Recht als Konkretisierung dessen, welche staatlichen Inhalts- und Schrankenbestimmungen noch als solche entschädigungslos hinzunehmen sind und wann die Grenze zur Enteignung überschritten wird.[147] Der Begriff der Sozialbindung schafft auf diese Weise keine gegenüber den Begriffen der Enteignung und Inhalts- und Schrankenbestimmung zusätzliche Befugnis des Staates, in Rechte der Grundrechtsträger einzugreifen und stellt den Vorrang und die Bedeutung der Privatnützigkeit des Eigentums nicht infrage.

Darf der Eigentümer danach grundsätzlich vom Staat losgelöst über sein Eigentum verfügen und es nutzen, folgt daraus wiederum die grundgesetzlich vorausgesetzte Eigenverantwortung des Einzelnen im Umgang mit seinem Eigentum. Die Argumentation, wonach Freiheit auch Verantwortung bedeutet (s. o. , B. I. 2. und B. II. 1. b.), gilt auch hier. Die aus dem Eigentum folgende Eigenverantwortung hat auch das Bundesverfassungsgericht wiederholt und ausdrücklich betont.[148] Für den eigenverantwortlichen Umgang mit dem Eigentum hat der Volksmund eine Redensart gebildet: „Eigentum verpflichtet", die hier freilich nicht im Sinne einer Aufopferung für die Allgemeinheit verstanden wird, sondern im Sinne eines auch mit Blick auf die Interessen des Wohls der Allgemeinheit vernünftigen und verantwortlichen Umgangs, was letztlich wiederum einen Bestandteil der in der Verfassung verankerten Sozialbindung des Eigentums bildet.

Dasselbe gilt für Art. 15 GG – auch er stellt die grundsätzliche Anerkennung des Eigentums und seiner Privatnützigkeit nicht infrage. Art. 15 GG enthält – weitergehender, aber ähnlich wie die Ermächtigung des Art. 14 Abs. 3 GG zur Individualenteignung – durchaus eine Befugnis zur Entziehung von Eigentum, er steht aber nach wie vor unter dem Vorbehalt einer offenen und auf Dauer offen zu haltenden Wirtschaftsordnung.[149] Diese Offenheit setzt das Privateigentum als Konstituante einer freiheitlichen Wirtschaftsordnung voraus.[150] Das Privateigentum darf aufgrund der Ermächtigung des Art. 15 GG demgemäß nicht aufgegeben

146 BVerfGE 50, 290.

147 Vgl u. a. BVerfGE 24, 367; 25, 112; 50, 290; 58, 300; Wendt in: Sachs (Hrsg.), Grundgesetz, Art. 14, Rn. 85 ff.

148 BVerfGE 31, 229 (240); 42, 263 (294); 50, 290 (339); 53, 257 (290); 83, 201 (209); 89, 1 (6); 91, 294 (308); 95, 267 (300); vgl. ferner BGHZ 125, 293 (289).

149 BVerfG, NJW 1961, 1107, 1108; Scholz, NVwZ 1982, 337, 338.

150 Scholz, NVwZ 1982, 337, 338.

werden.[151] Die Ermächtigung des Art. 15 GG steht zudem unter dem strengen Vorbehalt des Übermaßverbots – von ihr darf nur Gebrauch gemacht werden, wenn ein Ziel unter Anwendung verhältnismäßiger Mittel anders nicht erreicht werden kann.[152] So verstanden verlieren die Rechte aus Art. 14 GG durch Art. 15 GG nicht an Bedeutung oder Wirkung. Art. 15 GG erlaubt allein einen unter dem Vorbehalt der Verhältnismäßigkeit stehenden Eingriff in die grundsätzlich verbürgte Eigentumsfreiheit.

3. Art. 12 Abs. 1 GG

Weiterhin weist das Umweltrecht zahlreiche Berührungspunkte mit Art. 12 Abs. 1 GG auf. So können umweltschützende Maßnahmen den Zugang zu einem Beruf gänzlich versperren, indem bestimmte Umwelttätigkeiten durch den Staat monopolisiert werden, wie dies teilweise bei der öffentlichen Abfallentsorgung (§ 13 KrW-/AbfG)[153] oder bei der nuklearen Entsorgung (§ 9a Abs. 3 AtG) vorgesehen ist. Meist beschränken umweltschützende staatliche Regelungen indes lediglich die Berufsausübung, beispielsweise bei den Mitwirkungs- und Duldungspflichten, ferner im Rahmen der Umweltpflichten, soweit einem Berufsträger durch umweltschützende Rechtssätze bestimmte Handlungs- oder Unterlassungspflichten auferlegt werden.

a) Schutzbereich

Rechtsprechung und Lehre verstehen den Schutzbereich des Art. 12 Abs. 1 GG als einheitlichen.[154] Seit dem grundlegenden Apothekerurteil des Bundesverfassungsgerichts[155] liest man das Begriffspaar der Berufswahl und Berufsausübung

151 Scholz, NVwZ 1982, 337, 338.

152 Scholz, NVwZ 1982, 337, 338.

153 Giesberts in: Giesberts/Reinhardt (Hrsg.), BeckOK, Umweltrecht, KrW-/AbfG, § 13, Rn. 2; zu Ausnahmen s. Beckmann/Kersting in: Landmann/Rohmer (Begr.), Umweltrecht, KrW-/AbfG, § 13, Rn. 32 (Erfüllung durch Dritte), 69-71.

154 BVerfGE 7, 377 (401); 95, 193 (214); Kimms, JuS 2001, 664, 664; Tettinger in: Sachs (Hrsg.), Grundgesetz, Art. 12, Rn. 8, 55.

155 BVerfGE 7, 377 (377).

zusammenhängend.[156] Die Wahl des Berufs löst die Berufsausübung aus, während die Berufsausübung die Berufswahl fortwährend bestätigt und erneuert.[157]

Der Berufsbegriff definiert sich durch eine auf gewisse Dauer angelegte Tätigkeit, durch die sich der Grundrechtsträger eine Lebensgrundlage schaffen und erhalten will, wobei die Tätigkeit nach h. M. nicht bereits selbst verboten sein darf.[158] Dieses letzte Kriterium ist allerdings eng zu verstehen.[159] Ansonsten unterläge der Berufsbegriff der Disposition des Gesetzgebers. [160] Hierin wurzelt auch die Kritik an dem Kriterium.[161] Jedoch wird zu Recht gegen die Kritik eingewandt, dass sich das Verbotensein auf die Tätigkeit bezieht, die als solche durch die einzelnen Grundrechte geschützt wird.[162] Wenngleich dieses Argument überzeugt, darf nicht übersehen werden, dass das Kriterium eine Unsicherheit beinhaltet, da nicht immer sicher getrennt werden kann zwischen der verbotenen Tätigkeit und der beruflichen Ausübung der verbotenen Tätigkeit. So soll der „Zuhälter" beispielsweise keinen Beruf, sondern eine schlicht verbotene Tätigkeit ausüben und darf sich damit nicht auf den Schutz des Art. 12 Abs. 1 GG berufen, wohl aber eine Prostituierte.[163] Auf diese Weise gerät der verfassungsrechtliche Berufsbegriff doch wieder in die Gefahr, einfachgesetzlich bestimmt zu werden. Solange das Kriterium des Erlaubten aber streng auf eine Auslegung verfassungsrechtlich widerstreitender Interessen zurückgeführt wird, kann diese Gefahr vermieden, zumindest verringert werden.[164]

Problematisch erscheinen dagegen jüngere Entscheidungen des Bundesverfassungsgerichts, das dieses allgemeine Anerkenntnis äußerer Regeln der Berufsfreiheit und ihrer Begriffsbestimmung scheinbar ausweitet. So stellte das Gericht die Berufsfreiheit in der Glykol-Entscheidung[165] in einen äußeren, marktgebun-

---

156 Tettinger in: Sachs (Hrsg.), Grundgesetz, Art. 12, Rn. 8; Scholz in: Maunz/Dürig (Begr.), Grundgesetz, Art. 12, Rn. 14.

157 BVerfGE 7, 377 (401); 95, 193 (214); Kimms, JuS 2001, 664, 664; Pieroth/Schlink, Staatsrecht II, Rn. 808.

158 BVerfGE 7, 377 (397); 32, 311 (317); 48, 376 (388); 68, 272 (281); 81, 70 (85); BVerwGE 22, 286 (287); 71, 183 (189); 87, 37 (40 f.); OVG NRW, NJW 1986,2783; OVG RhPf, GewArch 1991, 99 (100); BayVGH, NJW 1987,727; Badura, Staatsrecht, C Rn. 77; Schmidt-Bleibtreu, in: Schmidt-Bleibtreu/Klein, Art. 12 Rn. 6; Gubelt, in: v. Münch/Kunig (Hrsg.), Bd. I, Art. 12 Rn. 8 f.; Für den Gewerbebegriff: Kahl, in: Landmann/Rohmer, Gewerbeordnung, Einleitung, C II, Rn. 32.

159 Scholz in: Maunz/Dürig (Begr.), Grundgesetz, Art. 12, Rn. 28.

160 Scholz in: Maunz/Dürig (Begr.), Grundgesetz, Art. 12, Rn. 24.

161 Überblick bei: Nolte/Tams, JuS 2006, 31, 32 f.; Scholz in: Maunz/Dürig (Begr.), Grundgesetz, Art. 12, Rn. 24 f.

162 Scholz in: Maunz/Dürig (Begr.), Grundgesetz, Art. 12, Rn. 25.

163 Scholz in: Maunz/Dürig (Begr.), Grundgesetz, Art. 12, Rn. 25; Pieroth/Schlink, Staatsrecht II, Rn. 811.

164 Vgl. Scholz in: Maunz/Dürig (Begr.), Grundgesetz, Art. 12, Rn. 28.

165 BVerfGE 105, 252.

denen Zusammenhang. Aus dem Staat als „Bedroher" des Schutzgutes wurde der Gewährleister, indem das Gericht dem Staat die scheinbar der Berufsfreiheit vorgelagerte Aufgabe einräumte, für einen funktionierenden Markt zu sorgen und unterstellte, dieser werde erst von der Rechtsordnung geschaffen.[166] In der Glykol-Entscheidung las es sich, als „verwandele" sich die gerügte Grundrechtsverletzung (Veröffentlichung marktgebundener Informationen) in eine „gute Gabe" des Staates, die Wahrnehmung einer staatlichen Schutzpflicht. Sollte das Gericht eine solche Vorlagerung gemeint haben, wäre diese Ansicht abzulehnen. Die Annahme, der funktionierende Markt werde von dem Staat durch seine Rechtsordnung zur Verfügung gestellt und in diesem Rahmen bewege sich die Berufsfreiheit, kehrt das Verhältnis zwischen staatlichem Handeln und Berufsfreiheit um.[167] Die Berufsfreiheit steht nicht mehr unter dem Vorbehalt eines im Einzelfall verbotenen Handelns, sondern unter dem Vorbehalt der gesamtgesellschaftlichen Funktionsfähigkeit des Markts, die ihrerseits vom Staat zu garantieren ist.[168] Das Makro-Konzept des Markts, das doch gerade nicht der Berufsfreiheit vorgelagert sein sollte, verwandelt sie zu einem normgeprägten Grundrecht.[169] Anders als Art. 14 GG ist Art. 12 Abs. 1 GG indes nicht erst einfachgesetzlich zu definieren. Der Schutzbereich und seine begriffliche Eingrenzung müssen demgemäß – wie oben ausgeführt – streng aus der Verfassung selbst gewonnen werden.

b) Bedeutung des Art. 12 Abs. 1 GG für das Umweltschutzrecht

Heute nimmt das Umweltschutzrecht auf nahezu jede berufliche Tätigkeit Einfluss. Am stärksten greifen staatliche Monopole und Verbote zum Schutz der Umwelt in berufliche Tätigkeiten der Einzelnen ein. Beide schließen die Tätigkeiten der Einzelnen in Selbständigkeit völlig aus. Soweit Hoheitsträger ein Monopol genießen, können Einzelne den Beruf nur noch im Staatsdienst ausüben. Monopole stellen somit in der Regel einen Eingriff in die Freiheit der Berufswahl (objektive Zugangsvoraussetzung)[170] dar – nach der „Stufenrechtsprechung" des Bundesverfassungsgerichts aus dem Apothekerurteil (s. o.) den schärfsten Eingriff.[171] Andere Verbote können ebenso die freie Berufswahl verhindern, allerdings stattdessen auch lediglich einen Beruf in seiner Ausübung betreffen – im Sinne der „Stufenthe-

166 Kritisch: Möllers, NJW 2005, 1973, 1975.

167 Möllers, NJW 2005, 1973, 1975.

168 Möllers, NJW 2005, 1973, 1975.

169 Möllers, NJW 2005, 1973, 1975.

170 Tettinger in: Sachs (Hrsg.), Grundgesetz, Art. 12, Rn. 103.

171 BVerfGE 7, 377 (408); BVerfG, NJW 1998, 3481 (3483); Scholz in: Maunz/Dürig (Begr.), Grundgesetz, Art. 12, Anm. 16.

orie" liegt hierin regelmäßig ein geringerer Eingriff als in einer Beeinträchtigung der Berufswahl.[172] Mit Regelungen zur Freiheit der Berufsausübung schließlich sieht sich im Grunde jeder Berufstätige konfrontiert. Beispielhaft seien aus dem Bereich des Umweltschutzrechts erwähnt: Umweltabgaben,[173] Beschränkungen des Schwerlastverkehrs,[174] abfallrechtliche Bestimmungen und Pfandsysteme,[175] Nutzungsverbote, wie in Naturschutzgebieten,[176] Tierschutzvorschriften, wie u. a. Schlachtvorschriften[177] oder Kupierverbote.[178]

Trotz oder vielleicht wegen der unüberschaubaren Fülle an Konflikten zwischen dem Recht der Berufsfreiheit aus Art. 12 GG und umweltschützenden Regelungen erweist sich hier erneut das grundgesetzliche Postulat vom Vorrang der individuellen Freiheit vor staatlicher Machtentfaltung; einmal, indem es auch die Rechte aus Art. 12 GG durch ihre systematische Stellung zu Beginn der Verfassung hervorhebt, des Weiteren, indem es wiederum staatliche Machtentfaltung an Eingriffsvoraussetzungen knüpft (s. im Einzelnen zum Rechtfertigungsvorbehalt unten). Wie in Art. 14 GG trifft die Verfassung auch mit Art. 12 GG eine Grundentscheidung: Dort, in Art. 14 GG, weist die Verfassung Eigentum und sonstige vermögenswerte Rechte der Privatnützigkeit und insbesondere der privaten Dispositionsfreiheit zu, hier, in Art. 12 GG, entscheidet sich die Verfassung für die Freiheit, einen Beruf grundsätzlich frei von staatlicher Einflussnahme zu wählen, zu erlernen und auszuüben.

Vielleicht bei keinem anderen Grundrecht spürt der Grundrechtsträger so unmittelbar, was die hier vertretene Folgerung der Eigenverantwortung aus der Freiheit bedeutet. Die Wahl des Berufes und seine Ausübung oder die Wahl keines Berufes prägen das Leben des Einzelnen stark.[179] Das Dasein des Einzelnen wird durch seinen Beruf maßgebend bestimmt und dabei erfährt er meist unmittelbar die Auswirkung seiner Entscheidung (Zurechnung, s. o. B. I. 2.). Insoweit kann das Grundrecht der Berufsfreiheit als Garantie selbstverantwortlicher Existenzgestaltung, individueller Persönlichkeitsbildung sowie sozialer Statusbestimmung des Einzelnen verstanden werden.[180] So sieht auch das Bundesverfassungsgericht

---

172 BVerfGE, 7, 377 (405); BVerfG, NJW 1998, 1627, 1628; BVerfG, NJW 1999, 841, 842; Tettinger in: Sachs (Hrsg.), Grundgesetz, Art. 12, Rn. 101.

173 Vgl. BVerfGE 99, 202 (211); BVerwG NVwZ 1994, 900 ff.

174 BVerfGE 26, 259.

175 OVG Berlin NJOZ 2004, 4368 ff.

176 Solche können nicht nur in Rechte aus Art. 14 GG eingreifen, sondern auch in solche aus Art. 12 GG: BayVerfGH NVwZ 1985, 732 ff.

177 BVerfG NJW 2002, 663 ff.

178 BVerfG NuR 2000, 31 ff.

179 Vgl. Scholz in: Maunz/Dürig (Begr.), Grundgesetz, Art. 12, Rn. 9.

180 Scholz in: Maunz/Dürig (Begr.), Grundgesetz, Art. 12, Rn. 9.

die Eigenverantwortung und Selbstbestimmung im Rahmen der Berufswahl als einen der bedeutendsten Faktoren der Identitätsbildung an.[181] Wer erwartet, seinen Beruf ohne staatliche Einflussnahme frei zu wählen und auszuüben, muss auch die Verantwortung für seine Tätigkeit oder Untätigkeit übernehmen.

III. Zwischenergebnis

In Zusammenschau mit Art. 1 Abs. 1 und Art. 14 GG gewährleistet das Grundgesetz damit nicht nur für allgemeine Handlungen (Art. 2 Abs. 1 GG), sondern auch für den Umgang mit dem Eigentum und der (Haupt-) Grundlage dessen Erwerbs (Art. 12 GG) Schutz vor staatlichen Maßnahmen. Insoweit liefert die Verfassung eine Grundentscheidung für ein freies und damit eigenverantwortliches Handeln der Einzelnen. Das Grundgesetz sieht also zuerst die Freiheit und Eigenverantwortung der Grundrechtsträger und regelt Voraussetzungen zur Regulierung dieser Freiheitsausübung, um ein soziales Zusammenleben gewährleisten zu können – dort, wo diese Freiheit gefährdet ist (s. auch unten, D).

C. „Subsidiarität" staatlicher Aufgabenwahrnehmung

Das Grundgesetz stellt die Freiheit der Einzelnen in den Vordergrund. Die Freiheitsausübung der Grundrechtsadressaten wird jedoch beschränkt und infolgedessen gefährdet durch die staatliche Aufgabenwahrnehmung.

Im Folgenden wird untersucht, in welchem Verhältnis die staatliche Aufgabenwahrnehmung zu den Freiheitsrechten der Grundrechtsadressaten steht. Hier wird diese Grundentscheidung für die Freiheit in Beziehung zu staatlichen Eingriffsbefugnissen und dem Zweck staatlicher Aufgabenwahrnehmung gesetzt und die Nachrangigkeit, Subsidiarität staatlicher Machtausübung nachgewiesen. Später (s. unten, D.) soll das hier zu findende Ergebnis einer Subsidiarität mit Blick auf Staatspflichten zum Umweltschutz hinterfragt werden. Die Zusammenschau der Ergebnisse beider Teile soll so die Bildung eines Maßstabes für die Prüfung staatlicher Maßnahmen ermöglichen (s. unten, E.).

---

181 BVerfGE 39, 258 (270); 43, 291 (315); vgl. auch BVerfGE 33, 303 (330 f.); Scholz in: Maunz/Dürig (Begr.), Grundgesetz, Art. 12, Rn. 9.

I. Verfassungsrechtliches Rechtfertigungserfordernis für staatliche Eingriffe in Grundfreiheiten

Die meisten Grundfreiheiten enthalten einen ausdrücklichen Gesetzesvorbehalt, wonach staatliche Eingriffe (allein) durch (Legislative) oder aufgrund eines Gesetzes (Judikative, Exekutive) erlaubt sind.[182] Diese Gesetzesvorbehalte unterteilen sich in sogenannte „einfache" oder „schlichte Gesetzesvorbehalte" (Art. 2 Abs.1 und 2, 10 Abs. 2, 12 Abs. 2 und 14 Abs.2 GG) und sogenannte „qualifizierte Gesetzesvorbehalte" (beispielsweise Art. 5 Abs. 2, 8 Abs. 2, 11 Abs. 2, 13 Abs. 2 GG), die an die zugelassene Gesetzgebung spezifische Anforderungen stellen, wie besondere Sachverhaltsvoraussetzungen, Richtervorbehalte oder Ähnliches.[183] Damit bedürfen die Exekutive und Judikative für Eingriffe in Freiheitsgrundrechte zunächst einer abstrakten Grundentscheidung durch den Gesetzgeber.[184] Bereits hier findet sich der erste Hinweis auf einen Vorrang individueller Freiheit vor staatlicher Machtentfaltung, indem der Exekutive und Judikative Eingriffe nicht schlechthin erlaubt werden, sondern solche unter den Vorbehalt einer gesetzgeberischen Entscheidung gestellt werden.[185] So schützt der Gesetzesvorbehalt nicht nur im Verhältnis zwischen Legislative und Exekutive den demokratisch legitimierten Gesetzgeber, sondern ebenfalls – obgleich es im ersten Schritt allein um eine formelle Aufgabenverteilung der Staatsgewalten untereinander zu gehen scheint – im Verhältnis zwischen dem Einzelnen und der Exekutive: Letztere erfährt hierdurch auch eine Zügelung in ihrer Machtentfaltung. Grundlegende Entscheidungen über Eingriffe in die Freiheiten Einzelner müssen zunächst auf abstrakter Ebene durch den demokratisch legitimierten Gesetzgeber getroffen werden, bevor die Exekutive Freiheiten Einzelner beschränken darf.

Dem Gesetzgeber selbst werden durch die qualifizierten Gesetzesvorbehalte erste Grenzen gesetzt, ebenso wie durch Grundrechte, die keinen Gesetzesvorbehalt kennen (beispielsweise Art. 1 Abs. 1,[186] 4 Abs. 1[187] und 2, 5 Abs. 3[188] GG). Aber auch im Rahmen der einfachen Gesetzesvorbehalte, die dem Wortlaut nach keine Voraussetzungen an den Inhalt des eingreifenden oder zum Eingriff ermächtigenden Gesetzes knüpfen, gestattet die Verfassung dem Gesetzgeber keine unbegrenzte Beschneidung individueller Freiheitsausübung durch Gesetze. In einem

---

182 Herdegen in: Maunz/Dürig (Begr.), Grundgesetz, Art. 1 III, Rn. 42 f.

183 Näher zur Einteilung der Gesetzesvorbehalte in den Grundrechten: Sachs in: ders. (Hrsg.), Grundgesetz, Vor Art. 1, Rn. 115 – 117.

184 Sachs in: Stelkens/Bonk/Sachs (Hrsg.), Verwaltungsverfahrensgesetz, § 44, Rn. 45 ff.

185 Vgl. auch Sachs in: Stelkens/Bonk/Sachs (Hrsg.), Verwaltungsverfahrensgesetz, § 44, Rn. 45 ff.

186 Siehe oben, B. I. 1.

187 Kokott in: Sachs (Hrsg.), Grundgesetz, Art. 4, Rn. 3.

188 Bethge in: Sachs (Hrsg.), Grundgesetz, Art. 5, Rn. 195.

modernen Rechtstaat erscheint es dabei banal, wenn Gesetzesvorbehalte nach der Verfassung nicht uferlos ausgenutzt werden dürfen, sondern die Verfassung an den Gebrauch der Vorbehalte bestimmte Voraussetzungen knüpft. Hieraus folgt die Subsidiarität staatlicher Machtentfaltung gegenüber individueller Freiheitsausübung. Das allgemeine Grundverständnis von der Notwendigkeit von Rechtfertigungsvorbehalten für staatliche Grundrechtseingriffe fußt auf den historischen Wurzeln der freiheitlichen Verfassungen und beinhaltet damit einen allgemeinen, aber wenig hervorgehobenen und in der Verfassungswirklichkeit anscheinend schwächer werdenden Konsens über die Subsidiarität staatlicher Aufgabenwahrnehmung.

Um das Verhältnis zwischen Staat und Einzelnen mit dem Ziel einer Maßstabsbildung für die Zulässigkeit staatlicher Aufgabenwahrnehmung näher zu bestimmen, reicht der Verweis auf den allgemeinen Konsens nicht aus. Vielmehr muss mit der nachfolgenden Darstellung zuerst Klarheit über die dem Gesetzgeber gesetzten Grenzen gewonnen werden, damit dessen Befugnis im Verhältnis zu den Freiheitsrechten abgegrenzt werden kann. Nachfolgend bedarf es also zunächst einer Darstellung derjenigen Grenzen von Grundrechtsbegrenzungen, die den Grundrechten nicht bereits immanent sind, sondern auf staatliche Aufgabenwahrnehmung zurückgehen – die sogenannten „Schranken-Schranken".

Gesetzesvorbehalte erlauben dem Gesetzgeber, selbst in die Grundrechte einzugreifen bzw. die Verwaltung zu Eingriffen zu ermächtigen.[189] Aber schon Art. 1 Abs. 3 GG zeigt, dass auch der Gesetzgeber an die Grundrechte gebunden ist. In diesem Sinne setzen die Grundrechte ohne Gesetzesvorbehalt und die qualifizierten Gesetzesvorbehalte erste ausdrückliche Grenzen. Eine weitere Beschränkung folgt aus der Bindung des Gesetzgebers gemäß Art. 1 Abs. 3 GG an die Grundrechte und die Institutsgarantien.[190] Darüber hinaus kennt die Verfassung weitere Grenzen für gesetzgeberische Grundrechtseingriffe. Dies sind die bereits oben erwähnten Schranken-Schranken, namentlich der Verhältnismäßigkeitsgrundsatz, die Wesensgehaltsgarantie (Art. 19 Abs. 2 GG), das Verbot des einschränkenden Einzelfallgesetzes (Art. 19 Abs. 1 Satz 1 GG), das Zitiergebot (Art. 19 Abs. 1 Satz 2 GG) und der Bestimmtheitsgrundsatz.[191] Sollen die Schranken-Schranken auf ihre Aussagekraft für eine Subsidiarität staatlichen Handelns hin untersucht werden, darf die Darstellung jedoch von einer Behandlung der drei letztgenannten absehen. Diesen kommt eher eine (formale) Hilfsfunktion zu, indem sie spezifische, im Wesentlichen formale Anforderungen an die Art des Gesetzes oder

189 Pieroth/Schlink, Staatsrecht II, Rn. 274; v. Münch, Staatsrecht 2, Rn. 242.
190 Pieroth/Schlink, Staatsrecht II, Rn. 275.
191 Pieroth/Schlink, Staatsrecht II, Rn. 274 ff., 278; v. Münch, Staatsrecht 2, Rn. 247.

seine Formulierung richten. Die Untersuchung beschränkt sich daher auf den Verhältnismäßigkeitsgrundsatz und die Wesensgehaltsgarantie.

1. Verhältnismäßigkeitsgrundsatz

Im Rahmen der Begrenzung staatlichen Handelns nimmt der Verhältnismäßigkeitsgrundsatz eine überragende Bedeutung ein, der die zentrale materielle Hürde für alle Grundrechtseinschränkungen darstellt.[192]

Der Verhältnismäßigkeitsgrundsatz wurzelt im Rechtsstaatsprinzip.[193] Er gilt damit nicht lediglich für den Gesetzgeber als Schranken-Schranke, sondern darüber hinaus für jegliches staatliche Eingriffshandeln, auch für dasjenige der Exekutive und Judikative.[194]

Der staatliche Eingriff wird im Wege des Verhältnismäßigkeitsgrundsatzes dadurch diszipliniert, dass er in eine Zweck-Mittel-Relation eingespannt wird: Der Grundsatz der Verhältnismäßigkeit (im weiteren Sinne) prüft die Zwecktauglichkeit (Eignung), die Erforderlichkeit (Erlaubtheit nur des schonendsten von mehreren möglichen und geeigneten Mitteln) und der Verhältnismäßigkeit im engeren Sinne.[195] Bezugspunkt der drei Kriterien ist der mit der Einschränkung verfolgte Zweck.[196] Bei der Zweckauswahl sind Judikative und Exekutive an die Gesetze und die Verfassung gebunden, der Gesetzgeber lediglich an die Verfassung.[197]

a) Legitimer Zweck

Eine nähere Prüfung, welche legitimen Zwecke (insbesondere mit Blick auf das Umweltschutzrecht) existieren, ist, da die Verwaltung ohnehin an den durch das Gesetz vorgegebenen Zweck gebunden ist und ohne gesetzliche Ermächtigung grundsätzlich nicht handeln darf (s. o. , C. I.), allein für die Legislative sinnvoll. Die Prüfung richtet sich dabei nach den Vorgaben der Verfassung.[198]

Ausdrücklich als Aufgaben und legitime Ziele benannt finden sich allerdings nur wenige Vorgaben im Grundgesetz. Beispielsweise enthält Art. 3 Abs. 2 Satz 3

192 Sachs in: ders. (Hrsg.), Grundrechte, Vor Art. 1, Rn. 135.

193 BVerfGE 23, 127 (133); 86, 288 (347); 90, 145 (273); Herzog in: Maunz/Dürig (Begr.), Grundgesetz, Art. 20 VII, Anm. 72.

194 Sachs in: ders. (Hrsg.), Grundrechte, Art. 20, Rn. 148.

195 Isensee in: HStR, § 111, Rn. 71.

196 Sachs in: ders. (Hrsg.), Grundrechte, Art. 20, Rn. 149.

197 Isensee in: HStR, § 111, Rn. 72, 73; Pieroth/Schlink, Staatsrecht II, Rn. 280; vgl. BVerfGE 30, 292.

198 Isensee in: HStR, § 111, Rn. 72, 73; Pieroth/Schlink, Staatsrecht II, Rn. 280; vgl. BVerfGE 30, 292.

GG mit seiner Staatszielbestimmung,[199] die tatsächliche Durchsetzung der Gleichberechtigung zu fördern, einen Ansatz dessen. Hierdurch erhält der Gesetzgeber den Auftrag, Förderungsregelungen zu erlassen – ein legitimes Ziel.[200] Auch dem Gesetzesvorbehalt des Art. 5 Abs. 2 GG lässt sich ein legitimes Ziel entnehmen:[201] Danach dürfen u. a. die Gesetze zum Schutz der Jugend oder der persönlichen Ehre der Meinungsfreiheit Grenzen setzen. Art. 11 Abs. 2 GG beinhaltet gleich einen ganzen Katalog zulässiger Eingriffsziele.

In der Regel nennt die Verfassung die Eingriffsziele dagegen nicht ausdrücklich im Verfassungstext.[202] Hier kommt jede verfassungsrechtliche Staatsaufgabe als legitimer Zweck in Betracht und dem Gesetzgeber ein weitgehendes Ermessen zu, innerhalb der „weitmaschigen" Vorgaben des Grundgesetzes zu diesen – weitestgehend – ungeschriebenen Aufgaben auszuwählen.[203] Zu den Staatsaufgaben zählen die grundrechtlichen Schutzpflichten, deren Erfüllung legitimes Ziel staatlicher Aufgabenwahrnehmung ist.[204] Zu deren Herleitung aus dem Grundgesetz und deren Voraussetzungen, ebenso wie zum Verhältnis zwischen Staatszielbestimmungen und staatlichen Aufgaben s. unten, D.

Für die Frage nach dem Verhältnis zwischen staatlicher und individueller Aufgabenwahrnehmung und die Bildung eines Maßstabs zur Prüfung des Umweltschutzrechts kommt der Prüfung des legitimen Zwecks eine hohe Bedeutung zu. Nur, wenn der Staat einen legitimen Zweck verfolgt, darf er handeln.

b) Geeignetheit

Nach der Rechtsprechung des Bundesverfassungsgerichts und der rechtswissenschaftlichen Lehre eignet sich eine staatliche Maßnahme dann im Sinne des Verhältnismäßigkeitsgrundsatzes, wenn sie das angestrebte Ziel zumindest fördert.[205] Das Mittel darf also nicht untauglich sein, sondern muss die Wahrscheinlichkeit für die Zielerreichung erhöhen.[206] Eine „Teileignung" soll ausreichen.[207] Aller-

199 Scholz in: Maunz/Dürig (Begr.), Grundgesetz, Art. 3 IV, Anm. 61.

200 Siehe aber im Einzelnen zu Staatspflichten und ihre (tatsächlich sehr eingeschränkte) Bedeutung für die Staatsaufgaben unten, D. I.).

201 Michael, JuS 2001, 148, 149; Isensee in: HStR, § 111, Rn. 72.

202 Isensee in: HStR, § 111, Rn. 73.

203 Isensee in: HStR, § 111, Rn. 73.

204 Isensee in: HStR, § 111, Rn. 73.

205 BVerfGE 30, 292 (316); 33, 171 (187); 67, 157 (173); BVerfG, NJW 2004, 999, 1008; Michael, JuS 2001, 148, 149; Sachs in: ders. (Hrsg.), Grundrechte, Art. 20, Rn. 150; Pieroth/Schlink, Staatsrecht II, Rn. 283.

206 BVerfGE 37, 104 (117).

207 Michael, JuS 2001, 148, 149.

dings muss man differenzieren: Das trifft sicher zu, soweit das angestrebte Ziel nur teilweise erreicht werden kann – so gebietet das Kriterium kein Optimierungsgebot.[208] Wenn das eingesetzte Mittel dagegen auch „teilbar" ist, duldet der Verhältnismäßigkeitsgrundsatz allein eine Beschränkung auf den geeigneten Teil und verbietet, das Ziel zudem mit einem zusammenhängenden Mittel zu verfolgen, das sich selbst hinsichtlich dieses abtrennbaren Teils nicht eignet.

Insgesamt verstehen Rechtsprechung und Literatur das Merkmal also sehr weit.[209] Hinzu kommt die allgemein anerkannte Rechtsprechung des Bundesverfassungsgerichts, wonach dieses dem Gesetzgeber einen weiten gesetzgeberischen Gestaltungsraum einräumt und ihm hinsichtlich der prognostischen Eignungselemente einen Beurteilungsspielraum überlässt, der allein auf „Vertretbarkeit" und evidente Fehler hin untersucht wird, sogenannte „Einschätzungsprärogative"[210].[211]

Für die Frage nach dem Verhältnis staatlicher Aufgabenwahrnehmung zu der von Grundrechtsträgern und damit für die Frage nach einem Maßstab für die Prüfung hoheitlicher Maßnahmen im Umweltschutzrecht lässt sich aus dem Kriterium der Geeignetheit keine weitergehende Erkenntnis herleiten als die bereits angesprochene, wonach bereits die Existenz und Anerkennung der Schranken-Schranke einen Schluss auf den Vorrang individueller Freiheit vor staatlicher Aufgabenwahrnehmung zulässt.

c) Erforderlichkeit

Zentrale Bedeutung für die vorgenannte Frage nach dem Verhältnis staatlicher und individueller Aufgabenwahrnehmung nimmt dagegen das Kriterium der Erforderlichkeit ein.

Erforderlichkeit bedeutet, dass der Zweck nicht durch ein gleich wirksames, aber weniger belastendes Mittel erreichbar ist.[212] Ein Mittel greift milder in die Rechte des Adressaten ein, wenn es innerhalb des eröffneten Schutzbereichs weniger intensiv belastet.[213] Dies wäre beispielsweise im Rahmen der Stufentheorie zur Berufsfreiheit (s. o., B. II. 3. b.) anzunehmen, wenn nicht in die Freiheit der Berufs-

---

208 Sachs in: ders. (Hrsg.), Grundrechte, Art. 20, Rn. 151.

209 Vgl. BVerfG, NJW 2004, 999, 1008.

210 Pieroth/Schlink, Staatsrecht II, Rn. 287.

211 BVerfGE 25, 1 (12 f.); 30, 250 (263); 39, 210 (231); 96, 10 (23 ff.); Sachs in ders. (Hrsg.), Grundrechte, Art. 20, Rn. 150, 151 m. w. N.

212 BVerfG, DStRE 2005, 791, 796; BVerfG, NJW 2004, 999, 1009; Michael, JuS 2001, 148, 149; Pieroth/Schlink, Staatsrecht II, Rn. 285.

213 BVerfG, DStRE 2005, 791, 797; BVerfG, NJW 2004, 999, 1009; Michael, JuS 2001, 148, 149.

wahl eingegriffen, sondern stattdessen die Berufsausübung geregelt würde.[214] Ein milderes Mittel liegt auch vor, wenn weniger oder schwächere Schutzbereiche (beispielsweise Art. 2 Abs. 1 GG statt eines speziellen Freiheitsrechts) betroffen würden.[215] Hier gilt es allerdings bereits abzuwägen. Die – bisweilen eine Kreativität voraussetzende – Suche nach einem milderen Mittel entzieht sich einer „mathematischen" Subsumtion des Grundrechtskatalogs. Eine Stufung der Schutzbedürftigkeit der Grundrechtstatbestände muss auf dieser hohen Abstraktionsebene scheitern. Vielmehr erfordert jede einzelne Maßnahme eine eigene Erforderlichkeitsprüfung. So mag eine Maßnahme in ein sehr sensibles Grundrecht eingreifen und dieses dabei aber nur auf geringer Ebene berühren, während eine alternative Maßnahme zwar ein weniger sensibles Grundrecht, dieses jedoch im Kernbereich betreffen mag.

Die Prüfung der Erforderlichkeit bezieht sich im Rahmen der Legislative des Weiteren nicht allein auf das Blickfeld eines Adressaten. Milder kann desgleichen ein Mittel sein, weil es weniger Betroffene berührt.[216] Auch dürfen in den Vergleich der Mittel günstige Auswirkungen (auf Dritte) und sonstige Nebenwirkungen mit einbezogen werden.[217]

Die Prüfung des milderen Mittels erfolgt damit wertend in Zusammenschau der Alternativen und ihrer Gesamtauswirkungen.[218] Hierfür räumt das Bundesverfassungsgericht dem Gesetzgeber wiederum einen weiten Beurteilungsspielraum ein und beschränkt sich bei Gesetzen darauf, Fälle eindeutig fehlender Erforderlichkeit zu beanstanden.[219] In seinen Entscheidungen differenziert das Gericht je nach Sachlage und setzt unterschiedliche Prüfungsmaßstäbe an, die von einer Vertretbarkeits- und Evidenzkontrolle bis hin zu einer strengen Kontrolle reichen.[220] Anknüpfungspunkt für den unterschiedlichen Prüfungsmaßstab ist das Ausmaß der Gefahrenintensität: Bei Gefahren für die Allgemeinheit sei der Beurteilungsspielraum erst überschritten, wenn die gesetzgeberischen Erwägungen so fehlsam

---

214 Vgl. Scholz in: Maunz/Dürig (Begr.), Grundgesetz, Art. 12, Rn. 318 ff.

215 Michael, JuS 2001, 148, 149.

216 Jakobs, Der Grundsatz der Verhältnismäßigkeit, S. 72.

217 Jakobs, Der Grundsatz der Verhältnismäßigkeit, S. 69, 70, 72.

218 BVerfG NVwZ 2004, 597, 599; Sachs in ders. (Hrsg.), Grundgesetz, Art. 20, Rn. 153.

219 BVerfGE 25, 1 (19 f.); 30, 292, (319); 53, 135 (145); 81, 70 (91 f.); E 90, 145 (173) und insbesondere 96, 10 (23 ff.); Wernsmann, NVwZ 2000, 1363, 1360; Sachs in ders. (Hrsg.), Grundgesetz, Art. 20, Rn. 153; Pieroth/Schlink, Staatsrecht II, Rn. 285 – 287.

220 Evidenzkontrolle: BVerfG, NJW 1969, 699, 701 - Mitbestimmungsgesetz, BVerfG, NJW 1973, 1539 – Grundvertrag; BVerfG, NJW 1974, 1317 – Stabilisierungsfonds; BVerfG, NJW 1976, 179 – Güterkraftverkehrsgesetz; Vertretbarkeitskontrolle: BVerfG, NJW 1969, 499 – Mühlengesetz; BVerfGE 30, 250 (263) – Absicherungsgesetz; BVerfGE 39, 210 (225 f.) – Mühlenstrukturgesetz; intensivierte inhaltliche Kontrolle: BVerfG, NJW 1958, 1035 – Apotheken; BVerfGE 11, 30 (45) – Kassenärzte; BVerfG, NJW 1964, 1175 – Arzneimittelgesetz; BVerfGE 39, 1 (46, 51 ff.) – § 218 StGB; BVerfG, NJW 1977, 1525 – Lebenslange Freiheitsstrafe); Jarass, NJW 1997, 2545, 2546.

sind, dass sie vernünftigerweise keine Grundlage für die geprüfte Maßnahme bilden können.[221]

Die Zurückhaltung des Bundesverfassungsgerichts begründet sich mit der unterschiedlichen Aufgabenzuweisung des Grundgesetzes an den demokratischen Gesetzgeber und an die Gerichte bzw. speziell das Bundesverfassungsgericht.[222] Aus dieser Aufgabenzuteilung folgt für das Gericht das Verbot, anstelle des Gesetzgebers eigene Erwägungen zu Zweckmäßigkeit, Vernünftigkeit oder Gerechtigkeit anzustrengen und diese dem Gesetzgeber aufzugeben.[223] Dem Gericht kommt allein eine Kontrollfunktion zu. Es prüft allein, ob der Gesetzgeber die Grenzen des verfassungsrechtlichen Rahmens, beispielsweise des Gleichheitssatzes, verlässt.[224]

Wenngleich es sich das Gericht mit diesem Rückzug auf die Kontrollaufgabe hin und wieder zu „bequem" zu machen scheint, ist diese Zurückhaltung im Zusammenspiel der Verfassungsorgane Legislative und Bundesverfassungsgericht zu begrüßen. Nicht umsonst wird allzu oft beklagt, dass das Gericht seinen Verfassungsauftrag verlässt und dem Gesetzgeber zu strenge Vorgaben auferlegt.[225] Ohne auf die Einzelfälle eingehen zu wollen, lässt sich jedoch festhalten, dass die Grundidee des Gerichts, Zurückhaltung zu üben, mit Blick auf die verfassungsrechtliche Aufgabenverteilung beider Organe wünschenswert ist.[226]

Die vorliegende Untersuchung unterliegt dagegen keiner solchen Beschränkung. Die dargelegten Rahmenbedingungen (s. o., Teil 1.) gestatten, nach den milderen Mitteln, nach der Erforderlichkeit zu suchen und hier Alternativen anzubieten, ohne sich auf eine Evidenzkontrolle des vom Gesetzgeber Angeordneten beschränken zu müssen.

Bei der Frage nach einer Subsidiarität staatlicher Aufgabenwahrnehmung kommt dem Kriterium der Erforderlichkeit hohe Bedeutung zu. Die Verfassung duldet bei staatlichen Eingriffen nur das, was absolut erforderlich ist. Das Erfordernis zügelt den Staat bei seiner Machtentfaltung. Erfüllen die Einzelnen – im Idealfall – nämlich selbst ohne eingreifendes Gesetz ein gesetzgeberisches Ziel, bestünde das einzig legitime Mittel als mildestes für den Staat im „Nichtstun". Es liegt sonach (vielfach) in der Verantwortung des Einzelnen: Zeigen diese eine ausreichende Eigenverantwortung, sind dem Staat grundsätzlich eingreifende Maßnahmen verwehrt. Hieraus folgt unmittelbar die Subsidiarität staatlichen Handelns. Erst, wenn der Staat im Rahmen seiner Gestaltungsfreiheit ein verfas-

221 BVerfGE 30, 292 (317); BVerfGE 37, 1 (20); BVerfGE 77, 84 (106); BVerfG, NVwZ 2004, 597, 599.

222 BVerfG, NJW 1972, 1509, 1512.

223 BVerfG, NJW 1972, 1509, 1512.

224 BVerfG, NJW 1972, 1509, 1512.

225 Statt Vieler: Vogel, NJW 1996, 1505, 1508 ff.

226 Siehe auch: Vogel, NJW 1996, 1505, 1508 ff.

sungskonformes Ziel setzt/setzen muss, das die Einzelnen nicht erfüllen, eröffnet sich ihm die Möglichkeit, regulierend einzugreifen.

Diese Erkenntnis beansprucht Geltung über den „Idealfall“ hinaus. Wird staatliche Machtentfaltung auf den mildesten Eingriff von mehreren gleich geeigneten beschränkt, folgt daraus die Forderung, bei der Auswahl von Alternativen das Mittel zu ergreifen, das den Freiheitsraum der Einzelnen am meisten wahrt. Kann einem vom Staat zu verwirklichenden legitimen Ziel beispielsweise durch ein gänzliches Verbot einer bestimmten Tätigkeit oder schon durch eine Mitteilungspflicht der Bürger genügt werden, hat sich der Staat auf die Formulierung einer Mitteilungspflicht zu beschränken. Nicht nur im Idealfall der vollständigen Zielerfüllung, sondern auch bei einer teilweisen Zielerfüllung durch die Einzelnen muss sich der Staat mäßigen. Sein Handeln ist subsidiär.

Das Merkmal der Erforderlichkeit wird auch die Maßstabsbildung bedeutend prägen; hierzu aber später mehr (s. unten, E.).

d) Verhältnismäßigkeit im engeren Sinn

Rechtsprechung und Lehre unterziehen den Eingriff auf einer letzten Stufe schließlich der eigentlichen Prüfung der Zweck-Mittel-Relation. Sie fordern ein recht gewichtetes und abgewogenes Verhältnis zwischen den Auswirkungen des Eingriffs auf den Einzelnen und dem dahinter stehenden Zweck.[227] Kurz gesagt: Der Eingriff darf nicht außer Verhältnis zum Zweck stehen.[228] Dasselbe meinen Autoren, die dies als „Angemessenheits-“, „Proportionalitäts-“ oder „Zumutbarkeits-“ Prüfung bezeichnen.[229]

Hierbei gewichtet der Rechtsanwender in einer Gesamtabwägung[230] selbst, was bisweilen verbindlicher Maßstäbe entbehren mag.[231] Gleichwohl genießt dieses Kriterium durchweg auch von Kritikern zu Recht Anerkennung, welche lediglich eine Besinnung auf eine möglichst objektive Prüfung anhand rechtlicher Kriterien fordern.[232]

Im Sinne solcher rechtlicher Kriterien verlangt der Verhältnismäßigkeitsgrundsatz im engeren Sinne im Wege einer Zweck-Mittel-Relation, dass der Gesetzgeber die Stufe des intensiveren Eingriffs erst dann betritt, wenn er seinen gesetzten

---

227 BVerfGE 50, 217 (227); 80, 103 (107); BVerfG, MMR 2006, 531, 532; Michael, JuS 2001, 148, 149; Jakobs, Verhältnismäßigkeit, S. 13.

228 St. Rspr. BVerfG, MMR 2006, 531, 533; BVerfGE 90, 145 (173); 92, 277 (327); 109, 279 (349 ff.).

229 Sachs in: ders. (Hrsg.), Grundgesetz, Art. 20, Rn. 154.

230 BVerfGE 30, 292 (316); 67, 157 (178); 68, 193 (219 f.); 83, 1 (19).

231 Pieroth/Schlink, Staatsrecht II, Rn. 293.

232 Vgl. Pieroth/Schlink, Staatsrecht II, Rn. 293 f.

Zweck auf der Stufe des weniger intensiven Eingriffs nicht erreichen kann (s. auch oben, C. I. 1. c.).[233] Dabei wird die Eingriffsintensität nicht allein auf eine einzelne Person bezogen – Berücksichtigung findet auch die Anzahl der Betroffenen.[234]

Auf dieser Erkenntnis der Stufung nach Eingriffsintensitäten beruht die Stufentheorie des Bundesverfassungsgerichts zur Berufsfreiheit (s. o., B. II. 3. b.). Die Stufentheorie ist letztlich lediglich eine Ausformung des Verhältnismäßigkeitsgrundsatzes.[235] Eine solche Stufung von Eingriffsintensität findet sich des Weiteren bei repressiven Verboten mit Befreiungsvorbehalt und präventiven Verboten mit Erlaubnisvorbehalt,[236] ferner zwischen präventiven Verboten mit Erlaubnisvorbehalt und Anzeigepflichten als Eröffnungskontrolle bis hin zu Mittelungs- und Duldungspflichten.

Für die Frage nach einer grundsätzlichen Subsidiarität und einem Maßstab für das Verhältnis zwischen staatlicher und individueller Aufgabenwahrnehmung gilt dann wieder das im Rahmen der Erforderlichkeit (s. o., C. I. 1. c.) Gesagte: Begrenzt die Verfassung staatliche Eingriffe auf das Erforderliche und verlangt sie eine weitest mögliche Wahrung individueller Freiheit, folgt daraus die Subsidiarität staatlichen Handelns. Staatliche Maßnahmen sind davon abhängig, was die Einzelnen „tun und lassen". Auch auf den zu bildenden Maßstab wirkt sich der Verhältnismäßigkeitsgrundsatz im engeren Sinne aus, indem er die rechte Zweck-Mittel-Abwägung gewährleistet und so das eingesetzte Mittel stets auf den Prüfstand der Freiheitsrechte stellt. Näheres zum Maßstab siehe unten, E.

2. Wesensgehaltsgarantie

Die Wesensgehaltsgarantie des Art. 19 Abs. 2 GG bildet jedenfalls für den einfachen Gesetzgeber, die Exekutive und Judikative eine Schranken-Schranke mit Absolutheitscharakter.[237] Der verfassungsändernde Gesetzgeber unterliegt dagegen nicht dem Art. 19 Abs. 2 GG, sondern allein der Ewigkeitsgarantie des Art. 79 Abs. 3 GG.[238]

Die Wesensgehaltsgarantie betrifft die Frage nach dem Kerngehalt eines Grundrechts, der vor staatlichen Eingriffen „in jedem Fall" gesichert wird.[239] Die Reich-

---

233 Pieroth/Schlink, Staatsrecht II, Rn. 296.

234 BVerfG, NJW 2002, 999, 1012.

235 So ausdrücklich: BVerfG, NJW 1972, 1504, 1507; Pieroth/Schlink, Staatsrecht II, Rn. 297.

236 BVerfGE 20, 150.

237 Krüger in: Sachs (Hrsg.), Grundgesetz, Art. 19, Rn. 24 ff., 28.

238 Krüger in: Sachs (Hrsg.), Grundgesetz, Art. 19, Rn. 26; Dreier in: ders. (Hrsg.), Grundgesetz, Art. 19 II, Rn. 6.

239 Hufen, NJW 1999, 1504, 1506 f.; Krüger in: Sachs (Hrsg.), Grundgesetz, Art. 19, Rn. 29.

weite des subjektiven Abwehrrechts steht damit im Zentrum der Perspektive.[240] Damit verwandt, aber mit einer anderen Perspektive, nämlich mit dem Blick auf einen objektiven Wertegehalt der Grundrechte, ist die Einrichtungs- oder Institutsgarantie. Während die Wesensgehaltsgarantie den Kernbestand des subjektiven Abwehrrechts verbürgt, garantieren die Grundrechte objektiv bestimmte Einrichtungen, wie die Existenz von Ehe und Familie (Art. 6 Abs. 1 GG), von Privatschulen (Art. 7 Abs. 4 GG) sowie von Eigentum und Erbrecht (Art. 14 Abs. 1 GG) schlechthin.[241] Die Grenzen sind je nach Perspektive fließend.

Über die Reichweite der Wesensgehaltsgarantie besteht bislang kein Konsens.[242] Nach der Theorie vom relativen Wesensgehalt muss der Wesensgehalt für jedes Grundrecht und für jeden Einzelfall gesondert ermittelt werden.[243] Dagegen verstehen die Anhänger der Theorie vom absoluten Wesensgehalt diesen als feste, vom Einzelfall losgelöste Größe.[244]

Für beide Ansichten sprechen gute Argumente. Während sich die absolute Theorie eher auf den Wortlaut berufen kann („...in keinem Falle ..."), schenkt die relative Theorie diesem geringere Beachtung, wahrt sich indes eine größere Flexibilität bei der Beurteilung von Maßnahmen. Von einer Streitentscheidung darf hier aber abgesehen werden. Denn Art. 19 Abs. 2 GG hebt noch einmal die hohe Bedeutung der Grundfreiheiten hervor und mäßigt den Staat über den Verhältnismäßigkeitsgrundsatz hinaus mit einer – unabhängig von dem Theorienstreit, der nur für die Inhaltsbestimmung Relevanz erlangt – absoluten Schranken-Schranke. Jenseits dieser Grenze bleibt allein die Freiheit des Grundrechtsträgers, während jede staatliche Maßnahme ausgeschlossen ist.[245] Hier erlangt die Freiheit des Einzelnen einen absoluten, unantastbaren Vorrang vor staatlichen Maßnahmen. Der Staat tritt zurück, sein Wirken ist im weitesten Sinne subsidiär.

Für die Frage nach der Maßstabsbildung zeigt diese absolute Grenze Auswirkungen. Die Wesensgehaltsgarantie bildet im Sinne eines Maßstabs das eine Ende einer „Skala", s. unten, E.

240 Vgl. Hufen, NJW 1999, 1504, 1506 f.

241 Pieroth/Schlink, Staatsrecht II, Rn. 70, 71.

242 Häberle, Wesensgehaltsgarantie, S. 46.

243 Maunz in: Maunz/Dürig (Begr.), Grundgesetz, Art. 19 Abs. 2, Rn. 16; Häberle, Wesensgehaltsgarantie, S. 71.

244 Stern, StR III/2, S. 865; Krüger in: Sachs (Hrsg.), Grundgesetz, Art. 19, Rn. 28, 30, 32.

245 Hufen, NJW 1999, 1504, 1506 f.

II. Staatszweck

Die Subsidiarität staatlichen Handelns folgt nicht allein aus den konkreten Ausgestaltungen der Verfassung dazu, unter welchen Voraussetzungen sie dem Staat Eingriffe in Freiheitsrechte erst erlaubt, sondern auch aus dem hinter der Verfassung liegenden, von ihr vorausgesetzten Staatszweck. In der hier verstandenen Ausprägung lässt sich dieser teilweise aus dem Grundgesetz selbst herleiten. Zudem liegt den modernen, freiheitlich demokratischen, westlichen Verfassungen eine Art Minimalkonsens über den Staatszweck zugrunde, wonach der Staat – im Gegensatz zum Verständnis *Georg Wilhelm Friedrich Hegels* – kein Selbstzweck[246] ist, sondern im Sinne eines Staatsvertrags zwischen Gemeinwesen und Bürger eine bestimmte Funktion zu erfüllen hat. In der Tradition dieser Idee steht das Bonner Grundgesetz, so dass dieser Minimalkonsens auch Eingang in die Formulierungen der Verfassung gefunden haben dürfte, den es im Folgenden nachzuweisen gilt.

Nach der methodischen Vorgabe (s. o., Teil 1), richtet sich die vorliegende Untersuchung allerdings allein an den Vorgaben der Verfassung aus. Vor diesem Hintergrund beschränkt sich die nachfolgende Darstellung auf diesen bereits erwähnten Minimalkonsens zu Staatszwecktheorien, und dies nur insoweit, als sich für dessen Eingang Hinweise aus dem Verfassungstext gewinnen lassen.

Soweit die Theorie eines Staatszwecks als „Minimalkonsens" die Begründung einer Subsidiarität verstärken soll, bedarf es dazu zunächst eines kurzen, vereinfachenden Überblicks über die wichtigsten staatsphilosophischen Positionen und dann des Herausfilterns des besagten Minimalkonsenses, verbunden mit der Untersuchung, inwieweit sich dieser Minimalkonsens eines Staatszwecks im Verfassungstext wiederfinden lässt.

1. Die modernen Staatszwecktheorien seit *Hobbes* – Der Staat ist kein Selbstzweck

Eine Darstellung der wichtigsten staatsphilosophischen Bestrebungen darf und soll sich auf solche konzentrieren, die dem Staat eine Aufgabe zuweisen, aus der sich Argumente für eine Subsidiarität herleiten lassen. Ob und inwieweit solches Gedankengut Eingang in das Grundgesetz gefunden hat, bleibt anschließend zu prüfen. Diese Konzentration erlaubt eine verkürzte Darstellung der auf die Fragestellung bezogenen zentralen Ansätze.

Zur weiteren Eingrenzung des kaum überschaubaren Feldes soll zeitlich erst ab den Ideen *Hobbes'* eingesetzt werden. Die großen, teilweise bis heute gültigen

---

246 Hegel, Grundlinien der Philosophie des Rechts, § 258, S. 208; s. auch sogleich.

oder wenigstens wichtigen Leistungen der Denker der Antike werden gleichwohl nicht verkannt. Für die modernen, freiheitlich demokratischen, westlichen Verfassungen kommt den Staatszwecktheoretikern und -philosophen seit *Thomas Hobbes* (1588–1679) jedoch, wenn nicht die größere, so aber konkretere, unmittelbarere Bedeutung zu. Diese haben direkt auf die Entwicklung und Formulierung dieser Verfassungen eingewirkt. Ihre Ideen und die Genese der modernen Verfassungen bilden ein Wechselspiel, während auf die Ansätze der Denker der Antike im Wesentlichen nur aufgebaut wurde.

Längst noch nicht modern – *Hobbes* legte erst die Grundsteine für eine Staatszwecktheorie, beschäftigte sich aber im Grunde noch nicht mit den für den modernen Staat so wesentlichen Gedanken zur Gewaltenbegrenzung und /-verteilung – verdiente sich *Hobbes* dessen ungeachtet den ewigen Ruhm[247] in der Staatsphilosophie. Ausgangspunkt *Hobbes'* ist sein anthropologischer Pessimismus – *„der Mensch ist dem Mensch ein Wolf"* –, den er maßgeblich in seinem Werk *„Leviathan"* entwickelte.[248] *Hobbes'* Überlegungen fußen auf dem Theorem eines „Naturzustandes", einer Gesellschaft ohne staatliche Organisationsform und Rechtssetzung.[249] Dieser Naturzustand stellt sich für *Hobbes* jedoch nicht positiv dar: „Das Recht eines jeden auf alles begründet einen Zustand dauernder Gefahr und Unsicherheit, eines allgegenwärtigen Misstrauens und eines Krieges aller gegen alle".[250] Der Naturzustand sei von Chaos, Anarchie und Gesetzlosigkeit geprägt[251] – ein Zustand den *Hobbes* später in seinem zunächst durch König Karl II verbotenen und nach *Hobbes'* Tod veröffentlichten Werk *Behemoth* (1682) vor dem Hintergrund des englischen Bürgerkrieges (1642–1649) noch einmal vertieft umschrieb.

Aus diesem Naturzustand, in dem ein Mensch für seine Mitmenschen eine Gefahr darstellt, folgert *Hobbes* auf einen Zusammenschluss der Bürger in Form eines Vertrags:[252] Die einzige Möglichkeit, eine Gewalt zu schaffen, die in der Lage sei, alle Menschen die Früchte ihres Fleißes genießen zu lassen, ohne Furcht vor feindlichen Überfällen oder kriminellen Übergriffen, sei die Gründung eines Staates.[253] Dass der Staat auf einem Vertrag der Bürger beruhe – der „Staatsvertrag" –, wird Fundament seiner Staatstheorie.[254] In diesem Staatsvertrag übertra-

247 Adomeit, Rechts- und Staatsphilosophie II, S. 39.

248 Weber-Fas, JuS 2005, 882, 882; Adomeit, Rechts- und Staatsphilosophie II, S. 39.

249 Weber-Fas, JuS 2005, 882, 882; Calliess, ZRP 2002, 1, 2.

250 Scholz, NJW 1983, 705, 705; Weber-Fas, JuS 2005, 882, 882; Calliess, ZRP 2002, 1, 2.

251 Weber-Fas, JuS 2005, 882, 882; Calliess, ZRP 2002, 1, 2.

252 Weber-Fas, JuS 2005, 882, 882; Calliess, ZRP 2002, 1, 3.

253 Calliess, ZRP 2002, 1, 3; Adomeit, Rechts- und Staatsphilosophie II, S. 44.

254 Adomeit, Rechts- und Staatsphilosophie II, S. 43.

gen die Bürger unwiderruflich ihr Selbstverteidigungsrecht auf den Souverän, der sie im Gegenzug schützt.[255] Allein hierdurch legitimiere sich der Staat.[256]

Trotz aller Kritik[257] gegen die Widersprüchlichkeit und eine mangelnde Erklärung, wie und auf welcher Grundlage der Vertrag entstand, schuf *Hobbes* damit ein Grundkonstrukt, bei welchem dem Staat eine Schutzaufgabe zufiel, übertragen durch die souveränen Bürger, die diesen Schutz nicht für sich selbst gewährleisten können.[258] Der Gedanke einer Aufgabe des Staates, die darin besteht, dem Einzelnen seine Freiheit zu garantieren, war nicht erst geboren, wohl aber so betont worden, dass er bis heute nicht mehr hinweggedacht werden kann (s. unten, 2).

John Locke (1632–1704) knüpfte knapp ein halbes Jahrhundert später daran an und sah das Menschenrecht auf „property" im Zentrum seiner Überlegungen, wobei sich der Begriff „property" nicht im Eigentum, wie wir es heute im Zivilrecht oder in Art. 14 Abs. 1 GG verstehen (s. o., B. II. 2. a.), erschöpfte, sondern im Grunde alle einzelnen Grundrechte umfasste, wie beispielsweise das Persönlichkeitsrecht.[259] Hieraus schloss *Locke* in Übereinstimmung mit *Hobbes* auf die Forderung, dass jeder Bürger dem Staat die Kompetenz zu übertragen habe, mit allen anderen zugleich auch ihn zu schützen.[260]

Auch bei *Locke* findet sich damit die Vorstellung, dem Staat um des Schutzes seiner Bürger willen Macht in einer Art Übertragungsakt zu delegieren.[261] Der Staat erhält eine klar umgrenzte Aufgabe: Den Schutz seiner Bürger zu gewährleisten – gegeneinander und gegenüber äußeren Mächten. Gegenüber *Hobbes* bestand der eigentliche Verdienst der Ideen *Lockes'* dann in den weiteren Überlegungen dazu, wie die staatliche Macht in sich begrenzt werden könne.[262] Mit Überlegungen zu äußeren Grenzen staatlicher Gewalt, zu Demokratie und unveräußerlichen subjektiven Rechten schlägt *Locke* den Weg ein zu den Grundrechten und dem modernen Verfassungsstaat.[263] Mit diesen Gedanken bereitete *Locke* die spätere Formulierung der amerikanischen Verfassung vor,[264] die bis heute gilt, aber auch die Grundgedanken der französischen Revolution.[265] Diese „revolutionären" Ideen bedürfen an dieser Stelle indes keiner vertieften Darstellung. Für die Frage nach

---

255 Calliess, ZRP 2002, 1, 3; Adomeit, Rechts- und Staatsphilosophie II, S. 44.

256 Scholz, NJW 1983, 705, 705.

257 Allgemein zur Kritik an den Theorien zum Gesellschaftsvertrag: Engländer, JuS 2002, 535, 539.

258 Scholz, NJW 1983, 705, 705.

259 Adomeit, Rechts- und Staatsphilosophie II, S. 63, 64.

260 Calliess, ZRP 2002, 1, 4; Adomeit, Rechts- und Staatsphilosophie II, S. 64.

261 Calliess, ZRP 2002, 1, 4.

262 Weber-Fas, JuS 2005, 882, 882; Calliess, ZRP 2002, 1, 4.

263 Magill, Masterpieces of World Literature, S. 254; vgl. Adomeit, Rechts- und Staatsphilosophie II, S. 63, 65, 66 ff.

264 Weber-Fas, JuS 2005, 882, 882; Magill, Masterpieces of World Literature, S. 254.

265 Weber-Fas, JuS 2005, 882, 882;

der Subsidiarität zählt maßgeblich Lockes' Idee von der staatlichen Schutzaufgabe (s. unten, 2 und 3).

An den sich – historisch gesehen – nur kurz zuvor eingeleiteten und in verschiedenen Proklamationen (vgl. die *„Bill of Rights"* von Virginia [1776]) geäußerten nordamerikanischen Prozess einer Verfassungsentstehung[266] schloss sich 1789 die *„Déclaration des droits de l'homme et du citoyen"* an, die als wichtigster Markstein der Geschichte der Grundrechte und wegbereitend für die modernen Verfassungen bezeichnet werden kann.[267]

Aus ihren vielen Vordenkern, aus der Zeit der Revolution und ihrer Nachwirkungen, deren Ideen bis heute die Staatsorganisation und Staatsverfassungen „revolutioniert" haben, wie der Gedanken Montesquieus, auf denen die moderne Gewaltenteilung fußt,[268] soll sich wegen der hier gegenständlichen Frage nach der Subsidiarität allein der Blick auf *Jean-Jacques Rousseau* (1712–1778) richten: *Rousseau* mag mit seinen radikalen Ideen in der heutigen Gesellschaft (zu Recht) wenige Anhänger finden, folgert er aus ihnen doch eine uferlose Aufgabe der (im weiteren Sinne) eigentumsbezogenen Individualrechte zugunsten der Gemeinschaft „Gleicher" – eine Ansicht, die ihre Pervertierung in der Umsetzung durch *François Marie Isidore de Robespierre* (1758–1794) fand, der zu *Rousseaus'* Schülern zählte. Doch auch *Rousseau*, der im Kern nicht vom Recht „of property", sondern auf Gleichheit[269] ausgeht, beschreibt den Staat als Gemeinwesen, in dem sich die einzelnen Mitglieder zusammenschließen, um dem Staat eine Schutzaufgabe zu übertragen.[270] Auch hier erhält der Staat also wieder seinen Schutzauftrag, den Bürger gegen die inneren und äußeren Gefahren zu bewahren, weil der Einzelne nicht in der Lage ist, sich „der Usurpatoren zu erwehren".

Ebenfalls etwa zur gleichen Zeit wie die französische Revolution und der amerikanische Prozess einer Verfassungsbildung setzte in Deutschland eine Hochphase rechts- und staatsphilosophischen Denkens ein.

Einer der bedeutendsten Vertreter deutscher Philosophen war *Immanuel Kant* (1724–1804). Ausgehend von seiner *„Kritik der reinen Vernunft"* (1781) sowie der *„Grundlegung zur Metaphysik der Sitten"* (1785), in der er den sogenannten *„kategorischen Imperativ"* entwickelte – seine Antwort auf die Frage, woraus ethische Grundregeln folgen[271] – befasste sich *Kant* in einer Weise mit der Rechtslehre,

266 Einen Überblick zur Entwicklung der Verfassung in Nordamerika liefern Waibel, JuS 2001, 1048 ff. und Ipsen, Staatsrecht II, § 1, Rn. 13–20 m. w. N.

267 Pieroth/Schlink, Staatsrecht II, Rn. 23; Ipsen, Staatsrecht II, § 1, Rn. 21.

268 Näher hierzu: Weber-Fas, JuS 2005, 882, 883.

269 Vgl. Adomeit, Rechts- und Staatsphilosophie II, S. 83 ff.

270 Adomeit, Rechts- und Staatsphilosophie II, S. 84 f.

271 Adomeit, Rechts- und Staatsphilosophie II, S. 98.

die bis heute zur rechtsphilosophischen Auseinandersetzung und Interpretation aufruft.[272]

Mit Blick auf die hier gegenständliche Frage nach der Staatsfunktion und einer Subsidiarität staatlicher Aufgabenwahrnehmung sind in diesem Zusammenhang Kants' Gedanken zu der Funktion des Gesetzgebers und dem Naturrecht hervorzuheben. Kant unterscheidet das „natürliche Gesetz" und das vom Staat formulierte „positive Gesetz".[273] Ersteres gehe letzterem voraus und begründe erst die Legitimation des Gesetzgebers.[274] *Kant* begrenzt den Staatszweck und die Staatsmacht damit auf ein der Gesetzgebung vorgeschaltetes Naturrecht.[275] Gegenüber *Rousseau* nimmt er dabei zwei für das moderne Staatsverständnis wesentliche Korrekturen vor: Anders als bei *Rousseau* darf der Staat nur die äußere Freiheit sichern, nicht auch die innere Freiheit (Gesinnung); ferner muss das staatliche Handeln auf die Verwirklichung der Staatsziele ausgerichtet sein;[276] – sein Tätigwerden ist sonach zweckgebunden durch das dem Staat vorgelagerte Naturrecht.[277]

Einen völlig anderen Weg beschreitet *Georg Wilhelm Friedrich Hegel* (1770–1831). *Hegel* war offizieller Hofphilosoph Preußens. Er schuf das revolutionäre System der Dialektik.[278] Dabei übertrug er die in der Antike entwickelte rethorische Denkfigur, wonach aus einer These und einer Antithese eine über einen bloßen Kompromiss hinausgehende, auf höherer Stufe stehende Synthese erwachse, auf den „Gang des Geistes durch die Geschichte".[279] Er argumentierte dialektisch für eine sowohl die Besonderheit der Individuen anerkennende als auch in Familie, bürgerlicher Gesellschaft und Staat aufhebende Freiheitsordnung.[280] Nur auf diese Weise werde die Partikularität der Menschen „freigelassen und zur Allgemeinheit, d. h. zum allgemeinen Zweck des Ganzen zurückgeführt.[281]

Vor diesem Hintergrund und mit Blick auf seine Eigenschaft als Hofphilosoph Preußens verwundert es wenig, wenn *Hegel* den Satz formulierte, der Staat sei ein „absoluter unbewegter Selbstzweck"; kurz: der Staat ist ein Selbstzweck.[282] Hiermit brach *Hegel* mit dem bis dahin vorherrschenden Gedanken vom Staats-

---

272 Adomeit, Rechts- und Staatsphilosophie II, S. 100.

273 Kant, Gesammelte Werke, AA VI, Metaphysik der Sitten, S. 224.

274 Kant, Gesammelte Werke, AA VI, Metaphysik der Sitten, S. 224.

275 Vgl. Adomeit, Rechts- und Staatsphilosophie II, S. 101.

276 Brugger, NJW 1989, 2425, 2432.

277 Kant, Gesammelte Werke, AA VI, Metaphysik der Sitten, S. 203 ff.

278 Adomeit, Rechts- und Staatsphilosophie II, S. 109 f.

279 Adomeit, Rechts- und Staatsphilosophie II, S. 110.

280 Hegel, Enzeklopädie der philosophischen Wissenschaften im Grundrisse, § 535; Brugger, NJW 1989, 2425, 2432.

281 Brugger, NJW 1989, 2425, 2432.

282 Bull, NVwZ 1989, 801, 803.

vertrag.[283] Nach seiner Idee stellte sich der Staat als logisches, am Ende stehendes Ergebnis verschiedener dialektisch zueinander stehender Motivationslagen des Einzelnen, der Familie und der Gesellschaft dar, nicht als ein von den Bürgern in einem „aktiven" Vertrag begründetes Konstrukt.[284]

Mit *Hegels* „staatsverliebter" Selbstzwecktheorie verstarb die Diskussion um die Staatszwecke für lange Zeit fast gänzlich und lebte bis heute kaum wieder auf.[285] Die für die westlichen, freiheitlich-demokratischen Verfassungen grundlegenden Ideen finden damit im Wesentlichen ihre „Vordenker" in der Zeit von *Hobbes* bis *Kant* – hier wurzelt das bis heute geltende Grundverständnis vom Staatszweck. *Hegel* brach mit dieser Tradition, aber – trotz der anerkannten Bedeutung seiner Ansätze – ohne einen Eingang dieser Traditionen in die modernen Verfassungen zu verhindern, zumal einige Verfassungen, wie die amerikanische oder französische Verfassung, bereits vor dem Einfluss seines Wirkens formuliert wurden. Nicht nur vor diesem Hintergrund darf auf eine Darstellung zu den *Hegel* zeitlich folgenden, hauptsächlich kommunistischen Vordenkern verzichtet werden, in deren Tradition das Grundgesetz ohnehin nicht steht.

2. Minimalkonsens über den Staatszweck in modernen Verfassungen und im Grundgesetz

Aus den zahlreichen philosophischen, auch politisch-ideologisch gegensätzlichen Positionen westlicher Verfassungstradition einen Minimalkonsens herzuleiten, ist ein gewagtes Unterfangen, das aufgrund der vielen widersprechenden Meinungen zwangsläufig der Kritik nicht Stand halten könnte, wenn man den Versuch unternähme, in einer Gesamtschau alle Ansätze auf eine Grundannahme zu reduzieren. Eine solche existiert nicht.

Was aber existiert, ist eine „herrschende" Meinung dazu, welcher Zweck dem Staat heute zukommt. Diese Meinung basiert u. a. auf den zuvor (s. o., 1.) dargestellten Philosophen und findet sich letztlich in den Inhalten der Verfassung und der Erwartung der Gesellschaft an den Staat, nicht allein in einem externen staatsphilosophischen Entwurf:[286]

Übergeordneter Gedanke des modernen westlichen Staats ist der der Freiheit und Selbstentfaltung des Menschen.[287] So leuchtet ganz besonders ein, warum die

283 Brugger, NJW 1989, 2425, 2432.
284 Vgl. Brugger, NJW 1989, 2425, 2432.
285 Bull, NVwZ 1989, 801, 803.
286 Brugger, NJW 1989, 2425, 2433.
287 Brugger, NJW 1989, 2425, 2433.

Philosophen seit dem 17./18. Jahrhundert bis heute (ausschnittsweise s. o., 1.) dem Staat fast überwiegend die Abwehr von inneren und äußeren Gefahren als Zweck zusprachen.[288] Ohne die Übertragung der Schutzaufgabe auf den Staat war diese Freiheit und Selbstentfaltung gefährdet und konnte nicht gewährleistet werden.

Nach dem modernen Verständnis erschöpft sich der Staatszweck aber nicht im Sicherheitsanspruch der Bürger. Die freie Selbstentfaltung setzt auch eine Chancengleichheit voraus, die zunächst bei einer formalen Gleichbehandlung aller Bürger im Sinne des Art. 3 Abs. 1 GG, sei es – wie beispielhaft in Art. 3 Abs. 3 GG aufgezählt – hinsichtlich des Geschlechts, der Abstammung, der Rasse, der Sprache, der Heimat und Herkunft, des Glaubens, der religiösen oder politischen Anschauungen, ansetzt und darüber hinaus eine soziale Gerechtigkeit fordert, wobei über die Ausgestaltung im Einzelnen Streit besteht, die aber wenigstens solche sozialen Hilfestellungen für „Schwache" vorsieht, die auch eine materielle Chancengleichheit mit sich bringen.[289] Kurz: Der Endzweck staatlichen Handelns lässt sich als Sicherung einer eigenständigen, sinnhaften und verantwortlichen Lebensführung für jeden Bürger bestimmen.[290]

Die Eigenständigkeit bedeutet dabei die Freiheit eigenverantwortlicher Wahl/Zwecksetzung der Lebensführung, beispielsweise der freien Berufswahl.[291] Ausprägungen dieser Freiheit manifestieren sich im Grundgesetz im politischen Bereich (Art. 21, 38 GG), im Bereich religiöser, privater, gesellschaftlicher, politischer und pädagogischer Meinungen (Art. 4, 5, 7 Abs. 4, 8, 9 GG), bei der Berufsentscheidung (Art. 12 GG) sowie bei Entscheidungen im Hinblick auf die Gestaltung der Privatsphäre (Art. 2 Abs. 1 GG) und den Aufenthaltsort (Art. 2 Abs. 2, 11 GG).[292]

„Sinnhaft" ist das Leben des Menschen insofern, als seine Vorstellungen von lebenswertem Leben, gerechtem Handeln und leistungsfähigen Institutionen geschichtlich in mehr oder minder dichten Graden geprägt (wenn auch in unseren westlichen Gesellschaften selten eindeutig determiniert) sind – im Grundgesetz kommt diese Dimension etwa zum Ausdruck im Schutz von Ehe und Familie (Art. 6 GG), Schule (Art. 7 GG), Religionsgemeinschaften (Art. 4, 140 GG) sowie Kunst und Wissenschaft (Art. 5 Abs. 3 GG).[293]

Die rechtliche Verantwortlichkeit des Menschen drückt sich in der Inanspruchnahme von Rechten und der Achtung der gleichen Rechte der anderen aus, in der

---

288 Brugger, NJW 1989, 2425, 2432; Isensee in: Isensee/Kirchhoff (Hrsg.), HStR, Band I, S. 630 f.

289 Brugger, NJW 1989, 2425, 2434; vgl. Isensee in: Isensee/Kirchhoff (Hrsg.), HStR, Band I, S. 630 ff.

290 Brugger, NJW 1989, 2425, 2434.

291 BVerfGE 39, 258 (270); 43, 291 (315); vgl. auch BVerfGE 33, 303 (330 f.); Brugger, NJW 1989, 2425, 2434.

292 Brugger, NJW 1989, 2425, 2434.

293 Brugger, NJW 1989, 2425, 2434.

Erkenntnis, für Rechtsverletzungen einstehen zu müssen und dem Anspruch der „Schwachen" auf soziale Gerechtigkeit und Hilfe – der Grundsatz der Reziprozität lässt sich im Grundgesetz etwa in der Schranke der Rechte anderer beim Recht auf freie Persönlichkeitsentfaltung (Art. 2 Abs. 1 GG) sowie in der Grenze der „Grundrechte anderer" bei scheinbar vorbehaltlos gewährleisteten Grundrechten nachweisen, in der strafrechtlichen Verantwortlichkeit sowie im Sozialstaatsprinzip.[294]

Zusammengefasst kommt dem Staat mithin die (externe, vor dem Verfassungstext stehende) Aufgabe zu, den Schutzanspruch der Bürger zu erfüllen, indem innere und äußere Gefahren für die freie Entfaltung der Bürger abgewehrt werden und indem Hilfestellungen für „Schwächere" die Entfaltung in Chancengleichheit ermöglichen. Kommt dem Staat aber eine solche Schutzaufgabe zu und erhält er hierfür von den souveränen Bürgern seine Machtstellung, liegt in der Existenz des Staats gerade kein Selbstzweck. Er muss dieser Aufgabe nachkommen, diese rechtfertigt seine Existenz und sein Wirken.

Vergegenwärtigt man sich den Grund für die Aufgabenübertragung vom Bürger auf den Staat, nämlich die Unfähigkeit des Einzelnen, der Gefahren allein Herr zu werden, erschließt sich daraus der Subsidiaritätsgedanke: Der Bürger gibt ihm zustehende Freiheit auf und überträgt Macht an den Staat, soweit der Bürger seine Rechte nicht selbst zu wahren vermag.[295] Staatliches Handeln steht folglich stets unter der Prämisse der Nachrangigkeit: Solange und soweit alle Bürger als Einzelpersonen oder in der Gemeinschaft selbst in der Lage sind, ihre Rechte wahrzunehmen und die Chancengleichheit dabei gewahrt bleibt, bedarf es keines staatlichen Handelns. Die Zweckbindung an seine Schutzaufgabe verbietet dem Staat in den vorgenannten Fällen ein Tätigwerden – dann sind staatliche Maßnahmen subsidiär gegenüber individueller Eigenverantwortung.

III. Zwischenergebnis

Die Regelungen des Grundgesetzes betonen den hohen Stellenwert der Grundfreiheiten. Danach kommt der Freiheitsausübung Einzelner Vorrang vor staatlicher Machtentfaltung zu. Der Staat unterliegt zahlreichen Grenzen für Eingriffe in diese Freiheitsrechte. Eine erste Hürde besteht im Gesetzesvorbehalt. Insbesondere die Schranken-Schranken, vor allem der Verhältnismäßigkeitsgrundsatz, erlauben ein staatliches eingreifendes Handeln nur dann, wenn kein milderes, zur Zweckerreichung gleich geeignetes Mittel zur Verfügung steht. Der Staat muss bei seinen Maßnahmen also stets bedenken, ob eine andere Maßnahme die Rechte Einzelner

294 Brugger, NJW 1989, 2425, 2434.
295 Klein, NJW 1989, 1633, 1636.

weniger belastet. Spiegelbildlich sind dem Staat dann Eingriffe verwehrt, wenn Einzelne selbst in ausreichender Weise die vom Staat gesetzten Zwecke bereits erreichen. Das Grundgesetz sieht also vorrangig die hohe Stellung der Freiheiten des Einzelnen und erst dann eine Aufgabe für den Staat, wenn ein Eingriff erforderlich – unvermeindlich – wird, weil die Einzelnen allein einen legitimen Zweck nicht erfüllen.

Dieses Ergebnis einer aus dem Verfassungstext folgenden Subsidiarität staatlicher Machtentfaltung findet seine Bestätigung bei einer Analyse des hinter dem Staat stehenden Staatszweckes. Danach kommt dem Staat eine Schutzaufgabe zu, wenn die Grundrechtsträger nicht selbst für eine ausreichende Freiheitswahrung Sorge tragen können. Die im Verfassungstext niedergelegte Subsidiarität staatlicher Machtentfaltung beinhaltet letztlich lediglich eine Umsetzung dieses Grundgedankens.

Das Bundesverwaltungsgericht und Teile der Literatur lehnen dagegen das hier gefundene Ergebnis ab:[296] Die Ansicht folgert aus dem Verhältnismäßigkeitsgrundsatz keine Subsidiarität staatlicher Aufgabenwahrnehmung, sondern lediglich das Postulat einer angemessenen Kompensation bei der Übernahme von Tätigkeiten durch den Staat.[297]

Mit Ausnahme des Funktionsvorbehalts in Art. 33 Abs. 4 GG für das staatliche Gewaltmonopol,[298] genügt diese Auffassung der verfassungsrechtlichen Vorgabe indes nicht. Die Bedeutung des Verhältnismäßigkeitsgrundsatzes erschöpft sich nicht in einem Kompensationsmodell, in dem Eingriffe angemessen auszugleichen sind. Ein solcher Ausgleich mag Maßnahmen abmildern und so eher dazu führen, dass ein Eingriff (noch) als verfassungsgemäß beurteilt wird. Zunächst fordert der Verhältnismäßigkeitsgrundsatz aber mehr als einen Ausgleich: Er verlangt, dass eingreifende Maßnahmen unterbleiben, wenn sie nicht erforderlich sind – beispielsweise weil sie durch Einzelne ebenso gut erfüllt werden (s. o., Teil 2, C. I. 1 c und d.).

Die abweichende Meinung genügt den verfassungsrechtlichen Vorgaben daher nicht und ist abzulehnen. Das hier gefundene Ergebnis einer in der Verfassung angelegten Subsidiarität staatlicher Aufgabenwahrnehmung bestätigt sich – wie bereits dargelegt (s. o., Teil 2, C. II) – im historisch gewachsenen Verständnis des Staatszwecks.

---

296 BVerwGE 23, 304 (306); 39, 329 (338); Scholz in: Maunz/Dürig (Begr.), Grundgesetz, Art. 12, Rn. 211 ff m. w. N.; so wie hier dagegen Dürig in: Maunz/Dürig (Begr.), Grundgesetz (1958), Art. 1 I, Rn. 54, Art. 2 I, Rn. 52; Ipsen, NJW 1963, 2049, 2054; NJW 1963, 2102, 2106.

297 Scholz in: Maunz/Dürig (Begr.), Grundgesetz, Art. 12, Rn. 213 („Verhältnismäßigkeit kraft statuspositiver Kompensationsgewähr“) m. w. N.

298 Scholz in: Maunz/Dürig (Begr.), Grundgesetz, Art. 12, Rn. 215.

D. Infragestellung des Vorrangs der Freiheitsausübung durch die Staatspflichten zum Umweltschutz

Zuvor wurde der Vorrang der Freiheitsausübung durch Einzelne vor staatlicher Aufgabenwahrnehmung ermittelt und begründet – staatliche Machtentfaltung ist danach subsidiär. Allerdings lassen sich aus dem Grundgesetz nicht nur Eingriffsbefugnisse und ihre Voraussetzungen (s. o., C.), sondern auch Staatspflichten (zum Umweltschutz) herleiten. Dies könnte das erzielte Ergebnis infrage stellen: Soweit die Verfassung den Staat zwingt, aktiv tätig zu werden, könnten die Rechte der Grundrechtsadressaten zurückstehen. Ihnen käme dann kein Vorrang zu, wenn die Bürgerfreiheit mit einer (gleich- oder vorrangigen) Pflicht des Staates kollidiert.

Nachdem oben (C.) das Verhältnis mit Blick auf Eingriffsbefugnisse untersucht wurde, bedarf es nachfolgend einer näheren Klärung des Verhältnisses zwischen Freiheitsrechten und Staatspflichten. Dazu werden zunächst die Staatspflichten und ihre Herleitung dargestellt (s. unten, D. I.), um anschließend ihr Verhältnis zu den Grundfreiheiten zu untersuchen (s. unten, D II).

I. Staatspflichten zum Umweltschutz

Staatspflichten zum Umweltschutz können sich aus Art. 20 a GG, dem sogenannten „Grundrechtsvoraussetzungsschutz“ sowie aus weiteren, landes(verfassungs)g esetzlichen und europarechtlichen Normen ergeben.

Erörtert werden hier lediglich Normen von Verfassungs- oder einem höheren Rang, wie europarechtliche Vorschriften. Nachdem die Grundfreiheiten aus der Verfassung selbst erwachsen, kann deren Vorrang vor staatlicher Aufgabenwahrnehmung nicht durch Staatspflichten infrage gestellt werden, die aus Normen begründet werden, die im Rang unter der Verfassung stehen, da Eingriffe in Verfassungsrechte der Bürger nur aus der Verfassung selbst begründet werden können.

1. Art. 20 a GG

Art. 20 a GG enthält seinem Wortlaut gemäß zunächst eine Feststellung: *„Der Staat schützt [...] die natürlichen Lebensgrundlagen.“* Nun wäre eine rein deklaratorische Regelung in der Verfassung aber ungewöhnlich, insbesondere, wenn sich der Artikel allein auf diese Feststellung bezieht und umso mehr, wenn es sich um einen Artikel handelt, der erst nachträglich Eingang in den Verfassungstext gefunden hat. Die Feststellung könnte deshalb als Imperativ gelesen werden, als Staatspflicht. Ob Art. 20 a GG eine Staatspflicht zum Umweltschutz anordnet, bedarf daher einer näheren Auseinandersetzung.

a) Verfassungsrechtliche Einordnung als Staatsziel

Art. 20 a GG wird heute einhellig als Staatszielbestimmung verstanden.[299] Dies folgt zuerst aus dem Wortlaut der Norm. Die Schaffung eines subjektiv-öffentlichen Rechts hätte über die bloße Feststellung hinaus, nach der der Staat die Umwelt schützt, eine subjektiv-rechtliche Komponente erfordert.[300] Auch die Systematik spricht gegen die Einordnung als subjektiv-öffentliches Recht. Hätte der Verfassungsgeber ein Grundrecht schaffen wollen, hätte er die Norm in den Grundrechtskatalog eingefügt.[301] Als ausschlaggebendes Argument für die verfassungsrechtliche Einordnung des Art. 20 a GG wird indes seine Entstehungsgeschichte angeführt.[302] Vor der Verfassungsänderung gab es eine lebhafte Diskussion darüber, ob eine Staatszielbestimmung „Umweltschutz" oder ein subjektiv-öffentliches Recht auf staatlichen Umweltschutz eingeführt werden sollte.[303] Von der Formulierung eines subjektiven Rechts sah der Verfassungsgeber indes ausweislich des Wortlautes ab (s. o.) und zwar bewusst, weil sich hierfür keine Mehrheit fand.[304]

b) Normgehalt

Als Staatszielbestimmung schützt Art. 20 a GG die natürlichen Lebensgrundlagen.[305] Der Begriff der natürlichen Lebensgrundlagen entspricht dem normativen Umweltbegriff, geschützt sind demgemäß die natürliche Umwelt sowie die

---

299 Rehbinder, NVwZ 2002, 657, 658; Caspar/Geissen, NVwZ 2002, 913 ff.; Murswiek, NVwZ 1996, 222, 223; vgl. auch Wolf, Umweltrecht, Rn. 277, der diesen Charakter als Staatszielbestimmung keiner näheren Begründung mehr für würdig erachtet.

300 Kloepfer, Umweltrecht, § 3, Rn. 23; Caspar in: Koch (Hrsg.), Umweltrecht, § 2, Rn. 94.

301 Vgl. Kloepfer, Umweltrecht, § 3, Rn. 23.

302 Vgl. hierzu Caspar in: Koch (Hrsg.), Umweltrecht, § 2, Rn. 90 ff.

303 Murswiek, NVwZ 1996, 222, 223; im Einzelnen zum Entstehungsprozess: Kloepfer, Umweltrecht, § 3, Rn. 20–22; vgl. auch Murswiek in: Sachs (Hrsg.), Grundgesetz, Art. 20 a, Rn. 3 und 4.

304 Murswiek, NVwZ 1996, 222, 230; Peters, NVwZ 1995, 555, 555.

305 Caspar in: Koch (Hrsg.), Umweltrecht, § 2, Rn. 97.

menschlich gestaltete Umwelt.[306] Da Art. 20 a GG den Staat zum „Schutz" der natürlichen Lebensgrundlagen, nicht etwa zur Förderung verpflichtet, beinhaltet das Staatsziel allein die Pflicht, den Status quo aufrechtzuerhalten, allerdings auch für die künftigen Generationen.[307] Demgemäß wird der Pflichtgehalt der Norm auch als „ökologisches Rückschrittsverbot" bezeichnet.[308] Mit Blick auf die Schutzpflicht soll der Staat selbst umweltschädigendes Verhalten unterlassen und solche Maßnahmen Dritter verhindern.[309]

Normadressat ist der Staat, also die Legislative, die Exekutive und die Judikative.[310] Der Gesetzgeber wird aufgefordert, umweltschützend gesetzgebend tätig zu werden.[311] Die Exekutive hat im Rahmen ihres Ermessens und ihrer planerischen Gestaltungsfreiheit – auch – das Ziel des Art. 20 a GG zu beachten, ebenso wie bei der Interpretation von Normen.[312] Letzteres gilt desgleichen für die Judikative.[313]

Dabei kommt insbesondere der Legislative allerdings eine weitgehende Gestaltungsfreiheit zu.[314] Wie das Staatsziel zu erreichen ist, legt Art. 20 a GG nicht fest. Mit Blick auf diese Gestaltungsfreiheit und ferner auf den Vorbehalt der verfassungsmäßigen Ordnung verstößt der Gesetzgeber erst gegen seine Handlungspflicht, wenn er das „Rückschrittsverbot" so missachtet, dass Lebensgrundlagen spürbar und dauerhaft in ihrem Kernbereich aufgegeben werden.[315] Art. 20 a GG kommt damit vor anderen Staatszielbestimmungen kein Vorrang zu, sondern ist gleichwertig „eingebettet", indem er eine angemessene Berücksichtigung und einen angemessenen Ausgleich zwischen den verschiedenen Staatszielen fordert.[316]

---

306 Murswiek in: Sachs (Hrsg.), Grundgesetz, Art. 20 a, Rn. 27 ff, insb. 28; Kloepfer, Umweltrecht, § 3, Rn. 27; Wolf, Umweltrecht, Rn. 20; zum Staatsziel Tierschutz: Caspar/Geissen, NVwZ 2002, 913 ff. und Leube, NZV 2002, 545 ff.

307 Zu der Bedeutung der Zukunftgerichtetheit in Bezug auf die Gefahren der Technik: Bohne, NVwZ 1999, 1, 9.

308 Kloepfer, Umweltrecht, § 3, Rn. 38; Murswiek in: Sachs (Hrsg.), Grundgesetz, Art. 20 a, Rn. 44 („Verschlechterungsverbot"); Caspar in: Koch (Hrsg.), Umweltrecht, § 2, Rn. 110 m. w. N.

309 Murswiek in: Sachs (Hrsg.), Grundgesetz, Art. 20 a, Rn. 33, 34.

310 Murswiek in: Sachs (Hrsg.), Grundgesetz, Art. 20 a, Rn. 56 ff.; Caspar in: Koch (Hrsg.), Umweltrecht, § 2, Rn. 101 ff.

311 Caspar in: Koch (Hrsg.), Umweltrecht, § 2, Rn. 101.

312 Caspar in: Koch (Hrsg.), Umweltrecht, § 2, Rn. 105.

313 Papier, NJW 1997, 2841, 2843.

314 Westphal, JuS 2000, 339, 339.

315 Kloepfer, Umweltrecht, § 3, Rn. 38.

316 Murswiek in: Sachs (Hrsg.), Grundgesetz, Art. 20 a, Rn 52 ff.

c) Staatspflicht zum Umweltschutz aus Art. 20 a GG?

Aus dem vorgenannten Norminhalt des Art. 20 a GG folgt seine Bedeutung: Die Staatszielbestimmung verpflichtet den Staat.[317] Sie ist dabei aber lediglich Abwägungskriterium für staatliches Handeln; der Staat hat bei seinen Maßnahmen – auch – den Umweltschutz zu beachten.[318] Dieser Handlungsauftrag steht aber unter dem Vorbehalt der verfassungsmäßigen Ordnung; ihm kommt damit kein Vorrang vor anderen Staatszielen zu (vgl. oben, b.).[319]

Hinsichtlich der Frage nach einer den Freiheiten der Einzelnen gleichrangigen oder sogar vorrangigen Staatspflicht aus Art. 20 a GG zum Umweltschutz liefert die Einbettung des Staatsziels in die verfassungsmäßige Ordnung die negative Antwort: Indem Art. 20 a GG unter den Vorbehalt der verfassungsmäßigen Ordnung gestellt wird, scheidet ein Vorrang vor den Grundfreiheiten aus. Hierdurch bleiben nämlich das Erfordernis eines Gesetzesvorbehalts für staatliche Eingriffe in Grundrechte sowie die Grenzen solcher Eingriffe (Schranken-Schranken) unberührt. Es mag der Gesetzgeber durchaus einen Gesetzgebungszweck „Umweltschutz" als legitimen Zweck festlegen und durch oder aufgrund des Gesetzes in Grundrechte Einzelner eingreifen. Dabei mag im Wege der Zweck-Mittel-Relation (Verhältnismäßigkeitsgrundsatz) auch eine Abwägung zwischen dem grundrechtlich geschützten privaten Belang und dem Umweltschutz erforderlich werden – den Belang des Umweltschutzes im Rahmen dieser Abwägung zu stärken, ist gerade ein Ziel des Art. 20 a GG. Gleichwohl steht dieses Gesetz weiterhin unter dem Vorbehalt der verfassungsmäßigen Rechtfertigung für eingreifende Maßnahmen. Das Staatsziel des Art. 20 a GG erhebt sich damit nicht zur eigenständigen, von der Verfassungsordnung und den Grundrechten losgelösten bzw. ihnen übergeordneten Staatspflicht. Vielmehr erhält es den gleichen Rang wie andere Staatszielbestimmungen, mit denen es in gerechten Ausgleich zu bringen ist und bleibt gegenüber den grundrechtlich geschützten Interessen Einzelner nachrangig, indem auf das Staatsziel gestützte Maßnahmen weiterhin dem verfassungsmäßigen Rechtfertigungsvorbehalt unterliegen.

Die Staatszielbestimmung des Art. 20 a GG beinhaltet folglich keine den Grundrechten gleichrangige oder vorrangige Staatspflicht. Sie stellt den Vorrang der Freiheit Einzelner und die Subsidiarität staatlicher Maßnahmen nicht infrage.

---

317 Steinberg, NJW 1996, 1985, 1991.

318 Kloepfer, Umweltrecht, § 3, Rn. 34; kritisch zum Nutzen als Abwägungsgesichtspunkt bzw. zu einer eigenen, neuen Bedeutung gegenüber den grundrechtlich begründeten Staatspflichten: Steinberg, NJW 1996, 1985, 1987; Kotulla, Umweltrecht, Teil 1, Rn. 50.

319 Kotulla, Umweltrecht, Teil 1, Rn. 50.

2. Grundrechtsvoraussetzungsschutz

Eine originäre, über ein „Beachtungsgebot" hinausgehende Pflicht für den Staat, umweltschützend tätig zu werden, kann sich dagegen aus den Grundrechten selbst ergeben.

a) Dogmatische Herleitung

Die Frage, wann eine Staatspflicht zum Umweltschutz aus den Grundrechten selbst erwächst, ist eine der am meisten diskutierten der Verfassungsdogmatik.[320]

Immerhin sind die Freiheitsrechte vornehmlich als klassische Abwehrrechte formuliert.[321] So gewährleistet u. a. Art. 2 Abs. 1 GG die allgemeine Handlungsfreiheit, Art. 2 Abs. 2 GG das Recht auf Leben, körperliche Unversehrtheit und Freiheit, Art. 4 Abs. 1 GG die Religions- und Gewissensfreiheit, Art. 5 GG die Meinungsfreiheit (Abs. 1) sowie die Freiheit der Kunst, Wissenschaft, Forschung und Lehre etc. In diesen Rechten ist der Grundrechtsträger frei. Er kann mithin staatliche Eingriffe in diese Rechte abwehren, sofern sie nicht ausnahmsweise durch die Verfassung zugelassen werden.

Die Formulierung der Freiheitsrechte als Abwehrrechte gegen den Staat geht mit dem Sinn und Zweck sowie der verfassungsgeschichtlichen Tradition der Freiheitsrechte einher.[322] Seit der Entstehung bürgerlicher, freiheitlicher Verfassungen dienen die Freiheitsrechte dazu, dem Bürger einen Freiraum gegenüber dem Souverän einzuräumen.[323] Wichtigster Vordenker dieser Idee von dem Staat vorgegebenen Freiheitsrechten war zunächst *John Locke*, der im Kapitel V seines „Second Treatise" bereits 1690 einen Grundrechtsschutz für „Property" als nicht aufgebbares Recht forderte (s. bereits oben, C. II.),[324] wobei der Begriff „Property" in einem umfassenden, nicht auf Eigentum beschränkten Sinn gemeint war, sondern vielmehr auch Grundsätze des allgemeinen Persönlichkeitsrechts erfasste.[325] Mit der Erfahrung absolutistischer Staatsverfassungen vor Augen, entwickelte sich das Bedürfnis nach einer Einschränkung des Souveräns. Dieses Ziel sollte durch der Staatsmacht vorgelagerte Rechte, also durch Abwehrrechte erreicht werden. So wurde die Idee der Abwehrrechte durch nachfolgende Staatsphilosophen

320 Kloepfer, Umweltrecht, § 3, Rn. 9 m. w. N.; vgl. auch Herdegen in: Maunz/Dürig (Begr.), Grundgesetz, Art. 1 III, Rn. 21.

321 Vgl. BVerfGE 7, 198 (204); Pieroth/Schlink, Staatsrecht II, Rn. 58.

322 Herdegen in: Maunz/Dürig (Begr.), Grundgesetz, Art. 1 III, Rn. 13.

323 Vgl. Oben, C. II.

324 Locke, Two Treatis of Government, Nr. 27 ff.

325 Adomeit, Rechts- und Staatsphilosophie II, S. 63 f.

fortgeführt und ausgebaut[326] und schließlich in die modernen freiheitlichen Verfassungen als Kernstück implementiert, wozu freilich ein Jahrhunderte langer, noch im Wandel befindlicher verfassungsgeschichtlicher Prozess notwendig war. Einzug hielt der Abwehrgedanke dabei im Wesentlichen zuerst in den Menschenrechtserklärungen der amerikanischen und französischen Revolution, welche heute die „strahlenden Vorbilder" freiheitlicher Staatsverfassungen bilden.[327] Beide Erklärungen betonen den Abwehrgedanken nicht nur, sondern erheben ihn zum obersten (Verfassungs-) Gut.

Das Grundgesetz von 1949 reihte sich in diese Verfassungstradition ein und schuf mit dem signifikant an die Spitze der Verfassung gestellten Grundrechtskatalog unmittelbar geltende subjektive öffentliche Rechte, welche die Staatsgewalt binden und einschränken.[328] So gewähren die Grundrechte zuvörderst Abwehrrechte.[329]

Dieser reine Abwehrgedanke wird jedoch schon in der Formulierung des Katalogs der Freiheitsrechte durchbrochen. Bereits Art. 1 Abs. 1 Satz 2 GG verpflichtet alle staatliche Gewalt, die Würde des Menschen nicht lediglich zu achten (Abwehrkomponente), sondern überdies zu *schützen*.[330] Mit dieser Formulierung wird gleich zu Beginn des Verfassungstextes ein staatlicher Schutzauftrag angesprochen. Ferner enthält Art. 6 Abs. 4 GG einen – freilich noch einfachgesetzlich auszugestaltenden – grundrechtlichen Leistungsanspruch der „Mutter" auf Schutz durch den Staat.[331] Normenadressaten (Mütter) können aus der Verfassungsnorm selbst den Schutz und die Fürsorge der Gemeinschaft beanspruchen.[332] So wird aus dem Abwehranspruch der Familie ein Leistungsanspruch auf Schutz und Fürsorge.[333]

Auch die sogenannten Verfahrensgrundrechte, die Art. 19 Abs. 4, Art. 101 Abs. 1 Satz 2, 103 Abs. 1 GG, sind nicht als (reine) Abwehrrechte konstruiert, sondern verbürgen dem Normadressaten einen Anspruch (zunächst) auf Teilhabe

326 Insbesondere im Zuge der amerikanischen Unabhängigkeit und der französischen Revolution, siehe oben, C. II.

327 Dreier in: ders. (Hrsg.), Grundgesetz, Vorb. Rn. 7.

328 Vgl. Dreier in: ders. (Hrsg.), Grundgesetz, Vorb. Rn. 15.

329 BVerfGE 7, 198 (204); Dreier in: ders. (Hrsg.), Grundgesetz, Vorb. Rn. 45; Isensee in: Isensee/Kirchhof (Hrsg.), HStR, Band V, § 111, Rn. 22, 25.

330 Herdegen in: Maunz/Dürig (Begr.), Grundgesetz, Art. 1 III, Rn. 19; Isensee in: Isensee/Kirchhof (Hrsg.), HStR, Band V, § 111, Rn. 13.

331 Badura in: Maunz/Dürig (Begr.), Grundgesetz, Art. 6, Rn. 153, 156 ff.

332 Badura in: Maunz/Dürig (Begr.), Grundgesetz, Art. 6, Rn. 153, 152.

333 Sachs in: ders. (Hrsg.), Grundgesetz, Vor Art. 1, Rn. 35.

an einem rechtsstaatlichen Verfahren.[334] Aus den grundrechtsgleichen Rechten erwächst dem Einzelnen damit ein Anspruch gegen den Staat, tätig zu werden, nämlich einen rechtstaatlichen Grundsätzen genügenden Rechtsweg sowie einen „gesetzlichen Richter" zur Verfügung zu stellen und nicht zuletzt rechtliches Gehör zu ermöglichen.[335] Insoweit wird der Staat spiegelbildlich verpflichtet, aktiv tätig zu werden, um diese Ansprüche zu erfüllen.

Aber auch für die als reine Abwehrrechte formulierten Freiheitsrechte gab es immer wieder Ansätze in der Rechtswissenschaft[336] und Rechtsprechung (vornehmlich in der des Bundesverfassungsgerichts)[337], aus ihnen Schutzpflichten des Staates abzuleiten.[338] Danach soll der Staat verpflichtet sein, aktiv tätig zu werden, um Normenadressaten eine Teilhabe an bestimmten Freiheitsräumen einzuräumen oder um dem Normadressaten die Inanspruchnahme eines Freiheitsraums erst durch schützendes staatliches Eingreifen zu ermöglichen.[339] Hier lässt sich eine Schutzpflicht des Staates indes nur als Implikation der geschriebenen Grundrechtsnormen begreifen, die durch Auslegung aufgedeckt werden muss.[340]

Legt man die Freiheitsrechte aus, folgt eine staatliche Schutzpflicht am deutlichsten zunächst aus Art. 6 Abs. 2 Satz 2 GG, dem staatlichen „Wächteramt".[341] Zwar gewährt auch Art.6 Abs. 2 Satz 1 GG ein Abwehrrecht der Eltern gegenüber staatlichen Eingriffen in die Erziehung.[342] Gleichwohl wacht der Staat über die Erziehung des Kindes, das selbst Träger von Grundrechten ist.[343] Das Grundrecht auf die Freiheit der Erziehung wird demgemäß als treuhänderisches Recht der Eltern verstanden, das keine Freiheit im Sinne einer Selbstbestimmung der Eltern, sondern zum Schutz des Kindes gewährt.[344] Die Eltern nehmen die Grundrechte des Kindes in dessen wohlverstandenem Interesse wahr, solange es noch

334 Vgl. Pieroth/Schlink, Staatsrecht II, Rn. 93; für Art. 19 Abs. 4: Krüger in: Sachs (Hrsg.), Grundgesetz, Art. 19, Rn. 106; für Art. 101 Abs. 1: Degenhart in: Sachs (Hrsg.), Grundgesetz, Art. 101, Rn. 2–4; für Art. 103 Abs. 1: Degenhart in: Sachs (Hrsg.), Grundgesetz, Art. 103, Rn 2 ff.

335 Pieroth/Schlink, Staatsrecht II, Rn. 93.

336 Vgl. Dreier in: ders. (Hrsg.), Grundgesetz, Vorb. Art. 1, Rn. 63 m. w. N.: dort Fn. 268.

337 U. a.: BVerfGE 39, 1 ff. – Schwangerschaftsabbruch I; 46, 160 ff. – Schleyer; 49, 89 ff. – Kalkar; 53, 30 ff. – Mülheim-Kärlich; 56, 54 ff. – Fluglärm; 88, 203 ff. – Schwangerschaftsabbruch II.

338 Herdegen in: Maunz/Dürig (Begr.), Grundgesetz, Art. 1 III, Rn. 19.

339 Dreier in: ders. (Hrsg.), Grundgesetz, Vorb. Art. 1, Rn. 35 ff.

340 Isensee in: Isensee/Kirchhof (Hrsg.), HStR, Band V, § 111, Rn. 12.

341 Isensee in: Isensee/Kirchhof (Hrsg.), HStR, Band V, § 111, Rn. 14; vgl. auch Badura in: Maunz/Dürig (Begr.), Grundgesetz, Art. 6, Rn. 137 f., 139.

342 Badura in: Maunz/Dürig (Begr.), Grundgesetz, Art. 6, Rn. 97.

343 Schmitt-Kammler in: Sachs (Hrsg.), Grundgesetz, Art. 6, Rn. 58 f., 66 ff.

344 BVerfGE 59, 360 (376); 61 (358 (372); Schmitt-Kammler in: Sachs (Hrsg.), Grundgesetz, Art. 6, Rn. 66 ff.

nicht selbst grundrechtsmündig ist.[345] Erst wenn die Eltern diese treuhänderische Pflicht nicht oder gegen die Interessen des Kindes ausüben, verpflichtet Art. 6 Abs. 2 Satz 2 GG den Staat, die Grundrechte des Kindes zu schützen.[346]

Trotz dieser Erkenntnis bleibt allerdings problematisch, wie und unter welchen Voraussetzungen man aus den als Abwehrrechten formulierten Freiheitsrechten eine (aktive) Schutzpflicht des Staates ableiten kann, insbesondere wenn diese keinen ausdrücklich formulierten Schutzauftrag enthalten.

Bei der Herleitung einer dogmatischen Begründung der staatlichen Schutzpflichten und ihrer Voraussetzungen hat das Bundesverfassungsgericht eine Vorreiterrolle eingenommen.[347] Aus der Vielzahl von Einzelentscheidungen zu dieser Frage kristallisieren sich Grund und Voraussetzungen heraus:

Die Herleitung staatlicher Schutzpflichten aus dem allgemeinen Grundrechtskatalog durch das Bundesverfassungsgericht beginnt im Kern mit seiner ersten Entscheidung zum Schwangerschaftsabbruch.[348] Hier leitet das Gericht eine Pflicht des Staates, das ungeborene Leben zu schützen, aus Art. 2 Abs. 2 Satz 1 GG sowie aus Art. 1 Abs. 1 Satz 2 GG her.[349] Danach genieße das ungeborene Leben Grundrechtsschutz.[350] Das verbiete es dem Gesetzgeber, mit seinen Regelungen zum Schwangerschaftsabbruch die ebenfalls grundrechtlich geschützte Entscheidungsfreiheit der Mutter zur alleinigen Richtschnur einer Entscheidung über einen Schwangerschaftsabbruch zu erheben.[351] Vielmehr verpflichte das Grundgesetz den Gesetzgeber, beide Verfassungsgüter in einen Ausgleich zu bringen, wobei beachtet werden müsse, dass das Leben das höchste Verfassungsgut darstelle.[352] Daher habe der Staat den Schwangerschaftsabbruch grundsätzlich als Unrecht anzusehen.[353] Wie der Staat seine Schutzpflicht umsetze, stehe dabei weitgehend im gesetzgeberischen Ermessen.[354]

Ein weiteres Argument für die Existenz einer staatlichen Schutzpflicht entnimmt das Bundesverfassungsgericht in dieser Entscheidung der Funktion der

345 Schmitt-Kammler in: Sachs (Hrsg.), Grundgesetz, Art. 6, Rn. 66 ff.; Isensee in: Isensee/Kirchhof (Hrsg.), HStR, Band V, § 111, Rn. 14 f.

346 Schmitt-Kammler in: Sachs (Hrsg.), Grundgesetz, Art. 6, Rn. 67.; Isensee in: Isensee/Kirchhof (Hrsg.), HStR, Band V, § 111, Rn. 15 f.

347 Die fast schon kanonisierte Sequenz der wichtigsten Entscheidungen: U. a.: BVerfGE 39, 1 ff. – Schwangerschaftsabbruch I; 46, 160 ff. – Schleyer; 49, 89 ff. – Kalkar; 53, 30 ff. – Mülheim-Kärlich; 56, 54 ff. – Fluglärm; 88, 203 ff. – Schwangerschaftsabbruch II; Dreier in: ders. (Hrsg.), Grundgesetz, Vorb. Art. 1, Fn. 267 zu Rn. 63.

348 BVerfGE 39, 1 ff.; Steinberg, NJW 1996, 1985, 1987.

349 BVerfGE 39, 1 (42).

350 BVerfGE 39, 1 (42).

351 BVerfGE 39, 1 (42).

352 BVerfGE 39, 1 (42, 43).

353 BVerfGE 39, 1 (42, 43).

354 BVerfGE 39, 1 (43).

Grundrechte als allgemeine objektive Werteordnung, die Richtlinien und Impulse für Gesetzgebung, Verwaltung und Rechtsprechung gebe.[355]

In seiner zweiten Entscheidung zum Schwangerschaftsabbruch hat das Bundesverfassungsgericht die Schutzpflicht des Staates dann lediglich noch unter Verweis auf seine erste Entscheidung festgestellt.[356]

Mit u. a. den Bundesverfassungsgerichts-Entscheidungen 46, 160; 49, 89; 53, 30; 56, 54; 79, 174 hat das Gericht sodann eine Pflicht des Staates, sich schützend vor das Leben zu stellen, auch in weiteren Lebenssachverhalten bejaht und dies als seine ständige Rechtsprechung bezeichnet.[357] Anlass waren jeweils Gefahren, die durch neue technische Entwicklungen entstehen.[358] Hier müsse der Staat den Fortschritt kontrollieren und die Grundrechte schützend begleiten, wenn unkontrollierbare Gefahren für das Leben und (nunmehr auch) die körperliche Unversehrtheit durch den technischen Fortschritt entstehen können.[359]

Das Bundesverfassungsgericht blieb jedoch nicht bei einer Herleitung von Schutzpflichten aus Art. 2 Abs. 2 GG stehen.[360] Mit den „Universitäts"-Entscheidungen 35, 79; 47,327 hat es eine weitere Pflicht des Staates herausgearbeitet: Im Bereich der staatlichen Universitäten, die von widerstreitenden Grundrechtsinteressen Beteiligter geprägt sind, treffe den Staat die Pflicht, das Ausleben der grundrechtlichen Freiheitsbereiche einerseits und die Sicherung der Funktion der Einrichtung andererseits zu ermöglichen und zu schützen.[361] So kann aus Art. 5, 12 Abs. 1 und 2 Abs. 1 GG ebenfalls eine Schutzpflicht des Staates abgeleitet werden.[362]

Ferner hat das Bundesverfassungsgericht eine Pflicht des Staates anerkannt, gesellschaftliche Einrichtungen wie Privatschulen, deren Bestand die Grundrechte voraussetzen (Art. 7 Abs. 4 GG), zu schützen und ihr Betreiben zu ermöglichen.[363] Über das Unterlassen von Eingriffen in das Privatschulwesen hinaus müsse der Staat das Ausleben dieses Freiheitsraums zunächst einmal ermöglichen.[364] Ferner

355 BVerfGE 39, 1 (41); Steinberg, NJW 1996, 1985, 1987; Dreier in: ders., Grundgesetz, Vorb. Art. 1, Rn. 63; vgl. Herdegen in: Maunz/Dürig (Begr.), Grundgesetz, Art. 1 III, Rn 16, 19 ff.

356 BVerfGE 88, 203 (251).

357 Zuletzt: BVerfG, NJW 2006, 751 (757); BVerfG, 1 BvR 518/02 vom 4.4.2006, BeckRS 2006 23166.

358 Außer in der Entscheidung 46, 160, die sich mit den vom Terrorismus ausgehenden Gefahren beschäftigte.

359 Vgl. Steinberg, NJW 1996, 1985, 1987 f.; Pieroth/Schlink, Staatsrecht II, Rn. 88.

360 Zu weiteren Fallgruppen in der Rspr. des BVerfG: Herdegen in: Maunz/Dürig (Begr.), Grundgesetz, Art. 1 III, Rn. 19.

361 BVerfGE 47, 327 (370).

362 Herdegen in: Maunz/Dürig (Begr.), Grundgesetz, Art. 1 III, Rn. 19.

363 BVerfGE 75, 40 (62 ff.); Sodan, NVwZ 2000, 601, 606.

364 BVerfGE 75, 40 (62 f.).

sieht das Bundesverfassungsgericht den Staat sogar in der (Schutz-)Pflicht, Konflikte zwischen Grundrechtsträgern so zu regeln, dass die „Chance" des Einzelnen bestehe, seine Freiheitsräume wahrzunehmen.[365]

Aus der sich noch im Fluss befindlichen[366] Rechtsprechung des Bundesverfassungsgerichts lassen sich zwei Ansatzpunkte für die dogmatische Herleitung einer staatlichen Schutzpflicht entnehmen:

Erstens prüft das Bundesverfassungsgericht in allen Entscheidungen, ob ein überragend wichtiges, grundrechtlich geschütztes Gut bedroht wird, dessen Wahrnehmung ohne ein regulierendes Eingreifen des Staates (gänzlich) unmöglich würde. Hierbei reicht im Rahmen des technischen Fortschritts bereits die Unbeherrschbarkeit der Gefahr einer irreparablen Beschädigung von Grundrechtsgütern,[367] wobei je nach Einzelfall freilich im Einzelnen abzuwägen ist und sich der staatliche Ermessensspielraum verringert, je höher das bedrohte Gut in der Werteordnung der Verfassung angesiedelt ist.[368] Nach dem Bundesverfassungsgericht ist der Staat demzufolge verpflichtet, bei seinem Tun die widerstreitenden Grundrechte zu berücksichtigen und durch sein Handeln den Grundrechtsträgern mindestens die grundsätzliche Möglichkeit zu gewährleisten, ihre Grundrechtspositionen auszuüben.

Zweitens wird der Staat zum Grundrechtsgewährleistungsschutz nach dem Bundesverfassungsgericht aus der sich aus den Grundrechten ergebenden objektiven Werteordnung des Grundgesetzes verpflichtet.[369] Dies ergebe sich am deutlichsten aus der normierten Verpflichtung des Staates, die Menschenwürde zu schützen (Art. 1 Abs. 1 Satz 2 GG).[370] Demgemäß habe der Staat bei seinen Handlungen die durch die Grundrechte vorgegebene objektive Werteordnung zu berücksichtigen – diese sei Impuls seines Handelns.[371]

Die Rechtslehre stimmt der Rechtsprechung des Bundesverfassungsgerichts weitgehend zu.[372] Sie kritisiert die Herleitung einer staatlichen Schutzpflicht nur vereinzelt, und selbst diese vereinzelten Stimmen werden allmählich seltener.[373]

---

365 BVerfGE 92, 26 (46).

366 Pieroth/Schlink, Staatsrecht II, Rn. 90.

367 BVerfGE 53, 30 (57); 79, 174 (201); kritisch: Steinberg, NJW 1996, 1985, 1987 f.

368 Klein, NJW 1989, 1633, 1634; Steinberg, NJW 1996, 1985, 1987 f.

369 BVerfGE 39, 1 (41); Sodan, NVwZ 2000, 601, 603; Klein, NJW 1989, 1633, 1635.

370 BVerfGE 49, 89 (142).

371 BVerfGE 39, 1 (41).

372 Sodan, NVwZ 2000, 601, 602 f.; Möstl, DÖV 1998, 1029, 1029; Jarass in: Jarass/Pieroth, Grundgesetz, Art. 1, Rn. 6; zu Art. 2 Abs. 2 GG: Schmidt-Assmann, AöR 106, S. 207; Starck in: v. Mangoldt/Klein (Begr.), Grundgesetz, Art. 2 II, Rn. 192 ff.; vgl. Isensee in: Isensee/Kirchhof (Hrsg.), HStR, Band V, § 111, Rn. 19.

373 Im Überblick: Herdegen in: Maunz/Dürig (Begr.), Grundgesetz, Art. 1 III, Rn. 21 f.; Isensee in: Isensee/Kirchhof (Hrsg.), HStR, Band V, § 111, Rn. 19.

Von dieser Grundsatzkritik zu unterscheiden sind einerseits Stimmen zu Unstimmigkeiten der Anerkennung einer staatlichen Schutzpflicht in einzelnen Fällen[374] sowie andererseits der Ansatz *Isensees*, der das Konstrukt der Schutzpflicht dogmatisch „auf neue Füße stellen" will.[375] Während die erstgenannte Kritik für Einzelfälle die Lehre von der grundrechtlichen Schutzpflicht weder grundlegend infrage stellt, noch – ungeachtet des unbestrittenen Verdienstes dieser Beiträge, auf Schwierigkeiten im Zusammenhang mit der Lehre hinzuweisen – dogmatisch vorangebracht hat und daher vorliegend keiner eigenen Würdigung bedarf, ist es *Isensee* gelungen, die Lehre von der staatlichen Schutzpflicht aus einem anderen Gesichtspunkt herzuleiten, nämlich aus dem Staatszweck. Danach sei Sicherheit der fundamentale Zweck, um dessen Willen der moderne Staat besteht und mit Gehorsamsanspruch, Macht und Gewaltmonopol ausgestattet ist (s. o., C. II.).[376] Der Verzicht auf das naturgegebene Recht zur Verteidigung seiner Rechtsgüter kann für den Einzelnen sinnvollerweise nur in Betracht kommen, wenn diese durch den Staat gesichert sind – die Gewährleistung der Sicherheit ist Voraussetzung der Unterwerfung des Einzelnen unter die staatliche Machtentfaltung.[377] Hierbei rekurriert *Isensee* auf *Thomas Hobbes* und *John Locke*. Beide hätten dem Staat die Aufgabe mit auf den Weg gegeben, den anarchischen Zustand allseitiger Gefährdung aller Individuen abzulösen durch allgemeine Sicherheit, den Antagonismus der Menschen in die Bahnen der Zivilität, der Friedlichkeit und Gesittung zu leiten und Eigenmacht wie Selbstjustiz zu ersetzen durch faire Verfahren des staatlichen Rechtsschutzes.[378] Der staatlich gewährleistete Gesamtzustand der Sicherheit bilde die Bedingung der Möglichkeit für die grundrechtliche Freiheit und Gleichheit der Bürger und für rechtsstaatliche Gesetzesherrschaft.[379] Zugleich bewähre sich der Rechtsstaat darin, die Unversehrtheit der Rechtsgüter im Leben der Gesellschaft zu gewährleisten.[380] Weil der Staat allein in dem Grund seine Rechtfertigung findet, die Freiheit seiner Bürger zu garantieren und die Ausübung dieser Freiheiten zu gewährleisten, braucht der Staat mit dieser Aufgabe vom Verfassungstext nicht mehr ausdrücklich betraut zu werden.[381] Dieses Ergebnis wird gestützt durch folgende „Kontrollüberlegung": Verstünde man die Grundrechte allein als Abwehrrechte, kämen sie bei einem Rechtsübergriff eines Einzelnen nur

---

374 Beispielhaft: Sendler, NVwZ 1990, 231 ff.; Preu, JZ 1991, 265 ff.; Herdegen in: Maunz/Dürig (Begr.), Grundgesetz, Art. 1 III, Rn. 21 f.

375 Isensee in: Isensee/Kirchhof (Hrsg.), HStR, Band V, § 111, Rn. 20, 25 ff., 83 ff.

376 Isensee in: Isensee/Kirchhof (Hrsg.), HStR, Band V, § 111, Rn. 83.

377 Klein, NJW 1989, 1633, 1636.

378 Isensee in: Isensee/Kirchhof (Hrsg.), HStR, Band V, § 111, Rn. 83.

379 Isensee in: Isensee/Kirchhof (Hrsg.), HStR, Band V, § 111, Rn. 83.

380 Isensee in: Isensee/Kirchhof (Hrsg.), HStR, Band V, § 111, Rn. 83.

381 Isensee in: Isensee/Kirchhof (Hrsg.), HStR, Band V, § 111, Rn. 83.

dem Störer zugute, während das Opfer auf das einfache Recht verwiesen bliebe, das, wenn es den Störer beeinträchtigte, als Eingriff in Grundrechte des Störers zu verstehen wäre und einer besonderen Rechtfertigung bedürfte.[382] Aus einer rein abwehrrechtlichen Perspektive erschiene der Störer zunächst privilegiert, und spiegelbildlich wirkte die rein abwehrrechtliche Interpretation als Abwertung der Freiheit des rechtstreuen Bürgers.[383]

b) Anforderungen und Struktur

Ist danach eine staatliche Schutzpflicht anzuerkennen, stellt sich weiterhin die Frage, unter welchen Voraussetzungen eine solche entsteht, bzw. wie der Staat diese zu erfüllen hat.

aa) Allgemeine Anforderungen des Bundesverfassungsgerichts an die Schutzpflicht

Die Rechtsprechung des Bundesverfassungsgerichts bietet hierzu zahlreiche Anhaltspunkte, allerdings ohne einen vollständigen Prüfungskatalog aufzustellen. Ein solcher muss den Einzelentscheidungen zunächst entnommen werden:[384]

Gemeinsam ist allen Entscheidungen zunächst der Eingriff in grundrechtlich geschützte Rechte eines Einzelnen durch Dritte – vor allem durch „Private", aber auch von anderen Staaten oder Naturgewalten ausgehende Gefahren sollen eine Schutzpflicht auslösen können.[385] Für staatliche Eingriffe bedarf es dagegen keiner gesonderten Herleitung einer Schutzpflicht, da hier die Grundrechte als Abwehrrechte unmittelbar ohne weitere Herleitung vor Eingriffen schützen.

Das betroffene Grundrecht muss ferner „chancenlos" sein. Es muss also die Gefahr einer irreparablen, unbeherrschbaren oder nicht autonom regulierbaren Grundrechtsverletzung bestehen, denn dann erfolgte der Grundrechtsschutz, wenn er erst bei der Grundrechtsverletzung ansetzen würde, zu spät und wäre nicht mehr effektiv.[386]

Erfüllen kann der Staat seine Schutzpflicht durch Gesetze, welche die widerstreitenden Grundrechtspositionen in einen angemessenen Ausgleich bringen, durch Gewährung von Leistungen und – vom Bundesverfassungsgericht besonders betont – durch den Ausbau von Verfahrenspositionen. Aber auch die Exeku-

382 Isensee in: Isensee/Kirchhof (Hrsg.), HStR, Band V, § 111, Rn. 85.

383 Vgl. Isensee in: Isensee/Kirchhof (Hrsg.), HStR, Band V, § 111, Rn. 85.

384 Eine ähnliche Zusammenfassung liefert Steinberg, NJW 1996, 1985, 1988 f.

385 Klein, NJW 1989, 1633, 1633.

386 Pieroth/Schlink, Staatsrecht II, Rn. 92.

tive und Judikative können in diesem Sinne zum Schutz verpflichtet sein.[387] Für diese bedarf es jedoch zunächst eines die Schutzpflicht auslösenden Gesetzes, da die staatsgerichtete Schutzpflicht im Verhältnis zum nichtstaatlichen Störer nicht verfassungsunmittelbar gilt.[388]

Dem Staat kommt bei der Wahrnehmung der Schutzpflicht ein weiter Ermessensspielraum zu, der allerdings immer weiter abnimmt, je höher der Rang des infrage stehenden Rechtsgutes innerhalb der Werteordnung des Grundgesetzes anzusehen ist.[389] Zudem obliegt es dem Staat in dieser Abwägung, die Wahrscheinlichkeit der Realisierung einer Gefahr und ihre Beherrschbarkeit zu berücksichtigen.[390]

bb) Staatspflicht zum Umweltschutz; Staatsaufgabe Sicherheit

Begründet man die Staatspflicht zum Umweltschutz mit dem Ansatz einer „Staatsaufgabe Sicherheit", bestehen dieselben, wie folgt zu konkretisierenden Voraussetzungen für ihr Entstehen: Zunächst muss ein Eingriff oder die Gefahr eines Eingriffs in ein Freiheitsrecht – gleich welches – durch einen „Privaten" vorliegen.[391] Der Eingriff muss, gemessen an der verfassungsrechtlichen Ordnung, rechtswidrig sein, wobei Maßstab das Gewaltverbot und das Schädigungsverbot sein sollen.[392]

Besteht oder droht ein solcher Eingriff, ist der Staat objektivrechtlich verpflichtet, den Eingriff bzw. die Gefahr abzuwehren; der Eingriff oder dessen Gefahr lösen damit die staatliche Pflicht aus und steuern sie.[393] Dies gilt aber allein dann, wenn der Inhaber des angegriffenen Rechts sich nicht hinreichend allein schützen kann, wenn er also ohne staatliche Hilfe chancenlos gestellt würde.

Seine Pflicht erfüllt der Staat, indem er dem Schutzbedarf genügende Rechtsvorschriften erlässt und diese durch die Exekutive sowie Judikative „vollzieht".[394] Da die Schutzpflicht den Staat beauftragt, nicht ermächtigt, muss er bei seiner Aufgabenerfüllung im Rahmen der verfassungsmäßigen Kompetenzen verbleiben.[395] Dabei gewährt ihm die Verfassung ein Gestaltungsermessen, wie er sei-

387 Klein, NJW 1989, 1633, 1633.

388 Möstl, DÖV 1998, 1027, 1027.

389 BVerfGE 77, 170 (214 f.); 79, 174 (202); BVerfG, NJW 1996, 651; BVerfGE 85, 191 (212); BVerfG, NJW 1998, 2961, 2962; Sodan, NVwZ 2000, 601, 604; Klein, NJW 1989, 1633, 1634; Steinberg, NJW 1996, 1985, 1987 f.

390 Bzgl. elektromagnetischer Felder/Mobilfunk: Blümel/Pfeil, VerwArch 85 (1994), S. 451, 460 f.

391 Isensee in: Isensee/Kirchhof (Hrsg.), HStR, Band V, § 111, Rn. 89.

392 Isensee in: Isensee/Kirchhof (Hrsg.), HStR, Band V, § 111, Rn. 89.

393 Isensee in: Isensee/Kirchhof (Hrsg.), HStR, Band V, § 111, Rn. 90.

394 Isensee in: Isensee/Kirchhof (Hrsg.), HStR, Band V, § 111, Rn. 90.

395 Isensee in: Isensee/Kirchhof (Hrsg.), HStR, Band V, § 111, Rn. 90.

ner Aufgabenerfüllung nachkommt.[396] Das Gestaltungsermessen muss der Staat an der Schwere des gefährdeten Rechtsgutes der betroffenen Grundrechtsträger ausrichten.

Zuletzt kann aus dem Ansatz eines auf den Staatszweck zurückgehenden Grundrechtsgewährleistungsschutzes eine Subsidiarität der staatlichen Schutzpflicht entnommen werden.[397] Erst wenn der Bürger einen Eingriff in seine Schutzgüter nicht selbst abwehren kann, muss der Staat eingreifen. Denn der Staat wurde allein geschaffen, um die Freiheit der Bürger zu sichern. Solange die Bürger sich ihre Freiheit selbst bewahren können, bedarf es des Staates nicht; dieser findet seinen Zweck darin, den hilflosen Bürger zu schützen. In diesem Zusammenhang ist auf einen weiteren Aspekt hinzuweisen: Bei der abwägenden Beurteilung („Gestaltungsfreiheit") kann sich der Staat an der Maxime des „non fit iniuria" orientieren, d. h. je stärker (echte) Freiwilligkeit Beziehungen zwischen den Einzelnen trägt, desto weniger darf der Staat die grundrechtlichen Rechtsgüter in dieser Beziehung zur Geltung bringen.[398] Der Staat ist nämlich gegenüber den Einzelnen wiederum gemäß Art. 2 Abs. 1 GG und damit zur Achtung der Privatautonomie verpflichtet.[399] Er würde bei einem diese Freiheit missachtenden Schutz gerade wiederum rechtswidrig in Verfassungsrechte der Grundrechtsträger eingreifen.[400]

Die Staatspflicht zum Umweltschutz stellt damit den grundsätzlichen Vorrang der Freiheit der Einzelnen nicht infrage. Soweit diese aus dem Konstrukt des Grundrechtsvoraussetzungsschutzes hergeleitet wird, ist die Subsidiarität negative Voraussetzung der Staatspflicht: Sie setzt erst ein, wenn der Einzelne allein nicht mehr eigenverantwortlich für eine Interessenwahrung Sorge tragen kann.

3. Landesverfassungsrechtliche Bestimmungen zu Staatspflichten

Im Vergleich zum Grundgesetz enthalten zahlreiche Landesverfassungen viel konkretere umweltspezifische Bestimmungen. Diese Bestimmungen sehen teilweise subjektive Ansprüche, teilweise objektive Schutzpflichten vor. Auch für diese gilt es, die Auswirkungen auf das Verhältnis zwischen Staat und Einzelnen zu klären und zu ermitteln, ob hieraus eine den Freiheiten des Einzelnen gleichrangige oder sogar vorrangige Staatspflicht erwächst.

396 Isensee in: Isensee/Kirchhof (Hrsg.), HStR, Band V, § 111, Rn. 90.
397 Vgl. Isensee in: Isensee/Kirchhof (Hrsg.), HStR, Band V, § 111, Rn. 90.
398 Klein, NJW 1989, 1633, 1636; vgl. auch Möstl, DÖV 1998, 1027, 1036.
399 Klein, NJW 1989, 1633, 1636; Möstl, DÖV 1998, 1027, 1036.
400 Klein, NJW 1989, 1633, 1636.

Dazu sind die Regelungen auf ihren Normengehalt zu untersuchen, um sie dann in Beziehung zu den Freiheiten der Einzelnen zu setzen. Die Darstellung darf sich dabei auf solche Regelungen beschränken, die einen ausdrücklichen Bezug zum Umweltschutz aufweisen. Einer Herleitung aus allgemeinen landesverfassungsrechtlichen Grundrechten bedarf es nicht. Zwar können dieselben Überlegungen wie im Rahmen des aus dem Grundgesetz folgenden Grundrechtsvoraussetzungsschutzes angestrengt werden – Neues gegenüber den oben genannten Ergebnissen folgt hieraus aber nicht.

a) Art. 141 Abs. 1 und 3 Satz 1 BayVerf

Art. 141 Abs. 1 BayVerf sieht zunächst eine mit Art. 20 a GG vergleichbare Regelung vor, die sich – ohne wesentlich Neues zu präsentieren – um eine konkretere Umschreibung des Auftrages an den Staat bemüht, die allgemeinen Lebensgrundlagen zu schützen. Art. 141 Abs. 1 BayVerf stellt dabei ebenso wie Art. 20 a GG eine Staatszielbestimmung dar.[401] Bemerkenswert hieran und gegenüber Art. 20 a GG qualitativ anders ist, dass nach Satz 2 der Vorschrift der Umweltschutz zu den „vorrangigen Aufgaben" des Staates zählt. Aber auch das Wort „vorrangig" verdeutlicht allein die hohe Bedeutung des Gutes. Zugleich zeigt es – wie für eine Staatszielbestimmung üblich –, dass neben dem Schutzgut weitere wichtige Belange durch den Staat zu berücksichtigen und hiermit in gerechten Ausgleich zu bringen sind.[402] Dabei kommt der Legislative ein weiter Gestaltungsspielraum zu.[403]

Durch die Einordnung der Staatszielbestimmung in die übrige landesverfassungsrechtliche Ordnung über das Wort „vorrangig" wird auch das Verhältnis zu den landesverfassungsrechtlichen Grundrechten geklärt. Der BayVerfGH liest das Wort zu Recht in der Weise, dass hiermit kein absoluter Vorrang vor anderen Verfassungsgütern gemeint ist, sondern vielmehr ein Appell, das Staatsziel immer angemessen zu berücksichtigen. Ein Vorrang gegenüber den landesverfassungsrechtlichen Grundrechten liegt hierin nicht.[404]

Dann gilt jedoch das für Art. 20 a GG Ausgeführte für Art. 141 Abs. 1 BayVerf entsprechend: Die Staatszielbestimmung des Art. 141 Abs. 1 BayVerf stellt den grundsätzlichen Vorrang der individuellen Freiheit nicht infrage.

---

401 BayVerfGH, NVwZ 1986, 633, 633.
402 BayVerfGH, BayVBl 1985, 523, 527.
403 BayVerfGH, NVwZ 1986, 633, 635 f.
404 Vgl. für das Eigentum: BayVerfGH, NVwZ 1986, 633, 634.

Art. 141 Abs. 3 Satz 1 BayVerf gewährleistet nach der ständigen Rechtsprechung des BayVerfGH ein Grundrecht auf den Genuss der Naturschönheiten sowie auf Erholung in der Natur.[405] Dagegen verbürgt die Vorschrift weder ein subjektives Abwehrrecht gegen hoheitliche naturschädigende Maßnahmen oder auf Erhaltung des status quo für bestimmte Landschaftsgebiete.[406] Zurzeit erwächst für den Staat hieraus keine Pflicht zu bestimmten umweltschützenden Maßnahmen.[407] Das Ergebnis zum Verhältnis von staatlicher Aufgabenwahrnehmung und der Freiheit Einzelner erfährt damit auch durch Art. 141 Abs. 3 Satz 1 BayVerf keine Relativierung. Bayern erhält durch die Vorschrift keinen den Landesgrundrechten gegenüber vorrangigen Auftrag.

b) Art. 40 Abs. 3 BbgVerf

Art. 40 Abs. 3 der Brandenburgischen Verfassung statuiert eine staatliche Pflicht, der Allgemeinheit den Zugang zur Natur offen zu halten und gegebenenfalls zu eröffnen. Hier gilt Ähnliches wie zu Art. 141 Abs. 3 BayVerf: Zwar enthält Art. 40 Abs. 3 BbgVerf ein Grundrecht des Einzelnen auf Zugang zur Natur. Auch verpflichtet die Vorschrift den Staat objektiv, dieses zu gewährleisten. Damit ist indes noch nicht gesagt, wie der Staat seiner Pflicht nachkommen muss. Art. 40 Abs. 3 BbgVerf kann nicht dahingehend verstanden werden, dass der Staat verpflichtet ist, den Zugang zu bestimmten Gebieten aufrechtzuerhalten oder zu eröffnen. Der Staat muss nur für eine grundsätzliche Zugangsmöglichkeit Sorge tragen.[408]

Eine weitere Relativierung dessen folgt aus dem in der Vorschrift vorgesehenen Vorbehalt der Beachtung der Grundsätze für den Schutz der natürlichen Umwelt. Wie der Staat seiner grundsätzlichen Pflicht, einen Zugang zur Natur zu wahren, nachkommt und für welche bestimmten Landschaftsgebiete dies Geltung besitzt, besagt Art. 40 Abs. 3 BbgVerf im Ergebnis nicht. Auch hier erhält der Staat damit keinen bestimmten, konkret umrissenen Auftrag, der den individuellen Freiheiten vorginge, sondern lediglich einen solchen, der in Ansehung und Berücksichtigung übriger Freiheiten zu erfüllen ist. Brandenburg kommt damit keine den Grundrechten gegenüber vorrangige Aufgabe zu.

---

405 BayVerfGHE 28, 107 (122); 29, 181 (183); 30, 152 (159); 31, 198 (207); 32, 92 (97); 32, 130 (137).

406 BayVerfGH, BayVBl 1985, 683 ff.; BayVerfGH, NJW 1986, 1096 ff.; Kloepfer, Umweltrecht, § 3, Rn. 14.

407 BayVerfGH, NVwZ 1986, 633, 634; Kloepfer, Umweltrecht, § 3, Rn. 14.

408 Vgl. Kloepfer, Umweltrecht, § 3, Rn. 14.

c) Art. 10 SächsVerf

Art. 10 Abs. 1 der sächsischen Verfassung beinhaltet zunächst wiederum eine dem Art. 20 a GG vergleichbare Staatszielbestimmung.[409] Art. 10 Abs. 1 SächsVerf enthält keinen ausdrücklichen Vorbehalt, nach dem die Schutzpflicht in die übrige Verfassungsordnung im Wege eines Beachtungsgebotes einzugliedern ist. Allerdings verdeutlicht das Wort „hinwirken" den programmatischen Charakter der Norm. Zudem beinhaltet Art. 10 Abs. 1 SächsVerf lediglich eine Staatszielbestimmung, ohne zugleich von sich aus bestimmte Handlungsbefugnisse zu statuieren. Damit bedürfen staatliche Maßnahmen auf der Grundlage der Staatszielbestimmung einer eigenen Eingriffsgrundlage.[410] Innerhalb dieser kommt ihr abwägungslenkende Wirkung zu, erlangt aber keine den Grundfreiheiten vorrangige Bedeutung.[411]

Ein bloßes Bekenntnis, jedoch kein Grundrecht, beinhaltet Art. 10 Abs. 3 SächsVerf.[412] Danach wird ein Recht auf Genuss der Natur anerkannt, ebenso wie ein Recht der Allgemeinheit auf Zugang zur Natur. Bereits die systematische Stellung spricht gegen die Annahme, es handele sich hierbei um ein subjektives Grundrecht, da Art. 10 Abs. 3 SächsVerf im Abschnitt 1 – Grundlagen des Staats –, nicht in Abschnitt 2 – Grundrechte – verortet ist.[413] Aber auch die Formulierung der Bestimmung gibt keinen Hinweis auf ein subjektives Recht, da sie sich auf ein Recht der Allgemeinheit bezieht.[414]

Letztlich beinhaltet Art. 10 Abs. 3 SächsVerf ein Gebot, die angesprochenen Belange im Rahmen der staatlichen Maßnahmen zu berücksichtigen.[415] Eine den Grundrechten übergeordnete Staatspflicht liegt hierin dagegen nicht.

d) Die übrigen Landesverfassungen

Auch die Umweltschutzregelungen in den übrigen Landesverfassungen stellen den grundsätzlichen Vorrang der Grundfreiheiten und die Subsidiarität staatlicher Aufgabenwahrnehmung nicht infrage. Sie enthalten wiederum allgemeine Staats-

---

409 SächsVerfGH, LKV 1997, 251, 251; LKV 1995, 399, 399 f.; Degenhart, LKV 1993, 33, 34.

410 Degenhart, LKV 1993, 33, 35.

411 SächsVerfGH, LKV 1995, 399, 399 f.; vgl. Sacksofsky, NVwZ 1993, 235, 238; Degenhart, LKV 1993, 33, 35.

412 SächsVerfGH, LKV 1997, 251, 251; Degenhart, LKV 1993, 33, 35.

413 SächsVerfGH, LKV 1997, 251, 251; Degenhart, LKV 1993, 33, 35.

414 SächsVerfGH, LKV 1997, 251, 251; Degenhart, LKV 1993, 33, 35.

415 SächsVerfGH, LKV 1997, 251, 251.

zielbestimmungen, die lediglich ein Beachtungsgebot statuieren, keine vorrangige Staatspflicht.

So sieht Art. 29 Abs. 2 der nordrhein-westfälischen Verfassung beispielsweise ausdrücklich vor, dass die Belange des Umweltschutzes in einen Ausgleich mit sonstigen öffentlichen und privaten Belangen zu bringen sind.[416] Ähnliches gilt für die Staatszielbestimmung des Art. 35 Abs. 1 und 3 der Verfassung von Sachsen-Anhalt,[417] der gleich mehrfach davon spricht, dass der Staat (nur) auf den Schutz hinzuwirken habe, „soweit dies möglich ist",[418] für die Staatszielbestimmung des Art. 69 der rheinland-pfälzischen Verfassung[419] („hinwirken"), ebenso wie für Art. 31 der thüringischen Verfassung („hinwirken"),[420] Art. 12 der mecklenburg-vorpommerischen Verfassung[421] und Art. 65 Abs. 1 der bremischen Verfassung („bekennen"). Aber auch die Staatszielbestimmung des Art. 31 der Berliner Verfassung, der keinen solchen ausdrücklichen Vorbehalt formuliert, regelt mehr als ein bloßes Beachtungsgebot enthaltendes Staatsziel.[422] Ferner wird in Art. 1 Abs. 2 der niedersächsischen Verfassung das Staatsziel des Schutzes der natürlichen Lebensgrundlagen gleichberechtigt in andere Staatsaufgaben eingereiht, ohne eine den Grundrechten vorrangige Befugnis für staatliche Aufgabenwahrnehmung zu statuieren.[423] Nichts anderes gilt für die weiteren Verfassungsvorschriften der Länder, die eine Staatszielbestimmung „Umweltschutz" betreffen.

4. Europarechtliche Staatspflichten zum Umweltschutz

Eine immer größere Bedeutung kommt dem europäischen Umweltschutz zu.[424] Das EG-Recht verpflichtet die Mitgliedstaaten.[425] Darüber hinaus existieren EG-Normen, die unmittelbar im Mitgliedstaat gelten, die also nicht nur den Mitgliedstaat verpflichten, sondern direkt auch unter den Bürgern wirken, wobei der Staat

---

416 Zur Funktion als Abwägungskriterium: vgl. NRWVerfGH, NVwZ 1990, 456, 459.

417 Vgl. Kilian, LKV 1993, 73, 76.

418 Vgl. Sacksofsky, NVwZ 1993, 235, 238.

419 RhPfVerfGH, NVwZ 2001, 553, 556, der ein hohes gesetzgeberisches Gestaltungsermessen einräumt; Jutzi, NJW 2000, 1295, 1296.

420 Neumann, LKV 1996, 392, 395; vgl. Hönes, LKV 2003 7, 8.

421 Vgl. Hölscheidt, v. Wiese, LKV, 393, 396 (noch zu Art. 10 des Verfassungsentwurfs); vgl. auch Sacksofsky, NVwZ 1993, 235, 238.

422 Vgl. Pestalozza, LKV 1995, 345, 347.

423 Berlit, NVwZ 1994, 11, 14.

424 Kloepfer, NVwZ 2002, 645, 645.

425 Im Einzelnen: siehe sogleich sowie die Darstellung bei Nettesheim in: Grabitz/Hilf, Europarecht, Art. 249 EGV, Rn. 2 ff.; Jarass, Beljin, NVwZ 2004, 1, 3.

diesen Regelungen genügen muss.[426] Im Kollisionsfall zwischen europäischem und deutschem Umweltschutzrecht kommt bei einer unmittelbaren Wirkung des EG-Rechts diesem nach der Rechtsprechung des Europäischen Gerichtshofs ein sogenannter Anwendungsvorrang zu.[427] Der Anwendungsvorrang hat keine Unwirksamkeit des nationalen Rechts zur Folge, sondern bedeutet, dass im Kollisionsfall die nationale Norm zurücktritt.[428] Ein solcher Kollisionsfall entsteht, wenn eine im Mitgliedstaat unmittelbar anwendbare Gemeinschaftsnorm in Widerspruch zu einer gültigen nationalen Norm gerät.[429] In diesem Fall ist der Staat zur Anwendung des EG-Rechts, nicht des nationalen Rechts verpflichtet.

Sehen nun den Mitgliedstaat verpflichtende EG-Normen oder unmittelbar in einem Staat anwendbare Gemeinschaftsrechtsnormen eine Staatspflicht zum Umweltschutz vor, könnte diese Pflicht eine gleichwertige oder sogar vorrangige Staatspflicht gegenüber den Grundfreiheiten bedeuten, wenn und soweit auch diese zurücktreten müssten. Dann könnte für diese Fälle eine Subsidiarität staatlicher Aufgabenwahrnehmung zu verneinen sein. Deshalb bedarf es nachfolgend einer näheren Darstellung, welche Kollisionsfälle denkbar und wie diese verfassungs- und europarechtskonform aufzulösen sind.

a) Primärrecht

Zum primären Gemeinschaftsrecht zählen zunächst die Gemeinschaftsverträge, nämlich der Vertrag zur Gründung der Europäischen (Wirtschafts-) Gemeinschaft (EGV) und der Vertrag zur Gründung EAG einschließlich der Vertragsänderungen und -Ergänzungen nebst ihrer Anhänge und Protokolle (vgl. Art. 311 EGV).[430] Als Primärrecht lassen sich auch die in den EUV geregelten Bereiche der Art. 11–28 EUV (Gemeinsame Außen- und Sicherheitspolitik [„GASP"]) und der Art. 29–45 EUV (polizeiliche und justizielle Zusammenarbeit) bezeichnen.[431] Diese betreffen indes lediglich Regelungen auf (einfacher) völkerrechtlicher Basis. Nachfolgend

---

426 Jarass, Beljin, NVwZ 2004, 1, 2 ff.; Nettesheim in: Grabitz/Hilf, Europarecht, Art. 249 EGV, Rn. 28.

427 EuGH, Slg. 1964, 1251 (1270); Slg. 1978, 629 ff; Slg. 1980, 2559 ff.; Slg. 1991, I-415 Rn. 26; Slg. 1996, I-1029 Rn. 33 = NJW 1996, 1267; Jarass, Beljin, NVwZ 2004, 1, 1; Nettesheim in: Grabitz/Hilf, Europarecht, Art. 249 EGV, Rn. 37 ff.

428 Oppermann, Europarecht, § 7, Rn. 12; Jarass, Beljin, NVwZ 2004, 1, 4.

429 Jarass, Beljin, NVwZ 2004, 1, 3.

430 Nettesheim in: Grabitz/Hilf, Europarecht, Art. 249 EGV, Rn. 9–10; der EGKS-Vertrag von 1951 („Montanunion"), zählte bis zu seinem außer Kraft treten am 24.7.2002 ebenfalls hierzu, Oppermann, Europarecht, § 6, Rn. 13.

431 Nettesheim in: Grabitz/Hilf, Europarecht, Art. 249 EGV, Rn. 9.

geht es allerdings um das Gemeinschaftsrecht.[432] Darüber hinaus zählen zum Primärrecht das ungeschriebene Primärrecht sowie die Grund- und Menschenrechte der EU.[433]

Ein großer Anteil der Primärrechtsnormen betrifft zunächst die Kompetenz- und Organisationsregelungen der Gemeinschaft. Überdies enthält der Vertrag Pflichten für die Mitgliedstaaten, beispielsweise Art. 4 i. V. m. Art. 2 EGV, der die Verwirklichung des gemeinsamen Marktes gemeinsam mit der EG thematisiert.

Für das Umweltrecht enthält der EGV im Wesentlichen Vorschriften in den Art. 2, 3 Abs. 1 lit. l, 6, 95, 174–176 EGV. Dabei betreffen die Art. 2, 3 Abs. 1 lit. l, 6 EGV lediglich einen allgemeinen Handlungsauftrag an die Gemeinschaft und die Mitgliedstaaten – vereinfacht – zum nachhaltigen Umweltschutz in Form eines „Verfassungsziels".[434] Diese entfalten lediglich – ähnlich einer nationalen Staatszielbestimmung – bei einer Abwägung verschiedener Interessen als „Berücksichtigungsgebot" Wirkung, schreiben jedoch kein bestimmtes umweltschützendes Verhalten vor.[435] Solange und soweit auf dieser Grundlage kein Gemeinschaftsrecht oder nationales Recht entsteht, ist der Mitgliedstaat diesbezüglich frei bei seiner Entscheidung, wie er dem Ziel nachkommt.[436]

Sonach verpflichten die Art. 2, 3 Abs. 1 lit. l, 6 EGV zwar den Mitgliedstaat. Da ihm aber eine Gestaltungsfreiheit zukommt, hindert ihn dies nicht daran, weitere Rechtsinteressen, wie die Freiheitsrechte Einzelner, zu berücksichtigen. Die Subsidiarität seiner Aufgabenwahrnehmung steht nicht infrage.

Ähnliches gilt für Art. 95 EGV, der den Ablauf der durch die Gemeinschaft zu verfolgenden Binnenharmonisierung auf verschiedenen Rechtsgebieten näher umschreibt. Art. 95 EGV selbst enthält noch keine konkrete Pflicht für einen Mitgliedstaat.[437]

Art. 174 EGV formuliert nun die Umweltschutzziele der Gemeinschaft, ebenfalls ohne eine Festlegung auf ganz konkrete Pflichten der Gemeinschaft.[438] Art. 175 EGV regelt sodann das Rechtsetzungsverfahren zur Umsetzung der in Art. 174

---

432 Abermals zur Klarstellung der Begriffe „EU" und „EG": Jeske, NJW 2001, 1986 ff.

433 Oppermann, Europarecht, § 6, Rn. 15 ff. und 26 ff.

434 Scheuing, NVwZ 1999, 475, 475 f.; Heselhaus, EuZW 2001, 645, 648; v. Bogdandy in: Grabitz/Hilf, Europarecht, Art. 2 EGV, Rn. 2 ff.; 5; v. Bogdandy in: Grabitz/Hilf, Europarecht, Art. 3 EGV, Rn. 2–3.

435 Heselhaus, EuZW 2001, 645, 648; v. Bogdandy in: Grabitz/Hilf, Europarecht, Art. 2 EGV, Rn. 2ff; 5; v. Bogdandy in: Grabitz/Hilf, Europarecht, Art. 3 EGV, Rn. 2–3.

436 Vgl. v. Bogdandy in: Grabitz/Hilf, Europarecht, Art. 2 EGV, Rn. 53; wobei ihn aber durchaus eine „Förderungspflicht" trifft, die er freilich weit auslegen darf – vgl. Heselhaus, EuZW 2001, 645, 648.

437 Oppermann, Europarecht, § 18, Rn. 15.

438 Oppermann, Europarecht, § 29, 7; Faßbender, NVwZ 2005, 1122, 1127 f.; Evtimov, WiRO 2002, 225, 226.

EGV bestimmten Ziele.[439] Für die Mitgliedstaaten enthält er nur in seinem Abs. 4 eine (klarstellende) Pflicht: Die Mitgliedstaaten müssen Umweltschutzpolitik finanzieren und durchführen. Art. 176 EGV enthält schließlich, in teilweisem Widerspruch zum Harmonisierungsgedanken, eine Öffnungsklausel, die es den Mitgliedstaaten erlaubt, strengere Umweltschutzmaßnahmen zu erlassen bzw. beizubehalten.[440] Ähnliches gilt für Art. 95 Abs. 4 EGV, der ebenfalls „nationale Alleingänge" zulässt.[441]

Danach verpflichtet der Titel XIX des EGV („Umwelt") ebenso wie die Art. 2, 3 Abs. 1 lit. l, 6 EGV den Mitgliedstaat noch nicht zu einer ganz bestimmten Maßnahme. Der allgemeine Handlungsauftrag erlaubt (noch) ein weites Gestaltungsermessen, das eine Berücksichtigung anderer Rechtsgüter zulässt.[442] Hier genießen die Mitgliedstaaten Freiheit. Erst mit bestimmten, aufgrund des Art. 175 EGV oder der Art. 94, 95 EGV erlassenen Rechtsvorschriften können genau festgelegte Pflichten des Mitgliedstaates einsetzen. Solange dem Mitgliedstaat aber eine solche Gestaltungsfreiheit zukommt, wird die aus der bundesdeutschen Verfassung hergeleitete Subsidiarität nicht infrage gestellt.

Als Zwischenergebnis lässt sich festhalten, dass die Verpflichtung Deutschlands aus dem EGV selbst hinsichtlich des Umweltschutzrechtes noch unter dem Vorbehalt konkreter Einzelbestimmungen steht. Solange solche noch fehlen, bleibt dem Staat sein Gestaltungsspielraum und die Subsidiarität wird nicht durch Zwänge des Primärrechts infrage gestellt.

b) Verordnungen, Art. 249 Abs. 2 EGV

Die Verordnungen der Gemeinschaft nach Art. 249 Abs. 2 EGV entfalten unmittelbare Wirkung in den Mitgliedstaaten; sie berechtigen und verpflichten den Staat und seine Bürger gleichermaßen:[443]

„Allgemeine Geltung" bedeutet dabei eine abstrakt generelle Geltung in allen Mitgliedstaaten.[444] Die abstrakt generelle Wirkung gleicht damit dem Rechtssatz im deutschen Recht. „In allen Teilen verbindlich" meint, dass jeder, der von einer Verordnung tatbestandsmäßig erfasst wird, die Regelungen befolgen muss bzw.

439 In Bezug auf Planungsinstrumente: Faßbender, NVwZ 2005, 1122, 1127.

440 Jarass, NVwZ 2000, 529 ff.

441 Umfassend zu den Anforderungen des Art. 95 Abs. 4 EGV: Bücker/Schlacke, NVwZ 2004, 62 ff.

442 Vgl. Heselhaus, EuZW 2001, 645, 648.

443 Oppermann, Europarecht, § 6, Rn. 77.

444 St. Rspr. EuGH, Slg. 1968, 611, 621; 1985, 257, 271; Nettesheim in: Grabitz/Hilf, Europarecht, Art. 249 EGV, Rn. 119.

sich hierauf berufen kann.[445] Dies können Einzelpersonen, Mitgliedstaaten, aber auch die Gemeinschaft selbst sein.[446] Außerdem ergibt sich hieraus ihre Gesamtgeltung und unmittelbare Anwendbarkeit in den Mitgliedstaaten – eines einzelstaatlichen Umsetzungsaktes bedarf es nicht.[447] Nur ausnahmsweise enthalten Verordnungen einen Handlungsauftrag an den Mitgliedstaat, wie beispielsweise im Falle des Art. 4 Öko-Audit-Verordnung,[448] wonach die nationalen Gesetzgeber ein System für die Zulassung und Kontrolle unabhängiger Umweltgutachter schaffen müssen.[449]

Gegenüber der Vielzahl von gemeinschaftsrechtlichen Richtlinien schuf die EG verhältnismäßig wenige Verordnungen auf dem Gebiet des Umweltschutzrechts.[450] Beispiele für Verordnungen der Gemeinschaft auf dem Gebiet des Umweltschutzrechts sind u. a. die vorgenannte Öko-Audit-Verordnung,[451] die Verordnung über die freiwillige Beteiligung gewerblicher Unternehmen an einem Gemeinschaftssystem für das Umweltmanagement und die Umweltbetriebsprüfung[452] oder die Abfallverbringungsverordnung.[453]

Wenn nun eine Verordnung unmittelbar gilt und den Staat oder seine Einwohner zu einem ganz bestimmten Verhalten verpflichtet, ohne jeglichen Entscheidungsraum offen zu lassen, bleibt unter der Prämisse des Anwendungsvorrangs kein Raum für damit im Widerspruch stehende staatliche Maßnahmen. Soweit die Verordnung bestimmte, fest umrissene Pflichten und Befugnisse regelt, bleibt für eine Subsidiarität staatlicher Aufgabenwahrnehmung aus mitgliedstaatlicher Sicht kein Raum mehr. Verpflichtungen aufgrund einer Verordnung muss der Staat nachkommen.

Etwas anderes kann nur in Ausnahmefällen gelten, zwar nicht nach der Rechtsprechung des EuGH, wohl aber nach der – zutreffenden – Rechtsprechung des Bundesverfassungsgerichts:

---

445 St. Rspr.: EuGHE 1977, 797 ff.; 1981, 693 ff.

446 Nettesheim in: Grabitz/Hilf, Europarecht, Art. 249 EGV, Rn. 118.

447 EuGH, Slg. 1973, 981, 990; 1978, 2429, 2444; Jarass, Beljin, NVwZ 2004, 1, 5.

448 Verordnung (EG) Nr. 761/2001 über die freiwillige Beteiligung von Organisationen an einem Gemeinschaftssystem für das Umweltmanagement und die Umweltbetriebsprüfung (EMAS) vom 19.3.2001, ABlEG Nr. L 114, S. 1.

449 Langerfeldt, NVwZ 2002, 1156, 1157; Jarass, Beljin, NVwZ 2004, 1, 7.

450 Umfassend zu den Gründen: Kotulla, Europarecht 26 (2001), 522 ff.

451 Verordnung (EG) Nr. 761/2001 über die freiwillige Beteiligung von Organisationen an einem Gemeinschaftssystem für das Umweltmanagement und die Umweltbetriebsprüfung (EMAS) vom 19.3.2001, ABlEG Nr. L 114, S. 1.

452 Verordnung (EG) Nr. 1836/93 des Rates vom 29.7.1993 über die freiwillige Beteiligung gewerblicher Unternehmen an einem Gemeinschaftssystem für das Umweltmanagement und die Umweltbetriebsprüfung, ABlEG Nr. L 168 v. 10.7.1993, S. 93

453 Verordnung (EG) ABlEG 1993, Nr. L 30, S. 1, zuletzt geändert durch Verordnung (EG) Nr. 120/97, ABlEG 1997, Nr. L 22, S. 14.

Für einfache deutsche Gesetze bestätigt das Bundesverfassungsgericht die Ansicht des EuGH, wonach dem EG-Recht ein Anwendungsvorrang im Kollisionsfall zukommt.[454] Durch die Ratifizierung des EG-Vertrags sei in Übereinstimmung mit Art. 24[455] Abs. 1 GG eine eigenständige Rechtsordnung entstanden, indem die Bundesrepublik Deutschland insoweit Hoheitsrechte auf die EG übertragen habe.[456] Infolgedessen hätten Gerichte und die Verwaltung das Gemeinschaftsrecht anzuwenden, im Kollisionsfall würden nationale Regelungen verdrängt (sind also nicht anzuwenden).[457]

Hinsichtlich einer Kollision zwischen Gemeinschaftsrecht und deutschem Verfassungsrecht sieht das Bundesverfassungsgericht allerdings – zurzeit allein theoretische, keine praxisrelevanten – Grenzen.[458] Ausgangspunkt ist die Grenze der Übertragbarkeit von Hoheitsrechten, die sich in den Art. 23 Abs. 1, 24 Abs. 1 GG i. V. m. Art. 79 Abs. 3 GG findet.[459] Demnach ermächtigen diese Artikel nicht dazu, die Identität der geltenden Verfassungsordnung in ihrem Grundgefüge aufzugeben.[460] Die Übertragung kann also nur so weit gehen, wie die Ermächtigung reicht.[461]

Maßgebend entwickelte das Bundesverfassungsgericht diese Ansicht in seinem – viel kritisierten[462] – *„Solange I Beschluss“* aus dem Jahre 1974.[463] Die Übertragung von Hoheitsrechten und der damit zusammenhängende Wegfall von Rechtsschutz gegenüber Gemeinschaftsakten gemäß Art. 24 Abs. 1 GG setze einen gleichwertigen Grundrechtsschutz auf Gemeinschaftsebene voraus, der nach Inhalt und Wirksamkeit im Wesentlichen dem Schutz entspricht, den das Grundgesetz gebietet.[464] Für den damaligen Zeitpunkt entschied das Bundesverfassungsgericht zum Grundrechtsschutz auf Gemeinschaftsebene, dass das Gemeinschaftsrecht noch nicht so weit fortgeschritten sei, um einen diesen Grundsätzen genügenden Grundrechtsschutz in jedem Einzelfall zu gewährleisten.[465]
Später, im sogenannten *„Solange II Beschluss“*,[466] bekräftigte das Bundesverfassungsgericht seinen rechtsdogmatischen Ansatz, wonach die Grundstruktur der

454 Nettesheim in: Grabitz/Hilf, Europarecht, Art. 249 EGV, Rn. 44.
455 Beachte heute auch: Art. 23 GG.
456 BVerfGE 31, 145 (173); Nettesheim in: Grabitz/Hilf, Europarecht, Art. 249 EGV, Rn. 44.
457 BVerfGE 31, 145 (173).
458 Nettesheim in: Grabitz/Hilf, Europarecht, Art. 249 EGV, Rn. 44.
459 Vgl. Hirsch, NJW 1996, 2457, 2466.
460 BVerfGE 37, 271 (277); 73, 399 (375).
461 Gersdorf, DVBl 1994, 674, 678.
462 Nettesheim in: Grabitz/Hilf, Europarecht, Art. 249 EGV, Rn. 46 m. w. N.
463 BVerfGE 37, 271 ff.
464 BVerfG, NJW 1974, 1697, 1698 f. (= BVerfGE 37, 271 ff.).
465 BVerfG, NJW 1974, 1697, 1699 (= BVerfGE 37, 271 ff.).
466 BVerfGE 73, 339 ff.

Verfassung die Übertragung von Hoheitsbefugnissen begrenze. Die *generelle* Gewährleistung eines der Verfassungsordnung genügenden Grundrechtsschutzes sah das Bundesverfassungsgericht nun aber – grundsätzlich – als erfüllt an.[467] Solange das Gemeinschaftsrecht diesen Anforderungen genüge und der EuGH hierüber ausreichend wache, werde das Bundesverfassungsgericht von einer Kontrolle absehen und Gemeinschaftsakte[468] nicht mehr anhand der bundesdeutschen Grundrechte prüfen.[469] Dabei genüge ein genereller Schutz; „Lücken" seien hinzunehmen, solange dadurch die Grundstruktur des Grundgesetzes nicht infrage gestellt werde.[470] Das Bundesverfassungsgericht hat mit diesem Beschluss einen grundsätzlichen Vorrang (sekundären) Gemeinschaftsrechts auch vor den Grundrechten des Grundgesetzes anerkannt.[471]

In seinem *„Maastricht-Urteil"*[472] hat das Bundesverfassungsgericht noch einmal seine Zuständigkeit für die Überwachung des unabdingbaren bundesdeutschen Grundrechtsschutzes nach dem Grundgesetz bekräftigt. Hierbei hat es sein „Kooperationsverhältnis" mit dem EuGH besonders hervorgehoben, wonach der EuGH den Grundrechtsschutz in jedem Einzelfall prüfe und sich das Bundesverfassungsgericht auf eine Kontrolle der unabdingbaren Grundrechtsstandards beschränke.[473] Neu gegenüber den Entscheidungen zu *„Solange I und II"* war dabei, dass das Gericht jetzt von einem direkten Geltungsanspruch der Grundrechte gegenüber Gemeinschaftsakten ausging und keine „Vermittlung" über die Tätigkeit eines deutschen Staatsorgans mehr für erforderlich hielt.[474]

Auch im sogenannten *„Bananenmarkt-Beschluss"*[475] bestätigte das Bundesverfassungsgericht seine Rechtsprechung, obgleich im Vorfeld einige erwartet hatten, dass das Gericht jetzt erstmalig eine Entscheidung treffen könnte, wonach die unabdingbaren Grundrechtsstandards in diesem Fall verletzt seien[476] oder zumindest die im Maastricht-Urteil formulierten Voraussetzungen für den Grundrechtsschutz konkretisiert würden.[477] Stattdessen stellte das Bundesverfassungsgericht in seinem Beschluss noch einmal ausdrücklich klar, dass ein deckungsgleicher

---

467 BVerfG, NJW 1987, 577, 582 (= BVerfGE 73, 339 ff.).

468 Also Sekundärrecht: Nettesheim in: Grabitz/Hilf, Europarecht, Art. 249 EGV, Rn. 46.

469 BVerfG, NJW 1987, 577, 582 (= BVerfGE 73, 339 ff.).

470 Scholz, NJW 1990, 941, 943; Oppermann, Europarecht, § 7, Rn. 6.

471 Everling, EuR 1990, 195, 201 f.; Scholz, NJW 1990, 941, 943.

472 BVerfG, NJW 1993, 3047 ff.

473 BVerfG, NJW 1993, 3047, 3049; Nettesheim in: Grabitz/Hilf, Europarecht, Art. 249 EGV, Rn. 47; Oppermann, Europarecht, § 7, Rn. 6.

474 Zuck/Lenz, NJW 1997, 1193, 1194.

475 BVerfG, NJW 2000, 3124 ff.

476 vgl. u. a. Nicolaysen/Nowak, NJW 2001, 1233, 1235; Schmid, NVwZ 2001, 249 ff.

477 Zuleeg, NVwZ 1997, 1201, 1205.

Schutz auf EGV-Ebene nicht gefordert sei und vielmehr ein genereller Schutz genüge.[478] In der Rechtsanwendungsrealität erscheint damit eine Überprüfung oder gar eine Verwerfung von Gemeinschaftsakten durch das Bundesverfassungsgericht nahezu ausgeschlossen.[479] Die Rechtsprechung des Bundesverfassungsgerichts zum Kooperationsverhältnis zwischen ihm und dem EuGH befindet sich aber offenbar noch im Fluss, und so sind auch zukünftig Sachverhalte zu erwarten, die ähnlich wie die Bananenmarktordnung zu Fragen veranlassen.[480]

Für die Frage nach der Subsidiarität bedeutet dies mit Blick auf den aktuellen Stand der Rechtsprechung des Bundesverfassungsgerichts Folgendes: Soweit eine Verordnung eine Staatspflicht zum Umweltschutz statuiert, müssen Judikative und Exekutive der Pflicht nachkommen und die Verordnung anwenden. Der Legislative ist eine der Verordnung entgegenstehende Gesetzgebung grundsätzlich verwehrt. Erlässt sie dennoch ein kollidierendes Gesetz, kommt der Verordnung ein Anwendungsvorrang zu, so dass die Pflicht aus der Verordnung unbeschadet bleibt. Allein dann, wenn mit der Verordnung das Grundgefüge unserer Verfassung und der unabdingbare Grundrechtsschutz – generell, also nicht bloß in Einzelpunkten – verletzt wird, wäre die Verordnung aus bundesdeutscher Sicht nicht anzuwenden. Soweit eine Verordnung aber das Grundgefüge des Grundgesetzes und den unabdingbaren Grundrechtsschutz nicht generell verletzt, sind die aus der Verordnung erwachsenden Staatspflichten nicht gegenüber der Freiheit der Einzelnen subsidiär.

Diese Feststellung mag nicht unbedingt „zufriedenstellen" – es gilt jedoch zweierlei zu bedenken:

Zum Ersten kommt der Bundesrepublik Deutschland als Mitgliedstaat bei allen sie betreffenden Rechtsetzungen der Gemeinschaft eine Mitwirkungsmöglichkeit zu. Die Gemeinschaft selbst ist in ihrer Rechtssetzung zunächst abhängig von den Mitgliedstaaten – für die Gemeinschaft gilt das sogenannte „Prinzip der begrenzten Einzelzuständigkeit" bzw. „Einzelermächtigung", Art. 5 Abs. 1 EGV.[481] Danach benötigt die Gemeinschaft für jeden Rechtsakt eine ausdrückliche oder durch Auslegung zu ermittelnde Ermächtigungsgrundlage.[482] Dieses Prinzip begrenzt die Gemeinschaft.[483] Sie bedarf einer Ermächtigung zum Tätigwerden

---

478 Nettesheim in: Grabitz/Hilf, Europarecht, Art. 249 EGV, Rn. 48.

479 Nicolaysen/Nowak, NJW 2001, 1233, 1235; Lecheler, JuS 2001, 120 f.; Oppermann, Europarecht, § 7, Rn. 6.

480 Vgl. als jüngeres Beispiel BVerfG, NJW 2005, 2289 ff. zum Europäischen Haftbefehl und die „erwartungsvolle" Anmerkung von v. Unger, NVwZ 2005, 1266 ff.

481 Oppermann, Europarecht, § 8, Rn. 2; Goll/Kenntner, EuZW 2002, 101, 101; Schütz/Sauerbier, JuS 2002, 658, 659.

482 BVerfG, NJW 1993, 3047, 3050; Burgi/Waldhorst, RdA 2006, 85, 87; Goll/Kenntner, EuZW 2002, 101, 101.

483 Knöll, NVwZ 2002, 956, 966.

– die Ermächtigung bildet gleichsam die Grenze des Willens der Mitgliedstaaten, auf die eigene Ausübung von Hoheitsrechten zu verzichten.[484]

Innerhalb ihrer Kompetenzen bedarf die Gemeinschaft im Gesetzgebungsverfahren wiederum einer Mitwirkung der Mitgliedstaaten.[485] Neben einer paritätischen Mitwirkung in den übrigen Organen der Gemeinschaft entsendet jeder Mitgliedstaat insbesondere gemäß Art. 203 Abs. 1 EGV je einen Vertreter in den Rat. Bei dem Rat handelt es sich um das die Hauptentscheidung über den entstehenden Rechtsakt tragende Organ (vgl. Art. 251, 252 EGV). Der Rat trifft seine Beschlüsse nach Art. 205 Abs. 1 EGV regelmäßig als Mehrheitsentscheidung, soweit im EGV nichts anderes bestimmt ist – hierüber ist eine Mitentscheidung der Bundesrepublik Deutschland bei dem Erlass von Rechtsakten gewährleistet.[486]

Über diese Mitwirkung an der Gesetzgebung kann die Bundesrepublik Deutschland auf die Ausgestaltung der Rechtssätze Einfluss nehmen. Betrachtet man das oben gefundene Ergebnis einer Subsidiarität staatlicher Aufgabenwahrnehmung zu Recht als Ausfluss der verfassungsrechtlichen, vornehmlich grundrechtlichen Bestimmungen, trifft die Vertreter der Bundesrepublik Deutschland im Rahmen des Gesetzgebungsverfahrens gemäß Art. 1 Abs. 3 und Art. 20 Abs. 3 GG die Pflicht, diese Einflussmöglichkeit auszuschöpfen, um gegen das Subsidiaritätsprinzip verstoßende Gemeinschaftsakte zu verhindern.

Von der Formulierung und Beratung der Entwürfe bis zur Abstimmung muss die Bundesrepublik sonach alles Erforderliche unternehmen, um eine innerstaatliche Gesetzgebung offen zu halten, die eine Beachtung der Subsidiarität gestattet. Hierdurch verringert sich die Gefahr des Entstehens von Gemeinschaftsakten, die die Bundesrepublik Deutschland verpflichten, gegen die Subsidiarität ihrer Aufgabenwahrnehmung zu verstoßen – dies angesichts ihres Stimm- und tatsächlichen Gewichts nicht unerheblich.

Zum Zweiten gelten die unter dem Grundgesetz anerkannten Anforderungen an einen Grundrechtsschutz sowie auch die weiteren rechtsstaatlichen Grundsätze (z. B. das Verhältnismäßigkeitsprinzip aus Art. 5 Abs. 3 EGV[487]) ebenfalls – grundsätzlich – innerhalb der Gemeinschaft.[488] Dieser Grundrechtsschutz auf Gemeinschaftsebene verlangt daher eine vergleichbare Zurückhaltungspflicht der Gemeinschaft bei der Aufgabenwahrnehmung, wie sie oben aus dem Grundgesetz

---

484 Goll/Kenntner, EuZW 2002, 101, 101.

485 Umfassend zum Gesetzgebungsverfahren: Gündisch/Mathijsen, EG-Rechtssetzung.

486 Ähnliches gilt für alle anderen Entscheidungsverfahren in der EG. Im Übrigen kommt Deutschland über die Beteiligung in allen weiteren Organen eine weitere Mitwirkungsmöglichkeit zu; umfassend, wenn auch kritisch hierzu: Gündisch/Mathijsen, EG-Rechtssetzung.

487 Seit EuGH, Slg. 1970, 1125 st. Rspr.; Schwarze, EuZW 2002, 741, 743.

488 Siehe oben in diesem Abschnitt zur Rspr. des BVerfG zu seinem Verhältnis zum EuGH und dem Verhältnis beider Rechtsordnungen.

abgeleitet wurde. Denn gilt auf der Ebene des Gemeinschaftsrechts ein grundsätzlich vergleichbarer Grundrechtsschutz und haben die Gemeinschaftsorgane den Verhältnismäßigkeitsgrundsatz zu beachten (darüber hinaus die Vertreter der Bundesrepublik Deutschland gemäß Art. 1 Abs. 3 GG die aus dem Grundgesetz folgenden Anforderungen), lässt sich die Subsidiarität der Aufgabenwahrnehmung auf Gemeinschaftsebene analog zur oben stehenden Argumentation herleiten.

Dieses Ergebnis wird verstärkt durch die Subsidiarität gemeinschaftsrechtlicher Aufgabenwahrnehmung im Sinne des Art. 5 Abs. 2 EGV. Danach darf die Gemeinschaft außerhalb ihrer (sehr beschränkten) ausschließlichen Zuständigkeit erst dann tätig werden, solange und soweit Zielvorgaben nicht auf der Ebene der Mitgliedstaaten ausreichend erreicht werden können.[489]

Im Ergebnis bleiben damit Gemeinschaftsakte (theoretisch) denkbar, die die Bundesrepublik Deutschland zu einem ganz bestimmten Verhalten verpflichten, das aus grundgesetzlicher Sichtweise einen Verstoß gegen die Subsidiarität staatlicher Aufgabenwahrnehmung bedeuten kann. Diese Fälle bleiben jedoch – erstens – wegen der auch auf der Gemeinschaftsebene anzunehmenden Subsidiarität einer staatlichen Aufgabenwahrnehmung, – zweitens – der Pflicht der Bundesrepublik Deutschland, bei dem Entstehen von Gemeinschaftsrechtsakten Verstöße gegen die grundgesetzliche Verfassungsordnung zu verhindern und – drittens – wegen der Subsidiarität gemeinschaftsrechtlicher Aufgabenwahrnehmung im Sinne des Art. 5 Abs. 2 EGV wohl Ausnahmefälle, die nach der Rspr. des Bundesverfassungsgerichts im Einzelfall mit Blick auf Art. 23 Abs. 1 GG bzw. Art. 24 Abs. 1 GG hingenommen werden müssen. Verletzten EG-Verordnungen dagegen die „Grundprinzipien" des Grundgesetzes, schritte das Bundesverfassungsgericht hiergegen ein.

c) Richtlinien, Art. 249 Abs. 3 EGV

Die Richtlinien nehmen bei Weitem den größten Teil der Rechtsakte der Gemeinschaft auf dem Gebiet des Umweltschutzes ein.[490] Gemäß Art. 249 Abs. 3 EGV ist die Richtlinie für die Mitgliedstaaten hinsichtlich des zu erreichenden Ziels verbindlich. Adressaten sind ausschließlich die Mitgliedstaaten.[491] Der Richtlinie kommt anders als der Verordnung grundsätzlich keine unmittelbare Wirkung zu;

---

489 Albin, NVwZ 2006, 629, 630 ff.

490 Kotulla, Europarecht 36 (2001), 522 ff.; Scheuing, NVwZ 1999, 475, 479.

491 Nettesheim in: Grabitz/Hilf, Europarecht, Art. 249 EGV, Rn. 130.

sie verpflichtet nur hinsichtlich des Ziels, lässt also den Mitgliedstaaten die Wahl der Form und Mittel einer Umsetzung des Ziels.[492]

Soweit ein durch eine Richtlinie vorgeschriebenes Umweltschutzziel dem Staat ein Tätigwerden vorschreibt, bleibt es grundsätzlich beim Vorrang individueller Freiheiten und der Subsidiarität staatlicher Aufgabenwahrnehmung: Der Staat genießt ein weites Gestaltungsermessen.[493] Sonach kann und muss er bei der Umsetzung das Grundgesetz und den Vorrang individueller Freiheiten beachten. Wichtig ist nicht wie, sondern dass das Ziel erreicht wird.

Diese Gestaltungsfreiheit erfährt aber Grenzen:[494] Zunächst – formal – muss der Mitgliedstaat die Umsetzung fristgerecht durchführen (vgl. Art. 10 EGV). Des Weiteren fordert der Grundsatz des „effet utile" aus Art. 10 EGV nach Ansicht des EuGH die Wahl derjenigen innerstaatlichen Handlungsform, die sich für die Erreichung des Ziels am besten eignet.[495] Hier engt der EuGH die in Art. 249 Abs. 3 EGV ausdrücklich vorgesehene Handlungsfreiheit der Mitgliedstaaten über Gebühr ein; es reicht auch im Sinne des Art. 10 EGV aus, wenn die Zielerreichung gesichert ist.[496] Allerdings hat der EuGH seine Ansicht, soweit ersichtlich, bislang allein auf die Wahl der Rechtssatzform durch einen Mitgliedstaat bezogen, nicht dagegen ein bereits geeignetes Mittel deshalb als Verstoß gewertet, weil es ein „strengeres" Mittel gebe, das eine Zielerreichung noch besser gewährleiste. Damit steht – analog übertragen auf den deutschen Verhältnismäßigkeitsgrundsatz – nicht das Kriterium der „Erforderlichkeit" eines Mittels infrage. Die Ansicht des EuGH wirkt sich also auf die Wahl der Rechtssatzform aus. Hierzu fordert der EuGH zunächst die Wahl einer hinreichend klaren und bestimmten, unbedingten Regelung.[497] Danach kommt es darauf an, den Begünstigten oder Verpflichteten in die Lage zu versetzen, die Rechte und Pflichten eindeutig zu erkennen und hiervon Kenntnis zu nehmen.[498] Allerdings fordert der EuGH kein höheres Maß an Bestimmtheit als der Richtlinie selbst zu eigen ist, es besteht also eine sogenannte Kongruenz von Richtlinienbestimmung und nationaler Umsetzung.[499] Die vorgenannte Ansicht des EuGH verbietet des Weiteren (in der Regel)[500] die Umsetzung in der Form ver-

---

492 Scheuing, NVwZ 1999, 475, 479; Nettesheim in: Grabitz/Hilf, Europarecht, Art. 249 EGV, Rn. 133.

493 Oppermann, Europarecht, § 6, Rn. 88.

494 Umfassend zur Umsetzung von EG-Richtlinien in nationales Recht: Breuer, NVwZ 2004, 520, 522 ff.

495 EuGH, Slg. 1976, 497 (517); Breuer, NVwZ 2004, 520, 521.

496 Nettesheim in: Grabitz/Hilf, Europarecht, Art. 249 EGV, Rn. 152.

497 EuGH, Slg. 1995, I-4883; Jarass, Beljin, NVwZ 2004, 1, 8.

498 EuGH, Slg. 1999, I-4927; I-5087.

499 Nettesheim in: Grabitz/Hilf, Europarecht, Art. 249 EGV, Rn. 140.

500 Kritisch zu einem generellen Verbot sowie zu Ausnahmen: Nettesheim in: Grabitz/Hilf, Europarecht, Art. 249 EGV, Rn. 142.

waltungsinterner Vorschriften (reine Innenrechtssätze).[501] Nach Auffassung des EuGH genüge die Umsetzung in Form eines reinen Innenrechtssatzes den Anforderungen an eine „Erkennbarkeit" des Pflichtengehalts einer umgesetzten Richtlinie nicht, zumindest dann nicht, wenn auch außerhalb stehende Dritte hiervon betroffen werden.[502]

Durch diese Grenzen der Gestaltungsfreiheit des Mitgliedstaates bei der Richtlinienumsetzung folgen Konsequenzen für das Subsidiaritätsverhältnis zwischen der Freiheit der Einzelnen und der staatlichen Aufgabenwahrnehmung. Je detaillierter eine Richtlinie formuliert ist und je konkretere Pflichten sie dem Staat auferlegt, desto weniger Gestaltungsfreiheit bleibt dem Staat und desto eher erwächst ihm eine Pflicht zur Umsetzung, die auf den grundsätzlichen Vorrang individueller Freiheit nur noch bedingt Rücksicht nehmen kann. Die Wahlfreiheit des Staates kann dann so sehr eingeengt sein, dass seine Subsidiarität zurückgedrängt wird.

Zusätzlich zur Umsetzungspflicht können des Weiteren aus einer Richtlinie zwei weitere Pflichten des Staates folgen, die bereits vor der Umsetzung ansetzen: So können zum Ersten neben einer richtlinienkonformen Auslegung der Umsetzungsakte[503] Exekutive und Judikative bereits vor der Umsetzung verpflichtet sein, bei der Auslegung des bestehenden deutschen Rechts den Aussagegehalt zu berücksichtigen.[504] Dem zieht aber wiederum das bestehende deutsche Recht seine Grenzen, da sich das Auslegungsergebnis im Rahmen des bestehenden Rechts halten muss.[505] Allzu hohe Bedeutung kommt dieser Pflicht in der Regel nicht zu.

Zum Zweiten können unmittelbar auch für Exekutive und Judikative Pflichten aus einer Richtlinie bereits vor deren Umsetzung erwachsen, nämlich wenn diese ausnahmsweise eine im Mitgliedstaat unmittelbare Wirkung auch ohne Umsetzung entfaltet. Die unmittelbare Wirkung einer nicht umgesetzten Richtlinie beruht auf der mittlerweile ständigen und recht detailliert ausgearbeiteten Rechtsprechung des EuGH. Danach können Vorschriften einer Richtlinie im Einzelfall unmittelbare Anwendung finden, wenn die Umsetzungsfrist abgelaufen ist, die Bestimmungen der Richtlinie inhaltlich unbedingt und hinreichend genau sind

---

501 Scheuing, NVwZ 1999, 475, 479; Jarass, Beljin, NVwZ 2004, 1, 8.

502 EuGH, Slg. 1991, I-825; Slg. 1991, I-2567; Slg. 1991, I-2607; Slg. 1991, I-4983, Slg. 1996, I-5729; Slg. 1996, I-6739; Slg. 1996, I-6747.

503 Thüsing, NJW 2003, 3441, 3441; Nettesheim in: Grabitz/Hilf, Europarecht, Art. 249 EGV, Rn. 153.

504 BGH, NJW 1998, 2208 ff.; Nettesheim in: Grabitz/Hilf, Europarecht, Art. 249 EGV, Rn. 153; a. A. Ehricke, EuZW 1999, 553, 554 f. m. w. N.

505 BGH, NJW 1998, 2208 ff.; Nettesheim in: Grabitz/Hilf, Europarecht, Art. 249 EGV, Rn. 153.

sowie dem Einzelnen gegenüber dem Mitgliedstaat Rechte verleihen.[506] Inhaltliche Unbedingtheit liegt vor, wenn die Richtlinie keine weiteren gestaltenden Maßnahmen als die Umsetzung selbst vorsieht.[507] Hinreichend genau ist die Richtlinie ferner, wenn der von ihr betroffene Personen- und Pflichtenkreis bestimmbar ist, wenn die Richtlinie also ohne weitere Konkretisierung anwendbar ist.[508]

Der EuGH begründete die unmittelbare Anwendung zunächst mit dem Grundsatz des „effet utile“ (Art. 10 EGV) und dem Prinzip der einheitlichen Wirkung des Unionsrechts. Es beeinträchtige die praktische Wirksamkeit des Gemeinschaftsrechts, wenn der Eintritt der Rechtswirkung einer Richtlinie alleine davon abhinge, ob die Mitgliedstaaten ihrer Umsetzungsverpflichtung nachkämen.[509] Auch sah der EuGH den Gedanken des Verbots widersprüchlichen Verhaltens verletzt, der es den Mitgliedstaaten verwehre, dem Einzelnen die mitgliedstaatliche Pflichtverletzung entgegen zu halten.[510] Außerdem könne der Vertragsverstoß nur hinreichend sanktioniert werden, wenn sich der Einzelne trotz Nichtumsetzung auf eine unbedingte und hinreichend genaue Bestimmung einer Richtlinie berufen könne.[511] Schließlich folgt die unmittelbare Anwendung einer Richtlinie aus dem Rechtsschutzgedanken.[512]

Aus dieser Begründung leitete der EuGH differenzierte Fallgruppen für die Reichweite der unmittelbaren Wirkung her, die über die oben genannten Voraussetzungen hinausgehen. Aus dem Rechtsschutz- und Sanktionsgedanken sowie dem Verbot widersprüchlichen Verhaltens folgt zunächst eine „vertikale Direktwirkung“, wonach sich der Einzelne gegenüber dem Staat auf ein aus einer Richtlinie folgendes Recht berufen dürfe, nicht aber umgekehrt der Staat gegenüber dem Einzelnen auf eine Pflicht des Einzelnen; die unmittelbare Wirkung gilt also allein gegen den Mitgliedstaat, nicht für ihn.[513]

Dagegen führen Bestimmungen nicht umgesetzter Richtlinien nach heute gesicherter Rechtslage nicht dazu, EU-Bürgern Pflichten aufzuerlegen.[514] Einer nicht umgesetzten Richtlinie darf danach kein gegen einen Einzelnen gerichtetes Ge-

---

506 EuGH, Slg. 1970, 825, 861 (881); auch Slg. 1974, 1337; Slg. 1982, 53 (71); Slg. 1995, I-2189 Rn. 24; Stadie, NVwZ 1994, 435, 435 f.; Götz, NJW 1992, 1849, 1855; Nettesheim in: Grabitz/Hilf, Europarecht, Art. 249 EGV, Rn. 158.

507 Scherzberg, JURA 1993, 225, 226.

508 EuGH, Slg. 1991, I-5357; Nettesheim in: Grabitz/Hilf, Europarecht, Art. 249 EGV, Rn. 162.

509 EuGH, Slg. 1974, 1337 (1348).

510 EuGH, Slg. 1979, 1629 (1642).

511 Breuer, NVwZ 2004, 520, 522; Nettesheim in: Grabitz/Hilf, Europarecht, Art. 249 EGV, Rn. 157.

512 Scherzberg, JURA 1993, 225, 226; Jarass, NJW 1990, 2420, 2422.

513 EuGH, Slg. 1986, 723 (749); 1987, 3969 (3986) und 2141 (2159); Scherzberg, JURA 1993, 225, 227.

514 EuGH 1987, 3969 (3986); 1994, I-3325 (3356).

oder Verbot entnommen werden.[515] Daraus folgt weiter eine Ablehnung der sogenannten „horizontalen Direktwirkung“ von Bestimmungen einer nicht umgesetzten Richtlinie zwischen „Privaten“.[516] Allerdings nimmt es der EuGH hin, wenn die Begünstigung eines Einzelnen aus der unmittelbaren Anwendung der Bestimmung einer nicht umgesetzten Richtlinie indirekt Rechtspositionen Dritter beeinträchtigt.[517] Dies kann in Fällen geschehen, in denen der Staat als Verpflichteter „zwischengeschaltet“ ist, also im entschiedenen Fall einer Ausschreibung oder auch in Fällen der Anlagengenehmigung.[518] Die Fragen solcher Drittwirkungen sind in der Literatur heftig umstritten.[519] Diese über zehn Jahre alte Diskussion, insbesondere aber auch die Diskussion um die horizontale Direktwirkung zwischen „Privaten“, wurde noch einmal entfacht durch die Entscheidung des EuGH vom 22.11.2005[520] zur Richtlinie (EG) 2000/78 („Antidiskriminierungsrichtlinie“). Seither ist die Frage einer horizontalen Direktwirkung wieder in aller Munde.[521] Auf die Frage, inwieweit Richtlinien unmittelbare Wirkung zwischen „Privaten“ entfalten können, wird es im Folgenden indes nicht ankommen, so dass dieser Aspekt keiner vertieften Darstellung bedarf. Hier wird es allein darauf ankommen, dass die „reflexartige“ Belastung Dritter hinzunehmen ist, geht es doch um die Pflichten des Staats:

Für die Frage nach einer Subsidiarität staatlicher Aufgabenwahrnehmung ergibt sich mit Blick auf die unmittelbare Anwendung einer Richtlinie vor deren Umsetzung über das oben festgestellte Ergebnis hinaus Folgendes: Soweit Bestimmungen einer Richtlinie eine hinreichend genaue Staatspflicht zum Umweltschutz vorsehen, gerät nicht lediglich der Gesetzgeber in die Pflicht zur Umsetzung, sondern darüber hinaus bereits vor der Umsetzung auch die Exekutive und Judikative, indem diese solche konkreten, unbedingten Bestimmungen vor Ablauf der Umsetzungsfrist bei der Auslegung nationaler Gesetze beachten müssen und nach Ablauf der Umsetzungsfrist diese unmittelbar anwenden müssen, soweit sich hieraus keine Pflichten Einzelner gegenüber dem Staat ergeben. Die unmittelbare Anwendbarkeit einer noch nicht umgesetzten Richtlinie verschafft infolgedessen allein „Ansprüche“ zugunsten der Einzelnen, keine Pflichten. Soweit für diese aber keine Pflichten begründet werden, bleibt auch die oben formulierte Subsidiarität

515 Nettesheim in: Grabitz/Hilf, Europarecht, Art. 249 EGV, Rn. 173 ff.

516 EuGH 1987, 3969 (3986); 1994, I-3325 (3356); Jarass, NJW 1991, 2665, 2666; Nettesheim in: Grabitz/Hilf, Europarecht, Art. 249 EGV, Rn. 173 ff.

517 EuGH, Slg. 1989, 1861; Nettesheim in: Grabitz/Hilf, Europarecht, Art. 249 EGV, Rn. 171.

518 Zu weiteren Fallgestaltungen: Nettesheim in: Grabitz/Hilf, Europarecht, Art. 249 EGV, Rn. 171, 176 ff.

519 U. a. Fischer, NVwZ 1992, 635, 638; Jarass, NJW 1991, 2665, 2668; Scherzberg, JURA 1993, 225, 228.

520 EuGH, NJW 2005, 3695 ff.

521 Bauer/Arnold, NJW 2006, 6, 6 m. w. N.

unangetastet, denn die Einzelnen werden in der Ausübung ihrer (vorrangigen) Grundfreiheiten nicht beeinträchtigt.

d) Entscheidungen, Art. 249 Abs. 4 EGV

Der Begriff der Entscheidung im Sinne des Art. 249 Abs. 4 EGV entspricht dem der Entscheidung im Sinne des Art. 230 EGV.[522] Die Entscheidung verpflichtet im Gegensatz zur Verordnung einen bestimmten, begrenzten/geschlossenen Adressatenkreis, zu dem Mitgliedstaaten, aber auch „Private" zählen können.[523] Sie ähnelt dem Verwaltungsakt im deutschen Recht.[524] Nach Art. 249 Abs. 4 EGV entfaltet die Entscheidung Verbindlichkeit für den, an den sie sich richtet.[525] Sie entfaltet somit unmittelbare Wirkung gegenüber dem Adressaten, so liest jedenfalls der EuGH[526] und mit ihm die herrschende Lehre die Vorschrift.[527] Darüber hinaus entfalten staatsgerichtete Entscheidungen zugunsten eines Dritten unmittelbare Wirkung, wenn sie hinreichend klar umschrieben und unbedingt sind.[528] Bei einer Kollision mit nationalem Recht genießt die Entscheidung wiederum Anwendungsvorrang.[529]

Hinsichtlich einer Subsidiarität staatlicher Aufgabenwahrnehmung gilt Entsprechendes wie für die Verordnung gemäß Art. 249 Abs. 2 EGV (s. o., b), deren Wirkung mit der der Entscheidung im Wesentlichen übereinstimmt. Zusätzlich wirkt die Verordnung aber „inter omnes" gegenüber einem unbestimmten Adressatenkreis.

e) Empfehlung und Stellungnahme, Art. 249 Abs. 5 EGV

Empfehlungen und Stellungnahmen nach Art. 249 Abs. 5 EGV entfalten keine verbindliche Rechtswirkung gegenüber ihren Adressaten.[530] Da sie die Mitglied-

522 Nettesheim in: Grabitz/Hilf, Europarecht, Art. 249 EGV, Rn. 187.

523 Cole/Haus, JuS 2003, 145, 147; Nettesheim in: Grabitz/Hilf, Europarecht, Art. 249 EGV, Rn. 187, 194.

524 Cole/Haus, JuS 2003, 145, 148.

525 Oppermann, Europarecht, § 6, Rn. 95, 97.

526 EuGH, Slg. 1970, 825 (838.

527 Cole/Haus, JuS 2003, 145, 148; Nettesheim in: Grabitz/Hilf, Europarecht, Art. 249 EGV, Rn. 202.

528 Cole/Haus, JuS 2003, 145, 148; Nettesheim in: Grabitz/Hilf, Europarecht, Art. 249 EGV, Rn. 202 m. w. N.

529 EuGH, Slg. 2000, I-11369 Rn. 45 ff.; Cole/Haus, JuS 2003, 145, 148.

530 Nettesheim in: Grabitz/Hilf, Europarecht, Art. 249 EGV, Rn. 208, 213 f.

staaten mithin rechtlich[531] nicht verpflichten,[532] beeinträchtigen sie die Subsidiarität der staatlichen Aufgabenwahrnehmung nach deutschem Verfassungsrecht nicht und bedürfen hier keiner weiteren Darstellung.

f) Sonstige Handlungsformen

Neben dem Kanon des Art. 249 EGV kennt der EG-Vertrag zahlreiche weitere Handlungsformen. Dazu zählen zunächst Beschlüsse, die aufgrund der Art. 213 Abs. 1, 221 Abs. 4, 222 Abs. 3 EGV ergehen, sich auf ungeschriebene Zuständigkeiten oder auf Sekundärrecht stützen.[533] Normativ sind Beschlüsse dadurch gekennzeichnet, dass sie eine Änderung der Rechtslage herbeiführen, ohne sich unmittelbar an einen Adressaten zu richten.[534] Die Änderung der Rechtslage kann insbesondere in der Verleihung von Ämtern oder Kompetenzen liegen.[535] Sie bezieht sich aber wie auch die vorgenannten Artikel im weiteren Sinne auf das Organisationsrecht. Um eine Rechtspflicht gegenüber einem Mitgliedstaat zu begründen, bedarf es eines Rechtsakts im Sinne des Art. 249 EGV, ein bloßer Beschluss genügt nicht den Anforderungen. Denn die EG ist auf die ihr vertraglich eingeräumten Kompetenzen beschränkt, sogenannte Kompetenz-Kompetenz bzw. das sogenanntes Prinzip der begrenzten Einzelermächtigung (Art. 5 Abs. 1, 7 Abs. 1, 249 Abs. 1 EGV, Art. 5 EUV).[536] Danach kommt der EG keine eigene allgemeine Rechtssetzungs- und Organisationsgewalt zu, so dass alle Akte der Gemeinschaft auf eine Ermächtigungsgrundlage zurückzuführen sind.[537] Durch einen Beschluss kann daher keine Staatspflicht zum Umweltschutz begründet werden.

Dasselbe gilt für die weiteren sonstigen Handlungsformen, die rechtlich gegenüber den Mitgliedstaaten ebenfalls unverbindlich sind.[538] Allein zwei der bekannten weiteren Handlungsformen vermögen es (im Bereich des Umweltschutzes), eine mitgliedstaatliche Pflicht zu begründen: Der öffentlich rechtliche Vertrag zwischen einem EG-Organ und einem Mitgliedstaat sowie die gemäß Art. 175 Abs. 3 EGV zu beschließenden Aktionsprogramme.

---

531 Zu den tatsächlichen, nicht zu unterschätzenden Auswirkungen, s. Ehricke, EuZW 2004, 359, 360.

532 Oppermann, Europarecht, § 6, Rn. 101.

533 Nettesheim in: Grabitz/Hilf, Europarecht, Art. 249 EGV, Rn. 218.

534 Nettesheim in: Grabitz/Hilf, Europarecht, Art. 249 EGV, Rn. 218.

535 Nettesheim in: Grabitz/Hilf, Europarecht, Art. 249 EGV, Rn. 218.

536 Haus/Cole, JuS 2002, 1181, 1184; Nettesheim in: Grabitz/Hilf, Europarecht, Art. 249 EGV, Rn. 20 ff.

537 Haus/Cole, JuS 2002, 1181, 1184.

538 Eine Aufstellung findet sich bei Nettesheim in: Grabitz/Hilf, Europarecht, Art. 249 EGV, Rn. 217 ff.

Der öffentlich-rechtliche Vertrag begründet auf Vereinbarungsebene eine Pflicht des Staates.[539] Hierbei darf das jeweilige Organ allerdings wiederum die EG-vertragliche Kompetenzordnung nicht verlassen.[540] Die Subsidiarität der staatlichen Aufgabenwahrnehmung berührt dies nicht, da der Vertrag ein konsensuales Mittel darstellt. Dem Staat verbleibt eine Entscheidungsfreiheit und damit die Möglichkeit und Pflicht, individuelle Freiheiten zu berücksichtigen.

Auf dem Gebiet des Umweltschutzes sieht Art. 175 Abs. 3 EGV schließlich den Beschluss von Aktionsprogrammen vor. Diese sind rechtlich verbindlich und bilden die Grundlage und den Rahmen der europäischen Umweltpolitik.[541] Sie füllen indes lediglich die allgemeinen Ziele des Vertrags mit konkretem Inhalt, noch ohne im Einzelnen zwingende Pflichten zu begründen.[542] Sie formulieren also nur konkretere Ziele in Form einer „Marschroute", keine unmittelbaren Pflichten für die Mitgliedstaaten.[543] Inzwischen liegt das sechste Umweltaktionsprogramm vor.[544] Es legt die wichtigsten Prioritäten, Strategien und Ziele der Gemeinschaft bis 2012 fest, wonach Klima- und Naturschutz, Gesundheit, nachhaltige Nutzung natürlicher Ressourcen, Abfallbewirtschaftung und internationaler Umweltschutz Vorrang genießen sollen.[545] Als Zielformulierung berührt das Aktionsprogramm die Subsidiarität nicht, da den Mitgliedstaaten ihre Entscheidungs- und Gestaltungsfreiheit hierdurch nicht genommen wird.

II. Zwischenergebnis

Aus dem Grundgesetz leiten sich Staatspflichten zum Umweltschutz ab. Diese stellen aber die grundsätzliche Subsidiarität staatlicher Aufgabenwahrnehmung gegenüber der Freiheit der Einzelnen nicht infrage. Vielmehr erkennen auch diese den grundsätzlichen Vorrang individueller Freiheit und Eigenverantwortung an und setzen erst dann ein, wenn die Grundrechtsträger einzeln oder im Zusammenschluss ein gesetztes Umweltschutzziel nicht mehr erreichen können und staatliches Handeln erforderlich wird, um die Freiheit Einzelner weiter gewährleisten zu können. Diese grundgesetzlich begründeten Staatspflichten dienen allein dem

---

539 Umfassend zum öffentlich-rechtlichen Vertrag mit der Gemeinschaft: Stelkens, EuZW 2005, 299 ff.; Nettesheim in: Grabitz/Hilf, Europarecht, Art. 249 EGV, Rn. 220.

540 Stelkens, EuZW 2005, 299, 300; Nettesheim in: Grabitz/Hilf, Europarecht, Art. 249 EGV, Rn. 220.

541 Nettesheim in: Grabitz/Hilf, Europarecht, Art. 249 EGV, Rn. 221.

542 Vgl. Oppermann, Europarecht, § 29, Rn. 7; Kloepfer, NVwZ 2002, 645, 645.

543 Vgl. Dolde, NVwZ 2006, 857, 859; Kloepfer, NVwZ 2002, 645, 645.

544 Beschluss 1600/2002, ABl. L 242/1; umfassend hierzu: Langerfeldt, NuR 2003, 339 ff.

545 Oppermann, Europarecht, § 29, Rn. 22.

Schutz der Grundrechtsträger, bilden aber keinen (voraussetzungslosen) staatlichen Selbstzweck.

In den Landesverfassungen sind keine über dieses Maß hinaus gehenden Staatspflichten nachweisbar. Sie können fortan vernachlässigt werden.

Aus dem Bestand des europäischen Umweltschutzrechtes können dagegen Staatspflichten zum Umweltschutz, die teilweise – vor allem bei Verordnungen und Entscheidungen – aus grundgesetzlicher Perspektive keine Gestaltungsfreiheit des Staates und damit keine Berücksichtigung des Vorrangs der Freiheiten der Einzelnen belassen, erwachsen. Da aber auch die Gemeinschaft auf europäischer Ebene den Vorrang individueller Freiheit zu achten hat und die Vertreter der Bundesrepublik Deutschland das Zustandekommen von Gemeinschaftsakten verhindern müssen, die gegen die Bestimmungen des Grundgesetzes verstoßen, bleiben solche Ausnahmefälle in der Praxis eher selten und unterliegen dann noch der Überprüfung des Bundesverfassungsgerichts daraufhin, ob sie die Grundprinzipien der Verfassung verletzen.

Soweit solche Pflichten wirksam auch mit Blick auf die Grenzen der Übertragung von Hoheitsrechten auf die EG bestehen (Art. 23, 24, 79 Abs. 3 GG), bleibt für eine Prüfung vorliegend kein Raum mehr. Solche Gemeinschaftsakte wären aus deutscher Sicht in Ausnahmefällen hinzunehmen.

E. Der Maßstab für die Bestimmung des Verhältnisses staatlicher und individueller Aufgabenwahrnehmung im Umweltschutzrecht im Einzelnen

Nachdem der grundsätzliche Vorrang individueller Aufgabenwahrnehmung und die Subsidiarität (s. o., B. und C.) ermittelt wurden, ebenso wie die Voraussetzungen und die Reichweite der Staatspflichten zum Umweltschutz (s. o., D.), gilt es nun, diese einzelnen Grundfeststellungen in einem Gesamtkonstrukt „zusammenzufügen" und weiter zu konkretisieren. Auf diese Weise soll nachfolgend ein Maßstab für die Bestimmung des Verhältnisses zwischen staatlicher und individueller Aufgabenwahrnehmung im Umweltschutzrecht im Einzelnen gebildet werden.

Auf dieser hohen Abstraktionsebene lassen sich jedoch die Konflikte zwischen staatlicher Pflicht einerseits und individueller Freiheit und Eigenverantwortung andererseits noch nicht abschließend generell und für jeden Einzelfall lösen. Der Maßstab dient zunächst der Schaffung eines äußeren, grundsätzlich geltenden Rahmens, anhand dessen die einzelnen Aufgabenfelder und Aufgabenverteilungen später (s. unten, Teil 3.) mit Blick auf die Gefahrenlage im Einzelfall gemessen werden können.

Dieser Prüfungsmaßstab bildet sich wie folgt: Ausgangspunkt sind die obigen Feststellungen zum Verhältnis zwischen staatlicher und individueller Aufgabenwahrnehmung. Danach dürfen zunächst aus rein grundgesetzlicher Perspektive Umweltschutzziele durch die Einzelnen frei von eingreifender staatlicher Aufgabenwahrnehmung erfüllt werden. Doch es bedarf weder des „anthropologischen Pessimismus" *Hobbes* noch kann der „anthropologische Optimismus" *Rousseaus* darüber hinwegtäuschen, dass die Utopie einer staatlichen Untätigkeit als mildestes Mittel zur Erreichung notwendiger Umweltschutzziele nicht ausreicht. Es gilt daher zum einen zu bestimmen, ab wann staatliche Schutzpflichten einsetzen, so dass staatliche Untätigkeit nicht mehr ausreicht (jeweils unterste „Eingriffsschwelle"). Zum anderen muss ermittelt werden, wie die staatliche Schutzpflicht auf das erforderliche Maß zu begrenzen ist (jeweils oberste „Eingriffsschwelle").

Der Punkt, an dem der Staat auf der „unteren Eingriffsschwelle" spätestens ansetzen muss, lässt sich zunächst mit Blick auf den von Gefahrenlagen abhängigen Grundrechtsgewährleistungsschutz vereinfacht umschreiben mit dem Satz *„So viel wie nötig"*. Andersherum mit Blick auf die Schranken-Schranken eingreifender Maßnahmen, insbesondere auf den Verhältnismäßigkeitsgrundsatz, lässt sich die Begrenzung der Eingriffspflicht dann weiter vereinfacht umschreiben mit dem Satz: *„So wenig wie möglich"*.

Beherzigt man diese vereinfachte Grundforderung – *„so viel wie nötig, aber so wenig wie möglich"* – erhält man einen Rahmen, innerhalb dessen sich die verfassungsrechtlich zulässige Aufgabenwahrnehmung des Staats im Umweltschutz abstrakt wiederfindet. Während sich in der Rechtsanwendungsrealität dieser Rahmen freilich auch im Einzelfall mit Blick auf den Ermessensspielraum des Gesetzgebers und die Zurückhaltung des Bundesverfassungsgerichts bei dessen Überprüfung (s. o., D. 2. b.) kaum jemals auf einen ganz bestimmten Punkt, eine einzige ganz spezielle und allein zulässige Maßnahme verkürzen lässt, so verkürzt sich der Rahmen jedoch theoretisch für jeden Einzelfall auf einen ganz bestimmten Punkt, eine einzige zulässige Maßnahme, wenn nämlich ein Zurückbleiben hinter dieser Maßnahme ein „zu wenig" im Sinne des Grundrechtsgewährleistungsschutzes bedeutet und ein Darüberhinausgehen ein „zu viel" im Sinne des Verhältnismäßigkeitsgrundsatzes und der übrigen Schranken-Schranken. Die nachfolgende Ausarbeitung soll nun eine Annäherung an diesen Punkt je nach abstrakter Gefahrenlage und so für die Rechtsanwendungsrealität eine dogmatische Hilfestellung liefern.

Die Annäherung an diesen „theoretischen Punkt" kann auf abstrakter Ebene erfolgen, indem man in einem ersten Schritt bestimmte Stufen einer Eingriffsintensität formuliert (s. unten, II.). Daraus folgt ein Stufensystem umweltschutzrechtlicher Instrumente, gewichtet nach Eingriffsintensitäten. In einem zweiten Schritt sollen dann ausgehend vom Grundrechtsgewährleistungsschutz Stufen von Gefahrenlagen gebildet werden (s. unten, III.). Diese Gefahrenstufen geben an, ab wann der Staat schützend tätig werden muss („untere Eingriffsschwelle"). Indem man diesen Gefahrenstufen jeweils eine Eingriffsstufe zuordnet, wird die Schutzpflicht nach oben begrenzt („obere Eingriffsschwelle"). Schließlich wird in einer Zusammenfassung (s. unten, IV.) ein einheitliches Prüfungssystem formuliert.

Vorab sind allerdings die europarechtlichen Vorgaben zu berücksichtigen, die auf dieses grundgesetzlich begründete Stufensystem teilweise keine Rücksicht nehmen (s. sogleich, I.).

I. Europarechtliche Vorgaben

Ausgehend von der grundsätzlichen Freiheit steht auf einer vorweggenommenen Stufe eingreifender Staatsaufgabenwahrnehmung und unabhängig von der Gefahrenlage die Verpflichtung des Staates zum Tätigwerden aufgrund bindender europarechtlicher Vorgaben. Sobald und soweit aus den Staat konkret bindenden EG - Bestimmungen eine Umweltschutzpflicht des Staates folgt, die die Vertreter der Bundesrepublik Deutschland bei der Entstehung nicht verhindern konnten, muss der Staat dieser Pflicht nachkommen. Die europarechtlich begründete Staatspflicht ist (nur) dann, wenn diese dem Staat keine Gestaltungsfreiheit belässt, aus grundrechtlicher Sicht unabhängig von dem grundsätzlichen Vorrang individueller Freiheiten zu erfüllen.

Grenze der europarechtlichen Vorgaben sind aus bundesverfassungsrechtlicher Sicht allein die Art. 23 Abs. 1, 24 Abs. 1, 79 Abs. 3 GG, wonach eine europarechtliche Hoheitsentfaltung dann das zulässige Maß der Übertragbarkeit der bundesdeutschen Souveränität verlässt, wenn das Grundgefüge der Verfassung hierdurch erschüttert wird (s. oben, D. 4.).

Wann eine solche konkrete europarechtliche Vorgabe eine Staatspflicht der Bundesrepublik Deutschland bestimmt und wann diese Vorgabe gemessen an der vorgenannten Grenze (noch) wirksam ist, bedarf der Prüfung im Einzelfall. Dies bleibt dem Teil 3 vorbehalten.

II. Stufen der Eingriffsintensität

Um der anschließend (s. unten, III.) zu ermittelnden Stufenfolge nach Gefahrenlagen erforderliche umweltschutzrechtliche Instrumente zuordnen zu können, bedarf es einer Katalogisierung ihrer Eingriffsintensität. Nur wenn feststeht, wie stark sich eine staatliche Maßnahme auf die grundsätzlich vorrangigen Freiheiten der Einzelnen auswirkt, kann bestimmt werden, auf welcher konkreten Gefahrenstufe welche Eingriffsintensität als probates Mittel einzusetzen ist.

Die umweltschutzrechtlichen Instrumente sind demnach in ein Stufensystem in Abhängigkeit von ihrer Eingriffsintensität zu ordnen. Umweltschutzrechtliche Instrumente gleichen dabei weitgehend den aus dem allgemeinen Verwaltungsrecht bekannten Regelungstechniken.[546] Sie lassen sich gliedern in Instrumente direkter und indirekter Steuerung, Planungsinstrumente, staatliche Eigenvornahme, „privatrechtliche" Instrumente sowie straf- und ordnungswidrigkeitenrechtliche Sanktionen.[547] Diese Instrumente weisen durchaus unterschiedliche Eingriffsintensitäten auf, die sich allerdings in ihrer Wirkung und Ausgestaltung teilweise überschneiden oder aufgelockert sein können,[548] was sich im Einzelnen erst bei der Zuordnung der Instrumente nach Gefahrenlagen (s. sogleich unten, III.) und insbesondere im Einzelfall zeigen lassen wird (s. unten Teil 3). Hier kann nur ein grobes „Raster" gebildet werden, das die grundsätzlichen Stufen einer Eingriffsintensität wiedergibt, wobei die Eingriffsintensität sich – ausgehend vom grundsätzlichen Vorrang individueller Freiheiten – maßgeblich, aber selbstverständlich nicht allein danach bemisst, wie viel Entscheidungsraum dem Grundrechtsträger verbleibt:

1. Instrumente direkter Verhaltenssteuerung

Instrumente direkter Verhaltenssteuerung bezeichnen solche staatlichen Maßnahmen, die ohne Umweg (direkt) zu einem bestimmten Verhalten (Tun, Dulden oder Unterlassen) zwingen.[549]

a) Gesetzliche Verbote als Zugangsbeschränkungen

Im Bereich der Zugangsbeschränkungen zu bestimmten Tätigkeiten untersagen Verbote ein bestimmtes Verhalten ausnahmslos.[550] Sie lassen keine Entscheidungsfreiheit und unterbinden grundrechtlich geschützte Verhaltensweisen vollständig.[551] Sie stellen so den stärksten denkbaren Eingriff in die Freiheiten der

546 Kloepfer, Umweltrecht, § 5, Rn. 1.

547 Helberg in: Koch (Hrsg.), Umweltrecht, § 3, Rn. 62 ff.

548 Vgl. Pieroth/Schlink, Staatsrecht II, Rn. 297.

549 Kloepfer, Umweltrecht, § 5, Rn. 34; Helberg in: Koch (Hrsg.), Umweltrecht, § 3, Rn. 74.

550 Helberg in: Koch (Hrsg.), Umweltrecht, § 3, Rn. 75.

551 Kotulla, Umweltrecht, Teil 1, Rn. 27.

Einzelnen dar, da der Schutzbereich der betroffenen Grundrechte in diesem Punkt überhaupt nicht mehr wahrgenommen werden kann.[552] Der Einzelne, der dennoch gegen ein Verbot verstößt, kann zumindest mit Verwaltungszwang gehindert werden. Oft drohen ihm straf- und ordnungswidrigkeitenrechtliche Sanktionen oder zivilrechtliche Schadensersatzansprüche bei Zuwiderhandlungen. Beispielhaft für ein Verbot sei § 7 Abs. 1 Satz 2 AtomG genannt, wonach keine Genehmigungen für die Errichtung von Atomkraftwerken mehr erteilt werden.[553] Da die Errichtung aber gemäß § 7 Abs. 1 Satz 1 AtomG einer Genehmigung bedarf, ist die Errichtung zukünftig ausnahmslos verboten.[554]

Die meisten Verbote enthalten dagegen Ausnahmen, wonach ein zunächst verbotenes Verhalten dennoch zulässig werden kann.

Hierzu zählen zunächst die sogenannten repressiven Verbote mit Befreiungsvorbehalt.[555] Vom Regelungscharakter wird das verbotene Verhalten generell missbilligt, während in Ausnahmefällen ein sogenannter Dispens erteilt werden kann.[556] Dabei liegt die Entscheidung über die Erteilung des Dispenses regelmäßig im Ermessen der Verwaltung, so dass dem Einzelnen kein Anspruch auf die Erteilung, sondern allein auf eine pflichtgemäße Ermessensausübung zukommt.[557] Beispiele für solche Verbote finden sich u. a. in den §§ 7 und 8 WHG,[558] in § 9 BwaldG und den Verboten aus § 42 BNatSchG[559] (i. V. m. § 62 BnatSchG).[560]

Die repressiven Verbote mit Befreiungsvorbehalt weisen gegenüber den vorbehaltlosen Verboten eine gewisse Verminderung der Eingriffsintensität auf. Das verbotene Verhalten bleibt zwar generell missbilligt, immerhin kann es aber aufgrund einer administrativen Kontrollentscheidung zugelassen werden. Nach einem solchen Dispens, der allein im pflichtgemäßen Ermessen der Behörde steht, kann der Einzelne von dem Freiheitsbereich wieder Gebrauch machen.

---

552 Kotulla, Umweltrecht, Teil 1, Rn. 27.

553 Ipsen, DVBl 2006, 585, 585; Kühne/Brodowski, NJW 2002, 1458, 1459; Wagner, NVwZ 2001, 1089, 1089 (noch zum Gesetzesentwurf).

554 Kühne/Brodowski, NJW 2002, 1458, 1459.

555 Kotulla, Umweltrecht, Teil 1, Rn. 31.

556 Kloepfer, Umweltrecht, § 5, Rn. 49.

557 Maurer, Allgemeines Verwaltungsrecht, § 9, Rn. 55; Helberg in: Koch (Hrsg.), Umweltrecht, § 3, Rn. 83.

558 Bei den §§ 7 und 8 handelt es sich nicht um präventive Verbote; die Genehmigung steht im Ermessen der Behörde, Breuer, Wasserrecht, Rn. 158; Pape in: Landmann/Rohmer (Begr.), Umweltrecht, WHG, § 2, Rn. 23 ff.; Hintergrund hierfür ist Unterstellung der Benutzung der Gewässer unter eine öffentlich-rechtliche Benutzungsordnung wegen der überragenden Bedeutung des Wasserhaushalts für die Allgemeinheit, vgl. Hasche in: Giesberts/Reinhardt (Hrsg.), BeckOK, Umweltrecht, WHG, § 1, Rn. 27, 28; Breuer, Wasserrecht, Rn. 158.

559 A. Schmidt-Ränsch, in: Gassner/Bendomir-Kahlo/Schmidt-Räntsch, BNatSchG, § 42, Rn. 4 ff. (Zugriffsverbote), Rn. 14 ff. (Besitz- und Vermakrtungsverbote).

560 A. Schmidt-Ränsch, in: Gassner/Bendomir-Kahlo/Schmidt-Räntsch, BNatSchG, § 62, Rn. 22.

Eine weitere Verminderung der Eingriffsintensität gegenüber den vorbehaltlosen Verboten und gegenüber den repressiven Verboten mit Befreiungsvorbehalt bilden die sogenannten präventiven Verbote mit Erlaubnisvorbehalt.[561] Diese enthalten ein bloß „formales" Verbot, indem sie das Verhalten von einer administrativen Kontrollentscheidung abhängig machen, auf die – wenn die tatbestandlichen Voraussetzungen erfüllt sind – im Gegensatz zu den Befreiungsvorbehalten ein Anspruch besteht, sogenannte „gebundene Erlaubnis".[562] Nur wenn und solange die Erlaubnisvoraussetzungen nicht erfüllt sind, entfaltet das Verbot also eine materielle Untersagungswirkung, ansonsten eine rein formale.[563] Beispiele für solche präventiven Verbote mit Erlaubnisvorbehalt im Umweltschutz finden sich zahlreich, u. a. in § 4 BImSchG i. V. m. der 4. BImSchV[564] oder in § 49 Abs. 1 Satz 1 KrW-/AbfG.[565]

In ihrer rechtlichen Konstruktion stellen die präventiven Verbote mit Erlaubnisvorbehalt einen geringeren Eingriff in die betroffenen Freiheitsrechte der Einzelnen dar als die repressiven Verbote.[566] Während ein geschütztes Verhalten im Rahmen des repressiven Verbots grundsätzlich untersagt ist und die Verwaltung im Rahmen des pflichtgemäßen Ermessens frei über die Gestattung entscheiden kann, besteht bei den präventiven Verboten ein Anspruch auf die Gestattung, wenn die tatbestandlichen Voraussetzungen erfüllt sind.[567] Bei ersteren kann das Verhalten also trotz der Erfüllung aller Voraussetzungen versagt werden, bei letzteren steht das Verhalten allein unter einem formalen Vorbehalt. Für diese grundsätzliche Unterscheidung nach Eingriffsintensitäten anhand der rechtlichen Konstruktion kommt es dabei nicht darauf an, wie aufwändig es sich für den Einzelnen darstellt, die für die Gestattung erforderlichen Unterlagen und Nachweise beizubringen. So mag es „leichter" sein, ein Konzept für die Bewilligung oder Erlaubnis nach den §§ 7 und 8 WHG zur Gestattung vorzulegen als die Genehmigungsunterlagen für eine Anlage zur Herstellung von Farbstoffen im Sinne

561 Kotulla, Umweltrecht, Teil 1, Rn. 31.

562 Kloepfer, Umweltrecht, § 5, Rn. 48; Helberg in: Koch (Hrsg.), Umweltrecht, § 3, Rn. 82.

563 Vgl. zum Unterschied zwischen materieller und formeller Rechtswidrigkeit im Baurecht: Schoch in: Schoch/Schmidt-Aßmann/Pietzner (Hrsg.), VwGO, § 80, Rn. 150, 151 m. w. N. zur ständigen Rspr.

564 Jarass, BImSchG, § 4, Rn. 2, 14; Schmidt-Kötters in: Giesberts/Reinhardt (Hrsg.), BeckOK, Umweltrecht, BImSchG, § 4, Einleitung; Kutscheidt in: Landmann/Rohmer (Begr.), Umweltrecht, BImSchG, Vor § 4, Rn. 18 und 19.

565 Versteyl in: Kunig/Paetow/Versteyl (Hrsg.), KrW-/AbfG, § 49, Rn. 10, 36 ff.; Kropp in: Giesberts/Reinhardt (Hrsg.), BeckOK, Umweltrecht, KrW-/AbfG, § 49, Einleitung; Kersting in: Landmann/Rohmer (Begr.), Umweltrecht, KrW-/AbfG, § 49, Rn. 16.

566 Kotulla, Umweltrecht, Teil 1, Rn. 31.

567 Maurer, Allgemeines Verwaltungsrecht, § 9, Rn. 55; Helberg in: Koch (Hrsg.), Umweltrecht, § 3, Rn. 83.

des Nr. 4. 1. lit. j) 4. BImSchV. Auch darf nicht verkannt werden, dass bereits die Anforderung, Genehmigungsunterlagen und Nachweise beizubringen, zumindest Rechte aus Art. 2 Abs. 1 GG berührt und auch hier ein „Mehr" an Nachweiserfordernissen ein „Mehr" an Eingriffsintensität bedeuten kann.[568] Gleichwohl verhindert das repressive Verbot im Ansatz materiell und gänzlich, während das präventive Verbot das Verhalten allein von einem Verfahrensschritt abhängig macht, nicht aber generell untersagt.

Eine noch geringere Eingriffsintensität weisen Anzeige- und Anmeldepflichten im Rahmen von Eröffnungskontrollen auf.[569] Zumeist sind sie nicht als Verbote ausgestaltet und sind dann an anderer Stelle zu behandeln. Denkbar sind jedoch Anzeigepflichten, die ähnlich dem präventiven Verbot mit Erlaubnisvorbehalt ausgestaltet sind, indem die Aufnahme einer Tätigkeit verboten ist, bis die Anzeige erfolgt und gegebenenfalls weiter für eine bestimmte Zeitspanne („Wartefrist") nach der Anzeige.[570] In dieser Gestaltung stellen die Anzeigepflichten ebenfalls formale Verbote dar und unterscheiden sich von den präventiven Verboten mit Erlaubnisvorbehalt regelungstechnisch dadurch, dass ein administrativer Gestattungsakt entbehrlich ist und allein die Anzeige ausreicht oder die Anzeige zuzüglich einer bestimmten Wartefrist.[571] Beispiele hierfür finden sich in § 51 KrW-/AbfG, der eine Transportgenehmigung nach § 49 KrW-/AbfG unter bestimmten Voraussetzungen durch eine bloße Anzeigepflicht ersetzt,[572] oder der Anmeldepflicht gemäß § 4 ChemG, die umfangreiche Nachweispflichten fordert und das Inverkehrbringen des Stoffs von einer Wartefrist abhängig macht (§ 8 ChemG).[573]

Gegenüber den präventiven Verboten mit Erlaubnisvorbehalt bedeuten die Anzeige- und Anmeldepflichten eine Erleichterung der Eingriffsintensität.[574] Zwar besteht auch hier ein Anspruch auf Zugang zur Tätigkeit, der von einer formalen Handlung der Kontrollbehörde abhängig gemacht wird. Doch bedarf der Einzelne nicht erst einer positiven Eröffnungsentscheidung der Verwaltung.[575] Die formale Hürde nimmt ein geringeres Ausmaß an, zumal auch bei Wartefristen nach einer Anzeige das formale Verbot regelmäßig eine kürzere Zeit andauert als bei Erlaub-

568 Zur besonderen Belastung durch Nachweisverfahren vgl. beispielsweise v. Holleben/Schmidt, NVwZ 2002, 532 ff. (zum Chemikalienrecht).

569 Siehe auch Helberg in: Koch (Hrsg.), Umweltrecht, § 3, Rn. 76.

570 Vgl. Helberg in: Koch (Hrsg.), Umweltrecht, § 3, Rn. 79.

571 Vgl. Kotulla, Umweltrecht, Teil 1, Rn. 29.

572 Nämlich für Entsorgungsfachbetriebe zur Vermeidung einer Doppelprüfung der Voraussetzungen, Versteyl in: Kunig/Paetrow/Versteyl (Hrsg.), KrW-/AbfG, § 51, Rn. 1; Kropp in: Giesberts/Reinhardt (Hrsg.), BeckOK, Umweltrecht, KrW-/AbfG, § 51, Rn. 3.

573 v. Holleben/Schmidt, NVwZ 2002, 532, 533 ff.; Kotulla, Umweltrecht, Teil 8, Rn. 10; Wolf, Umweltrecht, § 9, Rn. 510 ff.

574 Helberg in: Koch (Hrsg.), Umweltrecht, § 3, Rn. 76.

575 Helberg in: Koch (Hrsg.), Umweltrecht, § 3, Rn. 77.

nisvorbehalten, bei denen das Verwaltungsverfahren zunächst bis zur Entscheidung durchlaufen werden muss, was mitunter nicht zuletzt wegen umfangreicher zu beachtender Vorschriften und technischen Fragestellungen sowie der Beteiligung verschiedener Behörden lange auf sich warten lassen kann. Die Beachtung der zeitlichen Dauer des Verbots erlaubt des Weiteren die Beurteilung der bloßen Anzeigepflicht als weniger eingriffsintensiv als die Anzeigepflicht mit Wartefrist.

Hinsichtlich des Zugangs zu einer Tätigkeit gilt damit ein Stufensystem der verschiedenen Verbotsarten, unterteilt nach absteigender Eingriffsintensität von vorbehaltlosen Verboten, repressiven Verboten mit Befreiungsvorbehalt, präventiven Verboten mit Erlaubnisvorbehalt, Anzeige- und Anmeldepflichten ohne sowie schließlich mit Wartefrist.

b) Untersagungs- und Beschränkungsbefugnisse; nachträgliche Anordnungen

Bei den gesetzlichen Verboten als Zugangsvoraussetzung gilt der Blick regelmäßig der Eröffnungskontrolle zum Zeitpunkt vor Aufnahme einer Tätigkeit, während Untersagungs- und Beschränkungsbefugnisse nachträglich bei bereits aufgenommener Tätigkeit relevant werden.[576] Sie dienen als „Korrekturinstrument" der Aufrechterhaltung bzw. Wiederherstellung rechtmäßiger Zustände, wenn eine generell verbotene Tätigkeit ausgeübt wird oder wenn die Tatbestandsvoraussetzungen für eine Genehmigung verlassen werden.[577]

Für nachträgliche Untersagungen finden sich u. a. Beispiele in den §§ 17, 21 BImSchG, wenn einer nachträglichen Anordnung bei genehmigten Anlagen nicht nachgekommen wird[578] oder in der Untersagung nicht genehmigungsbedürftiger Anlagen nach § 25 Abs. 1 („zeitweilige", bis zur Erfüllung der Auflage nach § 24 BImSchG)[579] oder Abs. 2 BImSchG[580] sowie schließlich im Widerruf einer Genehmigung gemäß § 21 BImSchG oder deren Rücknahme nach § 48 VwVfG.[581] Sie zeichnen sich dadurch aus, dass die bereits aufgenommene Tätigkeit untersagt

576 Vgl. Kotulla, Umweltrecht, Teil 1, Rn. 33; Helberg in: Koch (Hrsg.), Umweltrecht, § 3, Rn. 95 ff.

577 Kotulla, Umweltrecht, Teil 1, Rn. 33.

578 Jarass, BImSchG, § 17, Rn. 8 ff., 21; Posser in: Giesberts/Reinhardt (Hrsg.), BeckOK, Umweltrecht, BImSchG, § 17, Rn. 1.

579 Zu den Voraussetzungen für die vorübergehende Untersagung für den Betrieb der Anlage: Enders in: Giesberts/Reinhardt (Hrsg.), BeckOK, Umweltrecht, BImSchG, § 25, Rn. 8.

580 Jarass, BImSchG, § 25, Rn. 1; Enders in: Giesberts/Reinhardt (Hrsg.), BeckOK, Umweltrecht, BImSchG, § 25, Rn. 20 ff.

581 Jarass, BImSchG, § 21, Rn. 23, 39; zum Verhältnis zwischen Widerruf und Rücknahme nach dem BImSchG bzw. nach dem VwVfG: Posser in: Giesberts/Reinhard (Hrsg.), BeckOK, Umweltrecht, BImSchG, § 21, Einleitung sowie Helberg in: Koch (Hrsg.), Umweltrecht, § 3, Rn. 98.

wird, insgesamt oder – wie im Falle des § 25 Abs. 1 BImSchG – zeitweilig, bis bestimmte Anforderungen erfüllt werden.[582]

Nachträgliche Untersagungen wirken den Verboten als Zugangsvoraussetzungen vergleichbar und unterscheiden sich im Wesentlichen von ihnen hinsichtlich des Zeitpunktes der Anordnung.

Weniger eingreifend wirken dagegen die nachträglichen (bloßen) Beschränkungen. Sie untersagen die Ausführung einer Tätigkeit (noch) nicht im Ganzen, sondern nur teilweise. So können die täglichen Betriebsstunden einer Anlage begrenzt oder sonstige Anforderungen an den Einsatz einer Anlage gestellt werden, die zu einer Beschränkung einer Tätigkeit führen. Beispiele finden sich in § 17 BImSchG[583] und § 19 b Abs. 1 Satz 3 WHG.[584]

Nachträgliche Anordnungen, wie solche nach § 17 BImSchG, können zudem auch Pflichten begründen, (noch) ohne eine Beschränkung der Tätigkeit herbeizuführen, wenn sie nämlich bloße zusätzliche Pflichten auferlegen, die selbständig durchsetzbar sind, aber keine Beschränkung der Tätigkeit verursachen.[585] Wirtschaftlich mögen diese Pflichten einen Einzelnen mitunter härter treffen als unbedeutende Beschränkungen der Tätigkeit. Dies ist selbstverständlich bei der Abwägung einer Maßnahme zu berücksichtigen. Gleichwohl liegt in der Beschränkung zunächst grundsätzlich ein intensiverer Eingriff als in einer zusätzlichen Pflicht, da die Beschränkung die geschützte Tätigkeit für einen partiellen Bereich gänzlich unterbindet.

c) Gesetzliche Gebote und Umweltpflichten

Gebote werden zumeist im Zusammenhang mit Verboten genannt,[586] weil sich Gebote als Spiegelbild eines Verbots bezeichnen lassen: Während ein Verbot ein bestimmtes Verhalten untersagt, schreibt das Gebot ein bestimmtes Verhalten vor. Zumeist kommen sie indes über einen Appellcharakter nicht hinaus, indem sie bestimmte Umweltpflichten der Einzelnen begründen.[587] Wenn man zunächst von der verbleibenden Entscheidungsfreiheit als Bestimmungsmerkmal für die Eingriffsintensität ausgeht, scheinen Gebote regelungstechnisch eine den Verboten

---

582 Hansmann in: Landmann/Rohmer (Begr.), Umweltrecht, BImSchG, § 25, Rn. 16; Enders in: Giesberts/Reinhardt (Hrsg.), BeckOK, Umweltrecht, BImSchG, § 25, Rn. 8.

583 Posser in: Giesberts/Reinhardt (Hrsg.), BeckOK, Umweltrecht, BImSchG, § 17, Rn. 28 ff.

584 Sanden in: Giesberts/Reinhardt (Hrsg.), BeckOK, Umweltrecht, WHG, § 19 b, Rn. 7 f.; Czychowski/Reinhardt, WHG, § 19 b, Rn. 8; Kotulla, Umweltrecht, Teil 1, Rn. 33 (zu § 19 c WHG a. F.).

585 Vgl. Posser in: Giesberts/Reinhardt (Hrsg.), BeckOK, Umweltrecht, BImSchG, § 17, Einleitung.

586 Vgl. Kloepfer, Umweltrecht, § 5, Rn. 132.

587 Kotulla, Umweltrecht, Teil 1, Rn. 28; Kloepfer, Umweltrecht, § 5, Rn. 132.

entsprechende Eingriffsintensität aufzuweisen. Soweit sie echte Pflichten begründen und sich nicht allein auf „Empfehlungen“ beschränken, verbieten sie jedes abweichende Verhalten und schließen damit eine Entscheidungsfreiheit innerhalb eines Schutzbereichs ansonsten aus. Tatsächlich greifen Gebote aber gegenüber Verboten weniger intensiv in die betroffenen Schutzbereiche ein: Zunächst einmal erlauben die Gebote immerhin eine bestimmte Verhaltensweise und damit mehr als ein Verbot. Des Weiteren gilt es, das „Einsatzgebiet“ des Gebotes zu berücksichtigen. Zumeist birgt ein solches Gebot lediglich begleitende Pflichten, d. h. es stellt bestimmte Anforderungen an ein ansonsten zulässiges Verhalten eines Grundrechtsträgers. Insoweit lenkt es regelmäßig ein grundsätzlich erlaubtes Verhalten und beinhaltet damit – vergleichbar mit der Stufenlehre des Bundesverfassungsgerichts – eine reine Ausübungsregelung, während das Verbot bei diesem Vergleich regelmäßig eine Zugangsregelung darstellen würde. Die Grenzen der Eingriffsintensität im Vergleich zu Verboten sind dabei naturgemäß von Gebot zu Gebot fließend. Im Einzelnen unterscheidet man folgende Gebote/Umweltpflichten:[588]

Zunächst kennt das Umweltrecht besondere Schonungspflichten. Hierbei handelt es sich um eine – nach Maßgabe der speziellen Gesetze nicht absolute, sondern relative – Pflicht, Umweltschädigungen zu unterlassen.[589] Spiegelbildlich kann in der Unterlassungspflicht auch eine Leistungspflicht zu schonendem Umgang mit der Umwelt enthalten sein.[590] Beispiele hierfür finden sich in den §§ 1 a Abs. 2 und 31 a Abs. 2 WHG, wonach – vereinfacht ausgedrückt – jedermann die erforderliche Sorgfalt zur Vermeidung von nachteiligen Auswirkungen anstrengen soll,[591] so z. B. in § 4 BNatSchG oder auch in § 4 Abs. 1 BBodSchG, die eine Jedermannspflicht zur Vermeidung schädlicher (Boden-) Beeinträchtigungen statuieren.[592] Gerade die Ausgestaltung des § 4 Abs. 1 BBodSchG verdeutlicht den geringen Eingriffscharakter, der Umweltpflichten in der Regel zukommt: Die allgemeine Schonungspflicht fand eine so vage Formulierung, dass aus ihrem Verstoß kaum Folgen hergeleitet werden können, ebenso wenig Ordnungswidrigkeiten.[593]

---

588 Die nachfolgende Aufzählung knüpft an den Inhalt der Pflicht an; zu weiteren Katalogisierungen nach materiellen/formellen und originären/derivativen Pflichten s. Kloepfer, Umweltrecht, § 5, Rn. 133 ff.

589 Kloepfer, Umweltrecht, § 5, Rn. 137.

590 Kloepfer, Umweltrecht, § 5, Rn. 137.

591 Vgl. Kotulla, NVwZ 2006, 129, 129 f.; Corman in: Giesberts/Reinhardt (Hrsg.), BeckOK, Umweltrecht, WHG, § 31 a, Rn. 4.

592 Zum BBodSchG: Versteyl in: Versteyl/Sondermann, BBodSchG, § 4, Rn. 7; Giesberts/Hilf in: Giesberts/Reinhardt (Hrsg.), BeckOK, Umweltrecht, BBodSchG, § 4, Rn. 1; Vierhaus, NJW 1998, 1262, 1264; zum BNatSchG: Gassner in: Gassner/Bendomir-Kahlo/Schmidr-Räntsch, BNatSchG, § 4, Rn. 6.

593 Giesberts/Hilf in: Giesberts/Reinhardt (Hrsg.), BeckOK, Umweltrecht, BBodSchG, § 4, Rn. 1; Vierhaus, NJW 1998, 1262, 1264; Kobes, NVwZ 1998, 786, 789; a. A. Schoeneck in: Sanden/Schoeneck, BBodSchG; § 4, Rn. 10 mit Verweis auf § 10 BBodSchG.

Ihr kommt damit ein allgemeiner Appellcharakter zu, der für sich nur sehr eingeschränkt justiziabel ist und einen nur sehr geringen Eingriffscharakter aufweist. Dasselbe gilt für § 4 BNatSchG, der ebenfalls nicht ordnungswidrigkeits- oder strafbewehrt ist.[594] Oft wird durch so formulierte Pflichten (insbesondere im Rahmen des § 31 a Abs. 2 WHG) die Eigenverantwortung der Betroffenen betont.[595] Dann handelt es sich im Grunde kaum mehr um ein Gebot oder eine echte Pflicht, mithin kaum mehr um einen Eingriff in Schutzbereiche Betroffener.

Eng mit den Schonungspflichten verwandt sind die Förderungs- und Leistungspflichten. Die Grenze ist fließend. Im Ansatz gehen sie aber über die bloße Schonung hinaus, indem sie spezifische Pflege- Erhaltungs- und Bewirtschaftungspflichten vorsehen. Hier verdichtet sich die allgemeine Schonungspflicht, die nur selten Anforderungen an ein bestimmtes Verhalten stellt, zu einer konkreter umrissenen Handlungspflicht. Ein besonders ausgeprägtes Beispiel liefert § 29 WHG, der – freilich noch in Form einer Rahmenregelung[596] – eine umfassende Unterhaltungspflicht des Eigentümers oder der Anlieger begründet.[597] Diese Unterhaltungspflicht nimmt gegenüber der allgemeinen Schonungspflicht eine höhere Eingriffsintensität ein, da die Unterhaltungspflicht mit Beschränkungen der Gewässernutzung einhergeht und die Vorteilsziehung beschränkt.[598] Dabei sind aber keineswegs alle Leistungspflichten so konkret ausgestaltet, wie die des § 29 WHG. Beispielsweise enthält § 11 BWaldG eine allgemeine Bewirtschaftungspflicht, die wiederum eher einem Appellcharakter gleichkommt und ohne nähere Ausgestaltung durch Landesgesetze eine noch sehr allgemein gehaltene und wenig eingreifende Pflicht bedeutet.[599] Im Rahmen der Leistungspflichten existieren des Weiteren Abnahmepflichten (z. B. § 15 KrW-/AbfG) und damit zum Teil korrespondierende Überlassungs-/Andienungspflichten (z. B. § 13 KrW-/AbfG)[600] oder Rücknahmepflichten (z. B. § 10 ElektroG, § 8 AltölV, § 8 VerpackVO),[601] die wiederum sehr konkrete, teilweise ordnungswidrigkeitsbewehrte Pflichten begründen

594 Gassner in: Gassner/Bendomir-Kahlo/Schmidr-Räntsch, BNatSchG, § 4, Rn. 8.

595 Zur gegenüber staatlicher Aufgabenwahrnehmung selbständig bestehenden Eigenverantwortung Privater aus § 31 a Abs. 2 WHG Kotulla, NVwZ 2006, 129, 130; Corman in: Giesberts/Reinhardt (Hrsg.), BeckOK, Umweltrecht, WHG, § 31 a, Rn. 4 mit Verweis auf die Gesetzesbegründung BT-Drucks 15/3168 S. 12 zu § 31 a.

596 Breuer, Wasserrecht, Rn. 918; Kotulla, WHG, § 29, Rn. 3, wobei § 29, Abs. 1 Satz 1 WHG auch ohne nähere landesrechtliche Ausfüllung unmittelbar vollziehbares Recht ist, Kotulla, WHG, § 29, Rn. 2.

597 Czychowski/Reinhardt, WHG, § 29, Rn. 1; Spieth in: Giesberts/Reinhardt (Hrsg.), BeckOK, Umweltrecht, WHG, § 29, Rn. 9; Kloepfer, Umweltrecht, § 5, Rn. 138; Breuer, Wasserrecht, Rn. 918.

598 Kloepfer, Umweltrecht, § 5, Rn. 138.

599 Vgl. auch Rehbinder, NVwZ 2002, 657, 659.

600 Kunig in: Kunig/Paetrow/Versteyl (Hrsg.), KrW-/AbfG, § 15, Rn. 1; Giesberts in: Giesberts/Reinhardt (Hrsg.), BeckOK, Umweltrecht, KrW-/AbfG, § 13, Rn. 2.

601 Näher hierzu: Flanderka/Renke, NVwZ 2006, 23, 25.

und gegenüber den Schonungspflichten intensiver in Schutzbereiche Betroffener eingreifen. Zu den Leistungs- und Förderungspflichten lässt sich damit festhalten, dass sie in der Regel einen intensiveren Eingriff in Freiheitsrechte mit sich bringen als allgemeine Schonungspflichten, indem sie konkretere, teilweise detailliert ausgearbeitete Pflichten begründen. Dabei lassen sich je nach Ausgestaltung der Pflicht sehr unterschiedliche Eingriffsintensitäten feststellen.

Im Weiteren kennt das Umweltschutzrecht Pflichten der Vorsorge, der Überwachung und Sicherung, beispielsweise zur Eigenüberwachung (§ 7 Abs. 1 Nr. 3 BImSchG),[602] zur Störfallvorsorge (§§ 3 ff. StörfallVO),[603] durch Kennzeichnungs- und Verpackungspflichten (§ 11 AltholzVO, § 8 Abs. 4 GefahrstoffVO, § 13 ChemG) und zur Haftungsvorsorge (§ 19 UmweltHG).[604] Die Selbstüberwachungspflicht kann auch in der Pflicht zur Bestellung eines Betriebsbeauftragten zum Umweltschutz bestehen (z. B. § 53 Abs. 1 BimSchG,[605] § 21 a Abs. 1 WHG).[606] Gegenüber den allgemeinen Leistungspflichten sind die Vorsorgepflichten eher auf die Nachhaltigkeit zukünftigen Umweltschutzes gerichtet und an die Gefahren erlaubten Handelns angebunden. Auch hier sind die Grenzen indes fließend. Mit ihren unterschiedlichen Ausprägungen fällt eine Katalogisierung der Pflichten nach Eingriffsintensitäten schwer. Letztlich stehen sie in dieser allgemeinen Darstellung – je nach Ausformung – mit den allgemeinen Leistungspflichten auf einer Stufe der Eingriffsintensität, indem sie ebenso wie diese konkrete Pflichten treffen, die die Ausübung einer bestimmten Tätigkeit berühren. Je nach Ausgestaltung der jeweiligen Pflicht kann dabei die Eingriffsintensität variieren.

Zudem finden sich im Umweltschutzrecht Mitwirkungs- und Duldungspflichten. Diese lassen sich unterteilen in permanente Pflichten und Pflichten, die anlässlich konkreter Überwachungsmaßnahmen Bedeutung erlangen.[607] Permanente Offenbarungs- und Mitwirkungspflichten finden sich dabei u. a. in Anzeige-,

---

602 Dietlein in: Landmann/Rohmer (Begr.), Umweltrecht, BImSchG, § 7, Rn. 45 ff.; Enders in: Giesberts/Reinhardt (Hrsg.), BeckOK, Umweltrecht, BImSchG, § 7, Rn. 9; Dolde/Vetter, NVwZ 1995, 943 ff.

603 Peters, Umweltrecht, Rn. 711.; Feldhaus, NVwZ 1991, 927, 931.

604 Umfassend zu den Neuerungen der EG-Richtlinie über die Umwelthaftung: Becker, NVwZ 2005, 371 ff.

605 Die Pflicht kann aus der 5. BImSchV oder einer Einzelanordnung folgen, Schwertner in: Giesberts/Reinhardt (Hrsg.), BeckOK, Umweltrecht, BImSchG, § 53, Rn. 10, 18; Peters, Umweltrecht, Rn. 709 ff.; Feldhaus, NVwZ 1991, 927, 930.

606 Zum WHG: Breuer, Wasserrecht, Rn. 450, 629, 770 ff; Czychowski/Reinhardt, WHG, § 21 a, Rn. 4 ff, 10 ff., § 21 b, Rn. 2 ff., 6 ff., 10 ff.; Pape in: Landmann/Rohmer (Begr.), Umweltrecht, WHG, Rn. 4 ff.; eine umfassende Übersicht zu den verschiedenen Betriebsbeauftragten (auch) im Umweltschutzrecht und zu deren Aufgaben liefert: Straile, Beilage zu BB 1999 Nr. 41, 1 ff.

607 Kloepfer, Umweltrecht, § 5, Rn. 147, 148.

Melde- und Mitwirkungspflichten, wie den §§ 16, 31 BimSchG,[608] 53 KrW-/AbfG, 16 ChemG, in den Erklärungspflichten (§ 27 BimSchG),[609] den Auskunftspflichten (§ 21 ChemG) und den Dokumentationspflichten (§ 42, 43 KrW-/AbfG).[610] Diese Pflichten können soweit reichen, dass die Eigenüberwachung der Einzelnen durch externe Dritte (Gutachter, zugelassene Stellen) erfolgen oder geprüft werden muss, vgl. §§ 26, 28 ff. BimSchG,[611] § 40 Abs. 3 KrW-/AbfG (auf Anordnung im Einzelfall).[612] Die Pflicht aus § 40 Abs. 3 KrW-/AbfG stellt einen Übergang von den vorgenannten Dauerpflichten zu den Mitwirkungs- und Duldungspflichten aus konkretem Anlass dar.[613] Letztere leben aus „aktuellem Anlass" auf, wenn die Behörde im Rahmen ihrer Überwachung oder infolge eines konkreten Vorfalls Informationen sammeln will oder muss.[614] Duldungspflichten bestehen nicht nur dort, wo die Kontrollbehörde Informationen sammelt, sondern auch hinsichtlich der Pflicht, Umweltbelastungen hinzunehmen, sei es, ein allgemeines Belastungsniveau zu ertragen (beispielsweise legale Nutzungen durch Einzelne hinzunehmen) oder sei es, die Pflicht, bestimmte Pflegemaßnahmen durch Einzelne oder öffentlich-rechtliche Körperschaften zu erdulden.[615]

Ausgehend von dem verbleibenden Freiraum und der verbleibenden Entscheidungsfreiheit liegt die Eingriffsintensität solcher Mitwirkungs- und Duldungspflichten in der Regel zwischen den Schonungspflichten als geringste Eingriffsstufe im Rahmen der Pflichten einerseits und den Leistungs- sowie den Vorsorgepflichten andererseits. Dabei sind die Grenzen wieder fließend und es können sich je nach konkreter Ausgestaltung einer Pflicht Differenzierungen ergeben. Im Allgemeinen belasten die Mitwirkungs- und Duldungspflichten aber stärker als die allgemeinen Schonungspflichten, indem hier über „Wohlverhaltensklauseln" ganz spezifische Verhaltensweisen gefordert werden. Dennoch greifen beispielsweise Auskunftspflichten üblicherweise weniger in die Schutzbereiche Betroffener ein als konkrete Leistungs-/Bewirtschaftungspflichten. Erstere wirken sich regelmäßig nicht auf den sonstigen Gebrauch des Freiheitsraums aus und beschränken auf diese Weise die Tätigkeit allein dadurch, dass Informationen preisgegeben werden

608 Die Mitteilungspflicht des § 31 BImSchG entsteht erst aufgrund einer behördlichen Anordnung: Sahm in: Giesberts/Reinhardt (Hrsg.), BeckOK, Umweltrecht, BImSchG, § 31, Rn. 2.

609 Sahm in: Giesberts/Reinhardt (Hrsg.), BeckOK, Umweltrecht, BImSchG, § 27, Rn. 1 ff.

610 Vgl. Thull in: Giesberts/Reinhardt (Hrsg.), BeckOK, Umweltrecht, KrW-/AbfG, § 13, Rn. 2; Kloepfer, Umweltrecht, § 5, Rn. 147.

611 Jarass, BImSchG, § 26, Rn. 2; Sahm in: Giesberts/Reinhardt (Hrsg.), BeckOK, Umweltrecht, BImSchG, § 29 a, Einleitung.

612 Paetow in: Kunig/Paetow/Versteyl (Hrsg.), KrW-/AbfG, § 40, Rn. 28; Beckmann in: Landmann/Rohmer (Begr.), Umweltrecht, KrW-/AbfG, § 40, Rn. 50.

613 Vgl. Beckmann in: Landmann/Rohmer (Begr.), Umweltrecht, KrW-/AbfG, § 40, Rn. 50.

614 Kloepfer, Umweltrecht, § 5, Rn. 148 mit zahlreichen Beispielen.

615 Kloepfer, Umweltrecht, § 5, Rn. 149 ff.

müssen, während letztere unmittelbar auf die Form und das Ausmaß einer Tätigkeit Einfluss nehmen.

Unter den Umweltpflichten am stärksten eingreifend sind indes – zumindest in ihrer konzeptionellen Regelung – die sogenannten „externen Organisationspflichten". Hierunter fallen zunächst Anschluss- und Benutzungszwänge, beispielsweise bei der Ver- und Entsorgung mit Trink- bzw. Abwasser oder die Andienungspflichten im Bereich der Hausmüllabfuhr[616].[617] Mit dem Anschluss- und Benutzungszwang gehen regelmäßig starke Eingriffswirkungen in Schutzbereiche der Grundrechtsträger, beispielsweise aus Art. 14 und 12 Abs. 1 GG, einher. Diesen wird aus Gründen einer „Solidargemeinschaft für die Volksgesundheit"[618] eine bestimmte „Mitmachpflicht" auferlegt, die ihm grundsätzlich keinerlei Eigenentscheidungsfreiheit mehr eröffnet. Gegenüber den vorgenannten Leistungs- und Vorsorgepflichten verengt sich hier die Pflicht nicht nur zu einer ganz konkreten, allein zulässigen Handlungsweise, sondern darüber hinaus regelt der Anschluss- und Benutzungszwang eine Freiheitsausübung im Ganzen; er ist keine bloße Begleitpflicht zu gefährlichen Tätigkeiten. Auch belassen viele Leistungspflichten Wahlmöglichkeiten, wie einer Pflicht nachgekommen werden soll. Dagegen bleibt dem Einzelnen im Rahmen des Anschluss- und Benutzungszwangs keine Freiheit mehr. Hier kommt die umweltrechtlich begründete Pflicht des Einzelnen in ihrer Eingriffsintensität einem („Total-") Verbot nahe und geht teilweise darüber hinaus, da nicht nur jedes andere Verhalten untersagt, sondern zusätzlich eine ganz konkrete Pflicht begründet wird.

Zu den sogenannten „externen Organisationspflichten" gehören ebenfalls Zwangszusammenschlüsse, beispielsweise der Wasser- und Bodenverbände. Bei diesen werden private Umweltbelaster oder regelmäßig verschiedene öffentlichrechtliche Körperschaften zur Bildung von Selbstverwaltungseinheiten gezwungen, die neben Pflichten über die Selbstverwaltung zumeist auch Aufgaben mit sich bringen.[619] Der sich hieraus ergebende Eingriff wirkt in seiner rechtlichen Konstruktion auf den ersten Anschein noch schwerer als bereits der Anschluss- und Benutzungszwang, da die eigenverantwortliche Ausübung der erfassten Tätigkeit nicht nur völlig verhindert wird, sondern darüber hinaus auch ein Zwang zu einer bestimmten Tätigkeit begründet wird, wobei sich die Tätigkeit nicht – wie beim

---

616 Vgl. hierzu Kunig in: Kunig/Paetrow/Versteyl (Hrsg.), § 13, Rn. 5 ff.

617 Kloepfer, Umweltrecht, § 5, Rn. 142 ff.

618 Rehn/Cronauge, Gemeindeordnung NRW, § 9, I. 2. und II. 1.

619 Vgl. Kloepfer, Umweltrecht, § 5, Rn. 145; s. auch: BVerfG 38, 281; zwei nordrhein-westfälische Lösungen zu Zwangsverbänden kommunaler Versorger (Lippeverbandsgesetz – LippeVG – vom 7. 2. 1990, NWGV, 162 und Emschergenossenschaftsgesetz – EmscherGG – vom 7. 2. 1990, NWGV, 144) hat das BVerfG kürzlich als verfassungs- und gesetzmäßig bestätigt: BVerfGE 107, 59 ff.; kritisch hierzu: Jestaedt, JuS 2004, 649 ff.

Benutzungszwang – in der Überlassung, beispielsweise von Wasser, erschöpft, sondern auch den Zusammenschluss mit anderen erfordert. Hier werden Rechte aus Art. 12 Abs. 1, 14, 2 Abs. 1 GG besonders schwer berührt. Das BVerfG rechtfertigt diese schweren Eingriffe – im Ergebnis zu Recht – mit dem Argument, dass die schweren Nachteile durch Vorteile aufgehoben werden: In dem Zwangszusammenschluss steckt nämlich auch eine Chance für neue Freiheit, indem dem Verpflichteten über den Zusammenschluss andererseits wieder ein Rest an Eigenverantwortung eingeräumt wird – er erhält die Möglichkeit, über die Pflichtenausübung im Rahmen der Selbstverwaltung zu entscheiden; eine Freiheit, die man ihm als Einzelnen wegen des Ausmaßes der Gefahr ohne den Zusammenschluss nicht überließe.[620] Diese „Chance“ auf eine Freiheit mögen die meisten Zwangsmitglieder nicht oder kaum wahrnehmen. Auch mag sich der Zusammenschluss eher für „kleinere“ Zwangsmitglieder als Chance zur Mitbestimmung in einem Bereich darstellen, den sie alleine nicht beherrschen könnten, während die „größeren“ Mitglieder eher selbst ohne Mitwirkung anderer ausreichende Kapazitäten aufweisen und den Zusammenschluss ausschließlich als Belastung ansehen werden. Dennoch überzeugt die Ansicht des Bundesverfassungsgerichts im Ergebnis:

In diesem Ergebnis wirkt der Eingriff in die individuelle Freiheit bei den Zwangsgemeinschaften jedenfalls im theoretischen Ansatz durchaus ambivalent. Einerseits stellt der Zwangszusammenschluss ein Verbot jedes abweichenden Verhaltens und zugleich eine Pflicht zu einem bestimmten positiven, aktiven Tun dar, das sich nicht lediglich in der Überlassung erschöpft, andererseits ermöglicht der Zwangsverband anders als ein gänzliches Verbot wiederum eine Freiheitsausübung.[621] In der Praxis mögen die meisten Mitglieder diesen Vorteil – wie erläutert – nicht spüren, insbesondere nicht die „größeren“, gleichwohl lässt sich der Vorteil (insbesondere für die Mitglieder, die tatsächlich allein über keine ausreichenden Mittel verfügen) nicht völlig ausräumen.

Innerhalb der gesetzlichen Gebote und Umweltpflichten lässt sich damit eine Grobeinteilung der Instrumente nach Eingriffsintensität festhalten, von den Schonungspflichten als mildeste Form über die Mitwirkungs- und Duldungspflichten sowie die Leistungs- und Förderungspflichten bis hin zum Anschluss- und Benutzungszwang, während der Zwangsverband einerseits regelmäßig einen stärkeren Eingriff als der Anschluss- und Benutzungszwang darstellt, dafür aber wiederum Räume für eine Freiheitsausübung eröffnet. Die Grenzen der einzelnen Instrumente und ihrer Eingriffsintensität sind dabei in Abhängigkeit von der jeweiligen Ausgestaltung fließend, so dass das Stufenverhältnis allein einen ersten Anhaltspunkt bietet.

---

620 BVerfG, NVwZ 2003, 850, 852 ff. (=BVerfGE 107, 59 ff.), allerdings zu Art. 28 Abs. 2 GG.
621 BVerfG, NVwZ 2003, 850, 852 ff. (=BVerfGE 107, 59 ff.) zu Art. 28 Abs. 2 GG.

d) Stufen der Eingriffsintensität innerhalb der Instrumente direkter Verhaltenssteuerung

Innerhalb der Instrumente direkter Verhaltenssteuerung nehmen die Verbote die grundsätzlich stärkste Eingriffsform ein, unterteilt in steigenden Intensitätsstufen nach Anzeige- und Anmeldepflichten im Rahmen der Eröffnungskontrolle, den präventiven Verboten mit Erlaubnisvorbehalt, den repressiven Verboten mit Befreiungsvorbehalt und schließlich den unbedingten Verboten. Je nach Ausgestaltung wirken die Untersagungs- und Beschränkungsbefugnisse entsprechend den Verboten.

Als weniger eingreifend stellen sich dagegen die Gebote und Umweltpflichten dar und zwar in ansteigender Eingriffsintensität von den allgemeinen Schonungspflichten, über die Mitwirkungs- und Duldungspflichten sowie die Leistungs- und Förderungspflichten bis hin zum Anschluss und Benutzungszwang. Letzterer kommt dem unbedingten Verbot nahe, indem er jedes abweichende Verhalten untersagt und zudem eine „Teilnahmepflicht" begründet. Eine Sonderstellung nehmen dabei die Zwangsverbände ein, die regelungstechnisch schwerer eingreifen als bloße Anschluss- und Benutzungszwänge, aber zugleich beauftragen und somit das Ausleben von Freiheitsräumen in begrenzten Bahnen wieder ermöglichen.

2. Instrumente indirekter Verhaltenssteuerung

Die Instrumente indirekter Verhaltenssteuerung zielen im Gegensatz zu den Instrumenten direkter Verhaltenssteuerung nicht darauf ab, durch Zwang und „Befehl" bestimmte Verhaltensweise zu erreichen, sondern durch Motivation.[622] Sie belassen dem Adressaten Entscheidungsfreiheiten und lenken das Verhalten in die gewünschte Richtung, ohne abweichendes Verhalten als rechtswidrig zu sanktionieren.[623] Gegenüber der direkten (zwangsweisen) Einflussnahme weisen sie ein geringeres Maß an Lenkungs- und Wirkungsschärfe auf,[624] können aber durch eine erhöhte Akzeptanzwirkung und die Mobilisierung von Marktsituationen oder -interessen teilweise erheblich bessere Erfolge zeigen.[625]

So vielfältig positive wie negative Motivationslagen geschaffen werden können, so zahlreich sind auch die Instrumente indirekter Verhaltenssteuerung. Zu nennen sind u. a. die Regelungen über Umweltinformationen. Im Bereich der indi-

622 Kloepfer, Umweltrecht, § 5, Rn. 153.

623 Kotulla, Umweltrecht, Teil 1, Rn. 35.

624 Kotulla, Umweltrecht, Teil1, Rn. 35.

625 Lübbe-Wolff, NVwZ 2001, 481, 485 ff.; Wagner, NVwZ 1995, 1046, 1050 ff.

rekten Steuerung zielen die Informationen, die über Informationspflichten der Einzelnen (s. o., E. 1. c.) und weitere Quellen erlangt werden, im Wesentlichen auf die Verbreitung, um dem Staat Entscheidungsgrundlagen zu bieten und – nicht zu unterschätzen[626] – über Appelle, Warnungen, Empfehlungen und Aufklärung das Handeln der Bürgern zu beeinflussen und sei es durch politische Willensbildung.[627] In diesen Bereich gehören auch Umweltinformationen über Produkte, wie Umweltzeichen[628] und allgemeine Verbraucherinformationen.[629] Zu den Instrumenten indirekter Verhaltenssteuerung gerechnet werden ferner Umweltabsprachen, bei denen der Staat auf Zwangsinstrumente verzichtet und über Absprachen, Kompromisse und Verträge bestimmte Ziele im Einvernehmen mit den Einzelnen anstrebt.[630] Eine positive Anreizwirkung entfalten die Gewährung von Nutzungsvorteilen für bestimmtes umweltfreundliches Handeln sowie direkte und indirekte Subventionen; „negative Anreize" leisten Umweltabgaben für umweltschädliches Handeln.[631] Eine Mischform aus positivem und negativem Anreiz stellen die „Zertifikatslösungen" dar, indem Lizenzen für einen Höchstgebrauch vergeben werden, die einen eigentumsähnlichen Rechtscharakter erhalten.[632] Hieraus kann eine Marktsituation erwachsen, in der für Unternehmen der Anreiz zu sparsamem Verbrauch entsteht, um überflüssige Lizenzen veräußern bzw. keine weiteren Lizenzen erwerben zu müssen.[633] Nicht zuletzt zählen zu den indirekten Steuerungsmitteln auch Haftungsregelungen, mit denen nicht lediglich ein Instrument für den Ausgleich eingetretener Schäden bereit gestellt wird, sondern mit denen überdies das Kostenrisiko bestimmter Verhaltensweisen verschärft und so hierauf Einfluss genommen wird.[634]

Obschon die indirekten Steuerungsmaßnahmen in ihrer rechtlichen Konstruktion Entscheidungsfreiheiten belassen und abweichendes Verhalten grundsätzlich nicht als rechtswidrig einordnen,[635] erfasste man sie nicht mit ihrem vollständigen Bedeutungsgehalt, wenn man ihnen einen Eingriffscharakter abspräche. Deutlich

---

626 Vgl. v. Danwitz, NVwZ 2004, 272 ff. zu Sinn und Effektivität der Öffentlichkeitsbeteiligung im Umweltschutz über Informationszugänge.

627 Kloepfer, Umweltrecht, § 5, Rn. 163 ff.; Wolf, Umweltrecht, § 2, Rn. 171; zum Anspruch auf Informationszugang gemäß § 4 UIG siehe Wolf, Umweltrecht, § 8, Rn. 476 ff.

628 Beispielsweise die „Blume", vgl. EG-VO 1980/2000, ABl. L 237/1.

629 Lübbe-Wolff, NVwZ 2001, 481, 488.

630 Kotulla, Umweltrecht, Teil 1, Rn. 41; zu Selbstverpflichtungen der Industrie: Schendel, NVwZ 2001, 494 ff.

631 Kotulla, Umweltrecht, Teil 1, Rn. 36 ff.; Wolf, Umweltrecht, § 2, Rn. 169.

632 Kreuter-Kirchhof, EuZW 2004, 711, 712.

633 Einen Überblick z. B. der europäischen Emissionshandels-Richtlinie und ihrer Umsetzung in deutsches Recht liefern: Kreuter-Kirchhof, EuZW 2004, 711 ff.; Kobes, NVwZ 2004, 513 ff.

634 Kotulla, Umweltrecht, Teil 1, Rn. 42; zu den Grenzen der Steuerungswirkung: Lübbe-Wolff, NVwZ 2001, 481, 485.

635 Kotulla, Umweltrecht, Teil 1, Rn. 35.

wird dies vor allem bei den Produktwarnungen, aber auch bei den Produktinformationen, die das Wettbewerbsverhalten „Privater" und ihren Grundrechtsschutz mitunter massiv beeinflussen.[636] Auch Umweltabgaben und Steuern kommt – selbstverständlich – ein eingreifender Charakter zu (Art. 12 Abs. 1, 2 Abs. 1, ggf. Art. 14 GG).[637] Aber nicht nur die negativen Anreize, vielmehr auch Subventionen und sonstige Vorteile können eingreifend wirken, indem sie Ungleichbehandlungen aufweisen oder vornehmlich Wettbewerbsverzerrungen (Art. 12 Abs. 1 GG) gegenüber demjenigen bewirken, der nicht in den Genuss einer Vergünstigung gelangt.[638] Allein Umweltabsprachen weisen in der Regel keinen eingreifenden Charakter auf.

Die Instrumente indirekter Verhaltenssteuerung untereinander nach Eingriffsintensität – soweit ihnen eine eingreifende Wirkung zukommt – exakt zuzuordnen, fällt schwer. Festhalten lässt sich insoweit, dass sich keine der Maßnahmen unmittelbar auf die Entscheidungsfreiheit der Einzelnen in zwingender Form auswirkt. Die Tätigkeit kann demnach frei ausgeübt werden mit der Folge, dass alle Maßnahmen in diesem Bereich weniger intensiv in die Rechte der Grundrechtsträger eingreifen als es bei der direkten Steuerung der Fall ist. Finanziell mag sich eine Umweltsteuer vielleicht stärker auswirken. Gleichwohl bleibt demjenigen mehr Freiheit, der beispielsweise höhere Benzinpreise in Kauf nehmen muss, als demjenigen, dem ein Fahrverbot auferlegt wurde oder demjenigen, der Lizenzen für Emissionen hinzukaufen muss, als demjenigen, der eine starre Höchstgrenze erreicht. Eine Unterscheidung der konzeptionellen Eingriffswirkung innerhalb der indirekten Verhaltenssteuerung zwischen Umweltinformationen und finanziellen Aspekten lässt sich dagegen nicht treffen; sie wirken im Ansatz gleich. Aber auch eine Unterscheidung nach Eingriffsintensität zwischen Subventionen und Belastungen lässt sich für den abstrakten Fall nicht treffen. Letztlich stellen die Subvention und die Belastung „zwei Kehrseiten derselben Medaille" dar, indem beide den Wettbewerb durch wirtschaftliche Faktoren beeinflussen. Abstrakt können die indirekten Steuerungsmittel danach untereinander nicht in ein Stufenverhältnis von Eingriffsintensitäten gebracht werden, mit Ausnahme der Umweltabsprachen, die weitestgehend keinen eingreifenden Charakter aufweisen, sondern von Freiwilligkeit geprägt sind.

---

636 BVerwGE 71, 183 (189 ff.); Gusy, NJW 2000, 977, 982 ff.

637 BVerfGE 13, 181 (185 f.); 14, 76 (101); 16, 147 (162); 29, 327 (333); 31, 8 (29); 37, 1 (17); 38, 61 (85); 42, 374 (384); 47, 1 (21); 93, 339 ff. – Wasserpfennig – ; Wernsmann, NJW 2006, 1169, 1170; Sacksofsky, NJW 2000, 2619, 2623.

638 BVerfGE 46, 120 (137); 82, 209 (223 f.); BVerwGE 71, 183 (191 f.); Sacksofsky, NJW 2000, 2619, 2623; kritisch Lübbe-Wolff, NJW 1987, 2705, 2710.

3. Planung

Die Planung bildet Hauptgrundlage einer vorausschauenden, ressourcenorientierten Umweltpolitik („Vorsorgeprinzip").[639] Die Planung hat „Konjunktur".[640] Sie verlässt das Terrain der bloß punktuellen Gefahrenabwehr, indem sie ein jeweiliges Ziel, dessen Verwirklichung und Auswirkungen gedanklich vorwegnimmt, um das Ziel systematisch anzustreben und nicht von Zufällen abhängig zu machen.[641] Trotz ihrer vielfältigen Ausgestaltungen[642] ist allen Planungen ihre wesentliche Ausgestaltung in Grundzügen gemein. Danach zeichnet sich die Planung durch einen mehraktigen Prozess aus, der aus der Erfassung des Bestehenden, der Prognose künftiger Entwicklungen und der gestalterischen Ausformung bestimmter Ziel- und Interessenkonflikte besteht.[643]

Man unterscheidet zunächst fachübergreifende Gesamtplanungen, wie die Raumordnungspläne oder die Bauleitpläne einerseits und spezialgesetzliche Fachplanungen andererseits.[644] Unabhängig von dieser Unterscheidung, lassen sich Unterschiede in ihrer Rechtswirkung feststellen.[645] Planungen können zunächst rein informative, rechtlich unverbindliche Ziele enthalten, die entweder allein der Steuerung der staatlichen Verwaltung und Umweltpolitik oder der Information der Bürger dienen sollen.[646] Diese Pläne wirken regelmäßig informell. Eine Eingriffswirkung geht von ihnen grundsätzlich nicht aus. Dagegen verpflichten sogenannte „imperative Pläne" die Verwaltung oder die Einzelnen zu bestimmten Handlungsweisen.[647] Diese imperativen Pläne können damit eine Eingriffswirkung entfalten.

Beispiele hierfür sind u. a. die Landschaftsplanung im Sinne des §§ 12 ff. BNatSchG, die Schutzgebietsausweisung nach den §§ 22 ff. BnatSchG,[648] Wasserschutzgebiete (§ 19 WHG), wasserwirtschaftliche Maßnahmenprogramme (§ 36

639 Kotulla, Umweltrecht, Teil 1, Rn. 43.

640 Vgl. Fassbender, NVwZ 2005, 1122, 1122 ff. zum Bestand und zu zukünftigen Entwicklungen mit besonderem Blick auf das EG-Umweltrecht.

641 Kloepfer, Umweltrecht, § 5, Rn. 5.

642 Peters, Umweltrecht, Rn. 123.

643 Kotulla, Umweltrecht, Teil 1, Rn. 43; Helberg in: Koch (Hrsg.), Umweltrecht, § 3, Rn. 63.

644 Schmidt, Umweltrecht, § 1, Rn. 16 ff.; Helberg in: Koch (Hrsg.), Umweltrecht, § 3, Rn. 65, 67 f., 69 ff.

645 Vgl. Helberg in: Koch (Hrsg.), Umweltrecht, § 3, Rn. 64.

646 Kloepfer, Umweltrecht, § 5, Rn. 12.

647 Kloepfer, Umweltrecht, § 5, Rn. 12.

648 Nach § 22 Abs. 2 BNatSchG muss bereits die Unterschutzstellung die zur Erreichung des Schutzzwecks notwendigen Ge- und Verbote (mit Außenwirkung gegenüber Privaten) enthalten, J. Schmidt-Räntsch, Gassner/Bendomir-Kahlo/Schmidt-Räntsch, BNatSchG, § 22, Rn. 24.

WHG),[649] die neu eingeführten Hochwasserschutzpläne (§ 31 d WHG),[650] Luftreinhaltepläne (§ 47 BImSchG)[651] und Abfallwirtschaftspläne (§ 31 ff. KrW-/AbfG).[652]

Soweit die Pläne außenrechtswirksame Gebote und Pflichten aufweisen, stehen sie diesen in ihrer Wirkung hinsichtlich der Eingriffsintensität gleich. Um die Wirkung eines Plans also in ein Stufensystem von Eingriffsintensitäten einzubringen, müssen die in dem Plan enthaltenen Anordnungen entsprechend den gesetzlichen Verboten und Geboten katalogisiert und bewertet werden. Aufgrund der Vielzahl unterschiedlicher Pläne und ihrer unterschiedlichen Ausgestaltung in der Praxis lässt sich dies nicht auf abstrakter Ebene vorwegnehmen, sondern muss im Einzelfall geprüft werden.

4. Staatliche Eigenvornahme

Im Rahmen der staatlichen Eigenvornahme wird der Staat durch eigene Mittel zum Umweltschutz aktiv.[653] Neben Zuständigkeiten bei Gefahr im Verzug existieren hier – immer weniger werdende – Umweltschutzmonopole des Staates.[654] Beispielsweise existiert ein Monopol bei der nuklearen Entsorgung (§ 9 Abs. 3 AtomG) mit der Möglichkeit, sich bei der Aufgabenerfüllung eines Dritten zu bedienen, allerdings ohne die Möglichkeit, die Aufgabe auf einen Dritten zu übertragen und sich so der Aufgabe ganz zu entledigen. Im gesetzlichen Ansatz besteht ein solches Monopol auch für die Pflichten der öffentlich-rechtlichen Entsorgungsträger zur Annahme, Verwertung oder Beseitigung von Abfällen gemäß § 15 KrW-/AbfG, die auf Dritte (auch „Private") übertragen werden kann, entweder durch Beauftragung (§ 16 Abs. 1 KrW-/AbfG) oder durch Pflichtenübertragung (§ 16 Abs. 2 KrW-/AbfG). Auf die Übertragung besteht aber kein Anspruch.[655]

Die Eigenvornahme im Wege der Zuständigkeit bei Gefahr im Verzug greift oft durch Zwangsmittel in Rechte des Einzelnen ein. Solche Eingriffe stellen sich

649 Zur Rechtsnatur vgl. Ginzky in: Giesberts/Reinhardt (Hrsg.), BeckOK, Umweltrecht, WHG, § 36, Rn. 5 ff.; Czychowski/Reinhardt, WHG, § 36, Rn. 6–8.

650 Umfassend hierzu: Kotulla, NVwZ 2006, 129 ff.

651 Zur Unterscheidung zwischen Luftreinhalte- und Aktionsplänen: Köck in: Giesberts/Reinhardt (Hrsg.), BeckOK, Umweltrecht, BImSchG, § 47, Rn. 1.

652 Überblick zu den Fachplänen im Umweltschutzrecht: Peters, Umweltrecht, Rn. 116–121; vgl. auch Klages in: Giesberts/Reinhardt (Hrsg.), BeckOK, Umweltrecht, KrW-/AbfG, § 31, Rn. 1 ff.

653 Kotulla, Umweltrecht, Teil 1, Rn. 45; Helberg in: Koch (Hrsg.), Umweltrecht, § 3, Rn. 139.

654 Kloepfer, Umweltrecht, § 5, Rn. 373.

655 Versteyl in: Kunig/Paetrow/Versteyl (Hrsg.), KrW-/AbfG, § 16, Rn. 10 für die Beauftragung, Rn. 42 f. für die Übertragung nach Abs. 2 – der entgegenstehende Wille des Entsorgungsträgers kann nicht durch einen Anspruch überwunden werden; v. Lersner in: Hösel/v. Lersner (Begr.), Abfallrecht, § 16, Rn 12 (für Abs. 1) und Rn 35 (für Abs. 2); Schink in: Jarass/Ruchay/Weidemann (Hrsg.), KrW-/AbfG, § 16, Rn. 2; Fluck in: ders. (Hrsg.), KrW-/AbfG, BodSchR, § 16 KrW-/AbfG, Rn. 38.

jedoch meist als Reflex einer bestimmten Umweltpflicht oder eines Verbotes dar, denen der Betroffene nicht nachkam. In solchen Fällen kann die Eingriffswirkung als dem Verbot entsprechend beurteilt werden, da die Maßnahme allein der Durchsetzung dient. Anders liegt es, wenn Dritte von der Maßnahme betroffen werden, denen kein Verstoß vorzuwerfen ist. Hier stellen sich die Pflichten als Duldungspflichten dar und sind dementsprechend anhand ihrer Eingriffsintensität einzuordnen. Umweltschutzmonopole greifen in Rechte aus Art. 12 Abs. 1 und 2 Abs. 1, gegebenenfalls aus Art. 14 GG ein.[656] Sie verhindern regelmäßig die eigenverantwortliche wirtschaftliche Betätigung des Einzelnen. In ihrer Eingriffsintensität entsprechen sie dann dem Verbot und zwar dem vorbehaltlosen Verbot, wenn eine Übertragung nicht vorgesehen ist und einem repressiven Verbot mit Befreiungsvorbehalt, wenn die Übertragung gewährt werden darf, aber hierauf kein Anspruch besteht.

Ausnahmsweise kann allerdings eine staatliche Eigenvornahme auch neben der wirtschaftlichen Tätigkeit „Privater" bestehen, also ohne zu monopolisieren. Dies kommt meist bei der erwerbswirtschaftlichen Betätigung, aber auch bei anderen umweltschützenden Maßnahmen ohne Gewinnerzielungsabsicht vor. Insbesondere im Rahmen der öffentlichen Daseinsvorsorge, die zu den Kernbereichen der gemeindlichen Selbstverwaltungsgarantie aus Art. 28 Abs. 2 GG zählt,[657] kollidieren immer wieder Interessen privater Gewerbetreibender mit der Tätigkeit gemeindlicher oder gemeindeeigener Unternehmen.[658]

In Bezug auf das gemeindliche Selbstverwaltungsrecht betont das Bundesverfassungsgericht dabei, dass zum Wesensgehalt der gemeindlichen Selbstverwaltung kein gegenständlich bestimmter oder nach feststehenden Merkmalen bestimmbarer Aufgabenkatalog gehöre, wohl aber die Befugnis, sich aller Angelegenheiten der örtlichen Gemeinschaft, die nicht durch Gesetz bereits anderen Trägern öffentlicher Verwaltung zugewiesen sind, ohne besonderen Kompetenztitel anzunehmen.[659] In diesem Fall beeinträchtigt das staatliche Handeln nach Ansicht des Bundesverwaltungsgerichts nicht die Rechte der Einzelnen aus Art. 12 Abs. 1 GG, da jener nicht vor Konkurrenz schütze.[660]

Ob diese Ansicht des Bundesverwaltungsgerichts haltbar ist, darf hinterfragt werden. Zum einen ist nicht ersichtlich, wo genau die Grenze zwischen hinzunehmender Konkurrenz und dem unstreitig eingreifenden Monopol zu ziehen ist. Des Weiteren zeigt der Übergang von Konkurrenz zu Monopol, dass die staat-

656 BVerwGE 62, 224 ff.
657 Vgl. Magen, JuS 2006, 404,405 f.
658 Vgl. Schink, NVwZ 2002, 129 ff.; Meyer, LKV 2000, 321, 323.
659 BVerfGE 79, 127 (146).
660 BVerfGE 39, 329 (336 f.).

liche Eigenvornahme letztlich bei beiden Handlungen dieselbe ist und sich allein in dem Grad ihrer Wirkung unterscheidet. Auch ist mittlerweile anerkannt, dass Art. 12 Abs. 1 GG vor faktischen Eingriffen schützt.[661] Solche mittelbaren Grundrechtsbeeinträchtigungen können, da sie die gleiche Wirkung wie Berufsausübungsregelungen haben, nicht erst bei extremen Fällen, wie Monopolstellungen von Kommunalbetrieben oder unzumutbaren Beeinträchtigungen der Einzelnen, unzulässig sein; die Beschränkung der privaten Teilnehmer am Wettbewerb muss vielmehr wie jede Rechtsbeeinträchtigung im Bereich des Art. 12 Abs. 1 GG durch vernünftige Erwägungen des Gemeinwohls gerechtfertigt sein.[662]

Richtigerweise beeinträchtigt damit jedes kommunalwirtschaftliche Verhalten, das in Konkurrenz zur Tätigkeit „Privater" tritt, deren Grundrechtsschutz aus Art. 12 Abs. 1 GG.[663] Dabei wirkt der Grundrechtseingriff weniger intensiv als das Monopol und die sich daraus ergebenden Verbote. Die Tätigkeit nimmt auch keinen direkten Einfluss auf die Tätigkeit, sondern erschwert sie lediglich. In diesem Sinne kann sie in ihrer Eingriffswirkung mit Subventionen verglichen werden – letztlich tritt hier mit der öffentlichen Hand ein Teilnehmer am Markt auf, der sich über die Zwänge von Umsatz und Gewinn hinwegsetzen und daher ungleich stärker sein kann als private Konkurrenten.

5. Straf- und Ordnungswidrigkeiten

Schließlich sind straf- und ordnungswidrigkeitenrechtliche Sanktionen als Instrument des Umweltschutzes zu berücksichtigen. Oft werden diese der direkten Verhaltenssteuerung zugeordnet.[664] Sie flankieren jedoch andere Instrumente, indem sie Verbote oder Pflichten in ihrer Befolgungswirkung verstärken.[665] In ihrer Akzessorietät entspricht ihre Eingriffswirkung damit zunächst dem jeweiligen „primären" umweltschutzrechtlichen Instrument. Erst durch ihre Strafbewehrung erhalten diese „primären" Instrumente eine Stufung nach Eingriffsintensitäten, abhängig vom Maß der Sanktion.

---

661 BVerfGE 13, 181 (185); 16, 147 (162); 41, 251 (262); 46, 120 (137); 61, 291 (308); 81, 108 (121 f.); Schink, NVwZ 2002, 129, 138.

662 Schink, NVwZ 2002, 129, 138; Tettinger, NJW 1998, 3473, 3474.

663 Schink, NVwZ 2002, 129, 138; hieraus folgt auch, dass die wirtschaftliche Betätigung der Kommunen trotz der ihnen eingeräumten Rechtsgarantie aus Art. 28 Abs. 2 GG, die (oben, C.) begründete Subsidiarität staatlicher Aufgabenwahrnehmung nicht infrage stellt: Die Kommunen müssen die privaten Freiheiten beachten.

664 Vgl. Kotulla, Umweltrecht, Teil 1, Rn. 34.

665 Kloepfer, Umweltrecht, § 7, Rn. 1; Kotulla, Umweltrecht, Teil 1, Rn. 34.

6. Umweltprivatrecht

Schließlich kann der Staat durch die Formulierung des Umweltprivatrechts Einfluss auf den Umweltschutz nehmen. Dieses Feld betrifft aber nicht, wie in aller Regel bei den vorgenannten Instrumenten, das „zweidimensionale" Verhältnis zwischen Staat und Grundrechtsträgern, sondern ein „dreidimensionales" Verhältnis, in dem der Staat die Beziehungen der Einzelnen untereinander regelt. Bekanntestes Beispiel dürften die Regelungen zum nachbarrechtlichen Immissionsschutz (§§ 903 ff, 906, 1004 BGB) sein. Hierzu zählen aber auch die oben genannten Haftungsregelungen und das Deliktsrecht (vgl. die verschuldensunabhängige Haftung gemäß § 22 WHG),[666] einschließlich des Produktinformations- und -Haftungsrechts, Arbeitssicherheitsvorschriften, aber auch das Wettbewerbs- und Kartellrecht.[667]

Das Umweltprivatrecht weist durchaus grundrechtsschutzrechtliche Bezüge auf (Drittwirkung von Grundrechten; Wettbewerbsregelungen etc.). Meist betrifft es Inhalts- und Schrankenbestimmungen des Eigentums (Art. 14 GG) oder die Privatautonomie (Art. 2 Abs. 1 GG), selten die Berufsausübung und den Zugang zum Beruf (Art. 12 Abs. 1 GG). Soweit die Regelungen nicht die Ausübung reglementieren, sondern allein positive oder negative Anreize schaffen (Produkthaftung), steht ihre Eingriffswirkung den Instrumenten indirekter Verhaltenssteuerung gleich, wo sie auf einer sehr geringen Stufe stehen (s. o., E. II. 2.). Dasselbe gilt auch für Duldungspflichten (s. ebenfalls oben, E. II. 2.). Sobald das Verhalten der Einzelnen aufgrund privater Abwehrrechte eingeschränkt wird, steigt aber die Eingriffsintensität bis hin zu einer den Verboten entsprechenden Wirkung. Da das Zivilrecht indes weitgehend der Privatautonomie unterliegt und so Einschränkungen der Betätigung Einzelner auf dem Verhandlungswege mit anderen „Privaten" abgemildert werden können (z. B. bei Begrenzungen der Duldungspflichten hinsichtlich des Ausmaßes an Immissionen, die durch rechtsgeschäftliche Vereinbarung bis zur Grenze der Sittenwidrigkeit ausgeweitet werden können), wirken die zivilrechtlichen „Verbote" regelmäßig – von der Grundrechtsbetätigung aus betrachtet – weniger intensiv auf das Verhalten der Einzelnen ein, unabhängig von ihrer gegenüber den administrativen Instrumenten teilweise faktisch höheren Effizienz.

666 Kotulla, WHG, § 22, Rn. 2; Czychowski/Reinhardt, WHG, § 22, Rn. 4; Hilf in: Giesberts/Reinhardt (Hrsg.), BeckOK, Umweltrecht, WHG, § 22, Einleitung; zum Verhältnis zwischen allgemeinen zivilrechtlichen Ansprüchen und der Gefährdungshaftung nach § 22 WHG: Breuer, Wasserrecht, Rn. 1095.

667 Umfassend: Kloepfer, Umweltrecht, § 6, Rn. 1 ff.

7. Ergebnis

Im Ergebnis lässt sich eine Stufenfolge nach Eingriffsintensität für umweltrechtliche Instrumente bilden. Dabei muss berücksichtigt werden, dass dieses Stufensystem von der grundsätzlichen Auswirkung auf den Freiraum der Grundrechtsträger ausgeht und sich je nach Ausgestaltung Abweichungen ergeben können, insbesondere bei der Kombination verschiedener Instrumente.

Danach beeinträchtigen regelmäßig vorbehaltlose Verbote am stärksten, nachfolgend stehen repressive Verbote mit Befreiungsvorbehalt und präventive Verbote mit Erlaubnisvorbehalt sowie Anzeigepflichten im Rahmen der Eröffnungskontrolle. Umweltmonopole gleichen vorbehaltlosen Verboten; wenn sie allerdings Ausnahmen zulassen, gleichen sie repressiven Verboten mit Befreiungsvorbehalt.

Unter den Verboten rangieren die Umweltpflichten. Sie untergliedern sich in ansteigender Eingriffsintensität von den allgemeinen Schonungspflichten über die Mitwirkungs- und Duldungspflichten bis hin zum Anschluss- und Benutzungszwang, dem eine verbotsgleiche Wirkung zukommt.

Eine weitere Abmilderung der Eingriffsintensität findet sich bei den Instrumenten indirekter Verhaltenssteuerung, von denen den Umweltabsprachen im Grunde keine eingreifende Wirkung zukommt, während die übrigen Instrumente sich zwar durchaus ökologisch effizient auswirken mögen, aber gleichsam den Freiheitsraum der Grundrechtsträger weitgehend belassen, indem sie kein Verhalten vorschreiben, sondern allein motivieren.

Die wirtschaftliche Betätigung der öffentlichen Hand wirkt den Subventionen vergleichbar und steht damit auf einer Stufe mit den Instrumenten indirekter Verhaltenssteuerung.

Innerhalb des jeweiligen Instruments kann sich gegenüber gleichartigen Instrumenten eine Eingriffsstufung durch die Bewehrung mit Straftatbeständen oder Ordnungswidrigkeiten ergeben, ähnlich liegt der Fall bei Haftungsregelungen.

Bei der Planung muss das Maß der Rechtsfolgen bewertet werden, um dasjenige der Eingriffsintensität zu bestimmen. Sie können Verboten und Pflichten entsprechen und sind dort einzuordnen. Ähnliches gilt für das Umweltprivatrecht, das meist auf der Stufe indirekter Verhaltenssteuerung rangiert, aber bis hin zu Verboten ausgestaltet sein kann. Dabei darf mit Blick auf die Privatautonomie eine leichte Abmilderung gegenüber den (öffentlich-rechtlichen) Verboten gesehen werden.

III. Zuordnung der Eingriffsstufen zu Gefahrenlagen

In einem zweiten Schritt ist nun zu ermitteln, ab wann der Staat welche Eingriffsstufe wählen darf bzw. muss. Ausgangspunkt hierfür sind die staatlichen Schutzpflichten. Sie bestimmen, wann der Staat eingreifen darf bzw. eingreifen muss.

Nach Rechtsprechung und Lehre setzen die Staatspflichten ein, wenn ein individuelles Rechtsgut durch Eingriffe Dritter gefährdet wird. Dabei muss der Staat umso eher schützend eingreifen, desto höher das bedrohte Rechtsgut in der verfassungsrechtlich begründeten Werteordnung wiegt und desto wahrscheinlicher die Realisierung der Gefahr ist. Nachfolgend soll diese Gefahrenintensität zunächst näher bestimmt und in Gefahrenstufen klassifiziert werden (s. unten, 1.). Eines Schutzes bedarf der Grundrechtsträger des Weiteren erst, wenn er chancenlos gestellt würde, weil er den Eingriff selbst nicht abwehren kann. Diese Abwehrbarkeit der Gefahr wird ebenfalls nach Stufen unterteilt unten (2.) dargestellt. Da die Abwehrbarkeit der Gefahr eng mit ihrer Beherrschbarkeit zusammenhängt, werden dort auch die Eingriffsstufen unter Berücksichtigung der Gefahrenintensität und der Gefahrenbeherrschbarkeit der jeweiligen Gefahrenlage zugeordnet. So finden sich die Vorgaben des „so viel wie nötig" und des „so wenig wie möglich" zusammen und ergeben einen einheitlichen Prüfungsmaßstab.

1. Stufen der Gefahrenintensität

In Anlehnung an Rechtsprechung und Lehre zu den Staatspflichten gibt zunächst das Ausmaß der Bedrohung für ein Rechtsgut den Ausschlag dafür, wann ein staatliches Schutzhandeln im Einzelfall erforderlich erscheint (s. o., D. 2. b.). Das Ausmaß der Bedrohung (Gefahrenintensität) richtet sich dabei nach dem Wert des bedrohten Rechtsgutes und dem befürchteten Verletzungsgrad einerseits und der Wahrscheinlichkeit des Gefahreneintritts andererseits.

Berücksichtigt man für die Gefahrenintensität einerseits den Wert des bedrohten Rechtsgutes und den Grad seiner Verletzung (Verletzungsgrad) sowie andererseits die Wahrscheinlichkeit des Gefahreneintritts (Wahrscheinlichkeit), ergibt sich ein erstes zweidimensionales „Koordinatensystem". Hier liegt der „Verletzungsgrad" auf der X-Achse, die Wahrscheinlichkeit der Realisierung auf der Y-Achse. Ein derartiges Koordinatensystem zeigt verschiedene Gefahrenstufen an: Je höher der Verletzungsgrad liegt und je höher die Wahrscheinlichkeit der Realisierung der Gefahr ist, desto weiter „schlägt" das Koordinatensystem aus.

Zwar lassen sich der Verletzungs- und der Wahrscheinlichkeitsgrad nicht einer mathematischen Formel gleich berechnen und gegeneinander gewichten – dennoch veranschaulicht dieses „Koordinatensystem" eine erste Stufung der

Gefahrenintensität. Je höher das Koordinatensystem „ausschlägt", desto eher wird eine Schutzpflicht einsetzen und desto ernster ist die Schutzpflicht zu nehmen. Deshalb werden auch höhere Stufen der Eingriffsintensität eher gerechtfertigt sein bei höheren Stufen der Gefahrenintensität. In diesem Sinne spricht viel dafür, beispielsweise lediglich eine Mitteilungspflicht zu statuieren, wenn sich Gefahrenintensität und Wahrscheinlichkeit im unteren Bereich befinden und eher ein Verbot zu wählen, wenn sich beide im oberen Bereich befinden, während abgestufte, schwächere Eingriffsstufen im mittleren Bereich des Koordinatensystems zu verorten sein dürften. Nicht vergessen werden darf dabei aber, dass hier allein ein erster Anhaltspunkt anhand der Gefahrenintensität geboten wird, der je nach dem Grad der Gefahrenbeherrschbarkeit zu relativieren ist.

a) Stufen der Wahrscheinlichkeit

Es erscheint dabei zunächst müßig und auf abstrakter Ebene kaum möglich, verschiedene Wahrscheinlichkeitsgrade näher zu katalogisieren. Wann eine geringe, wann eine mittlere oder hohe Gefahr besteht, lässt sich nur anhand des konkreten Einzelfalls ermitteln. Eine weitere Differenzierung bleibt daher den folgenden Ausführungen vorbehalten.

b) Stufen des Verletzungsgrades

Anders liegt es aber bei dem Verletzungsgrad. Hier lassen sich durchaus erste abstrakte Wertungen der einzelnen Rechtsgüter untereinander treffen, ebenso kann innerhalb eines Schutzbereichs eines Grundrechts eine erste Einteilung nach Bedrohungsstufen erfolgen. Auf diese Weise erhält die „X-Achse" des Koordinatensystems eine erste grobe Einteilung nach Gefahrenstufen.

Geht man vorliegend von den Staatspflichten, insbesondere vom Grundrechtsgewährleistungsschutz auf dem Gebiet des Umweltschutzrechts aus, sind auf der „X-Achse" die Schutzrechte der Einzelnen aus den Art. 2 Abs. 2 und 14 GG „einzutragen". Dies sind die wesentlichen Rechte, die eine Schutzpflicht des Staats auf dem Gebiet des Umweltschutzrechts auslösen können.

So schützt Art. 2 Abs. 2 GG das Leben und die körperliche Unversehrtheit und damit auch ein „ökologisches Existenzminimum",[668] ohne das menschliches

668 Kloepfer, Umweltrecht, § 3, Rn. 11.

(gesundes) Leben unmöglich wäre.[669] Art. 14 Abs. 1 GG kann nach den obigen Grundsätzen (s. o., D. 2. a.) ebenfalls eine staatliche Schutzpflicht auslösen, wenn nämlich Eigentümer gegenüber Eigentumsverletzungen schutzlos gestellt würden. Auf dem Gebiet des Umweltschutzes kann dies u. a. geschehen, wenn private Emittenten Grund und Boden eines Nachbarn verseuchen, ohne dass dieser eine Chance zur Abwehr erhält. In der Praxis wird das Ausmaß dieser Fallgestaltung beispielsweise bei Schäden an privaten Wäldern deutlich, wobei hier angesichts der offenen Verursacherlage streitig bleiben wird, wann sich die Staatspflicht zu einem bestimmten Schutzanspruch bzw. zu einem Schadensersatzanspruch verdichtet.[670]

Schließlich könnten auch weitere Freiheitsrechte genannt und untersucht werden. Andere als die vorgenannten Artikel werden allerdings allein in Einzelfällen relevant und dürfen daher vernachlässigt werden.[671] Jedoch wird in diesem Zusammenhang auch Art. 2 Abs. 1 i. V. m. Art. 1 Abs. 1 GG genannt; dieser soll die Existenz einer menschenwürdigen Umwelt verbürgen.[672] Dieser Schutz, dessen Kern kaum in Abrede gestellt werden kann,[673] ist allerdings so allgemein formuliert, dass sich hieraus kaum eine konkrete Schutzpflicht ableiten lassen können wird.[674]

Zur Einteilung der „X-Achse" des Verletzungsgrades sind nun die verschiedenen den Art. 2 Abs. 2 und 14 GG unterfallenden Rechtsgüter zu gewichten.

aa) Gewichtung der Rechtsgüter der Art. 2 Abs. 2 und 14 GG untereinander

Unproblematisch gelingt eine Gewichtung zunächst bei einem Vergleich der in den genannten Artikeln verbürgten Rechtsgüter untereinander. Es bedarf nicht erst der Scharfsinnigkeit eines Bundesverfassungsgerichts, um die Erkenntnis zu erlangen, dass das menschliche Leben einen Höchstwert der Verfassungsgüter darstellt – schließlich bedeutet dieses die „vitale Basis" der Menschenwürde und aller anderen Grundrechte.[675] Die staatliche Schutzpflicht für das Leben hat der Staat besonders ernst zu nehmen; sie ist umfassend und gebietet dem Staat, sich

669 Vgl. BVerfGE 49, 89 (140 ff.) – Kalkar; 53, 30 (57 ff.) – Mülheim-Kärlich; 56, 54 (73 ff.) – Flughafen Düsseldorf; s. auch oben, D. 2. a).

670 Vgl. BVerfG, NJW 1983, 2931; Durner, JuS 2005, 793, 795 (Fn. 47); Langer, NVwZ 1987, 195, 195; Murswiek, NVwZ 1986, 611 ff.

671 Zu denken wäre beispielsweise an Art. 12 Abs. 1 GG.

672 (Streitig) Kloepfer, Umweltrecht, § 3, Rn. 13 m. w. N.

673 Anders aber Ule, der bereits keinen Zusammenhang zwischen Menschenwürde und Umweltschutz sieht, DVBl 1972, 437, 438.

674 Kloepfer, Umweltrecht, § 3, Rn. 13 m. w. N.

675 Statt Vieler: BVerfGE 39, 1 (42) und zuletzt: BVerfG, NJW 2006, 751 (757); BVerfG, 1 BvR 518/02 vom 4.4.2006, BeckRS 2006, 23166.

schützend vor das Leben zu stellen.[676] So wiegt der Lebensschutz jedenfalls höher und dringlicher als der Schutz des Eigentums.

Ebenso wiegt der Schutz des Lebens höher als der Schutz der körperlichen Unversehrtheit – dies zumindest auf abstrakter Ebene, da das Leben erst die Basis der übrigen Garantien bildet. In concreto mögen die Grenzen im Falle schlimmster Verletzungen, Folter und Qualen dagegen wenigstens aus Sicht des betroffenen Rechtsträgers allerdings verschwimmen. So kann sich das der körperlichen Unversehrtheit beizumessende Gewicht der Bedeutung des Schutzes des Lebens annähern und in Extremfällen gleichsam eine gleichwertige Stufe erreichen, beispielsweise in Zusammenschau mit Menschenwürdeaspekten in Fällen der Sterbehilfe.[677]

Aus den vorstehenden Erörterungen zur hohen Bedeutung des Schutzes der körperlichen Unversehrtheit ergibt sich ebenso das Rangverhältnis zwischen dem Schutzgut der körperlicher Unversehrtheit und dem Eigentum. Ähnlich wie der Schutz des Lebens nimmt auch die körperliche Unversehrtheit einen überragenden Wert des verfassungsrechtlichen Schutzes ein. Das Gut der körperlichen Integrität wiegt dabei traditionell besonders schwer gegenüber sonstigen Rechten auf Freiheit und Gleichheit.[678] Auch der Schutz der körperlichen Unversehrtheit bildet die Grundlage für ein menschenwürdiges Leben und die Inanspruchnahme anderer Freiheitsrechte.[679]

In einer ersten Grobeinteilung wäre damit der Schutz des Eigentums auf der „X-Achse" des Verletzungsgrades an unterer Stufe, der Schutz der körperlichen Unversehrtheit eher auf mittlerer und der Schutz des Lebens eher auf höchster Stufe zu verorten. Diese erste Grobeinteilung gilt indes – wie ausgeführt – nur grundsätzlich bei der Bestimmung der erforderlichen Schutzmaßnahme. Ausdifferenzierungen sind möglich (dazu sogleich) und können zu Abweichungen führen. Eine weitere Relativierung kann auch aus dem zweiten erforderlichen Unterschritt zur Bestimmung des erforderlichen Schutzniveaus, bei der Berücksichtigung der Beherrschbarkeit der Gefahrenlage, folgen (s. dazu unten, E. III. 2.).

---

676 BVerfGE 46, 160 (164); BVerfG, NJW 2006, 751 (757); BVerfG, 1 BvR 518/02 vom 4.4.2006, BeckRS 2006, 23166; Murswiek in: Sachs (Hrsg.), Grundgesetz, Art. 2, Rn. 188.

677 Vgl. Höfling, JuS 2000, 111, 114; Hufen, NJW 2001, 849 ff.; Landau, ZRP 2005, 50, 51.

678 Vgl. BVerfGE 49, 89 (140 ff.) – Kalkar; 53, 30 (57 ff.) – Mülheim-Kärlich; 56, 54 (73 ff.) – Flughafen Düsseldorf.

679 Vgl. BVerfGE 49, 89 (140 ff.); Landau, ZRP 2005, 50, 51.

bb) Gewichtung der Gefahr innerhalb der betroffenen Rechtsgüter der Art. 2. Abs. 2 und 14 GG

Im Folgenden gilt es, die in den Art. 2 Abs. 2 und 14 GG verbürgten Rechtsgüter nach Gefahrenstufen weiter aufzugliedern, indem jedes betroffene Rechtsgut in sich gewichtet wird. Ansatzpunkt ist dabei die Intensität der fraglichen Rechtsgutverletzung. Weitere Ausdifferenzierungen können sich aus anderen Gründen ergeben (Grad der Wahrscheinlichkeit oder unter Berücksichtigung der Gefahrenbeherrschbarkeit, s. unten, E. III. 2.).

Eine Sonderstellung nimmt dabei wiederum der in Art. 2. Abs. 2 GG verbürgte Lebensschutz ein. Dieser ist einer Abwägung nach Eingriffsintensitäten nicht zugänglich. Das Leben stellt ein absolutes Recht dar, das entweder verletzt, also „aufgehoben" wird, oder nicht. Auch eine Wertung im Vergleich verschiedener Grundrechtsträger scheidet im ersten Herangehen aus; jedes Leben ist gleich wertvoll.[680]

Anders liegt dies bei dem Schutz der körperlichen Integrität, Art. 2 Abs. 2 GG. Eingriffe in diesen Schutzgehalt können einer abstrakten, naturgemäß aber nur grundsätzlichen, nicht unumstößlichen, Gewichtung unterzogen werden. Abgrenzungskriterien sind danach zunächst die Dauer und Reversibilität der Beeinträchtigung. Nach diesem Kriterium wiegen dauerhafte, unumkehrbare Verletzungen schwerer als kurzzeitige oder behebbare Beeinträchtigungen. Auch sind unterschiedliche Grade der Beeinträchtigung als Verletzungsfolge denkbar. Diese lassen sich zwar nur schwer allgemeingültig gewichten. So bedeutet es aber dennoch – plakativ ausgedrückt – einen Unterschied, ob jemand einen „kleinen Finger" oder seinen „ganzen Arm" verliert. Anhaltspunkte bieten die unterschiedlichen Strafzumessungen bei Körperverletzungsdelikten im Strafprozess, soweit sie sich auf die Schwere der Folge beziehen (vgl. bereits die Unterscheidung zwischen den §§ 223 und 226 StGB), wobei der Schutz der körperlichen Unversehrtheit aus Art. 2 Abs. 2 GG selbstverständlich weiter reicht als der Schutz der §§ 223 ff. StGB. An dieser Stelle erlangt auch die Wesensgehaltsgarantie des Art. 19 Abs. 2 GG Bedeutung: Je näher die Beeinträchtigung an den Wesensgehalt des Grundrechtsschutzes heranrückt, desto eher wird man eine besonders schwere Verletzung des Schutzgutes annehmen.

Feingliedriger lässt sich der Schutz des Eigentums aus Art. 14 GG in „Verletzungsgrade" unterteilen. Ausgangspunkt sind dabei die verfassungsrechtliche Grundentscheidung[681] des Art. 14 GG für eine Privatnützigkeit und des Weiteren wiederum Dauer und Reversibilität der Beeinträchtigung.

---

680 BVerfG: 1 BvR 357/05 vom 15.2.2006, BeckRS 2006, 21046, Rn. 84; s. aber sogleich.

681 Wendt in: Sachs (Hrsg.), Grundgesetz, Art. 14, Rn. 4 ff.

Hinsichtlich des Grades der Privatnützigkeit gilt Folgendes: Am stärksten greift insoweit eine vollständige Entziehung des Eigentums – bei Sachgegenständen beispielsweise durch Zerstörung – in das Recht aus Art. 14 GG ein, da hierdurch die Privatnützigkeit gänzlich aufgehoben wird. Dem Art. 14 GG unterfallende Schutzgüter, die keine Sachgegenstände sind, können ebenfalls vollständig entzogen werden, beispielsweise indem die Sache zerstört oder unbrauchbar gemacht wird, an der ein geschütztes konkretes vermögenswertes Recht besteht. Gerade im Bereich des Umweltschutzes drohen dem Eigentümer jedoch auch auf geringerer Eingriffsebene vielerlei weitere Gefahren für die Benutzbarkeit seines Eigentums. Beispielsweise bei Sachgegenständen kann die Benutzbarkeit mit Blick auf die Gefahren, die im Zusammenhang mit dem Umweltschutz stehen, beeinträchtigt werden durch die Zuführung von unwägbaren Stoffen auf ein Grundstück – dies können Partikel-/Rußimmissionen[682] sein, saurer Regen[683] und Gase[684] oder Lärm,[685] aber auch sonstige Grenzüberschreitungen.[686] Dasselbe gilt bei einer Beeinträchtigung beweglicher Sachen.[687] Während das zivilrechtliche Eigentum nach h. M. grundsätzlich nur vor „Grenzüberschreitungen" geschützt wird und ein Vorenthalten bestimmter, von außen ankommender Stoffe oder „wertbildender Faktoren" allein aus dem Eigentumsanspruch regelmäßig nicht verhindert werden kann (sogenannte negative Einwirkungen/Vorenthalten von Vorteilen, wie Luft, Licht oder Grundwasser),[688] schützt der verfassungsrechtliche Eigentumsbegriff – abhängig von rechtmäßigen Inhalts- und Schrankenbestimmungen – alle Nutzungsmöglichkeiten einschließlich der Ausnutzung eines sich aus einer bestimmten Lage ergebenden Vorteils.[689] Soweit die Rechtsordnung also über die §§ 903 ff., 1004 BGB hinaus die Ausnutzung bestimmter Vorteilslagen einer Sache schützt, kann eine Eigentumsbeeinträchtigung im Sinne des Art. 14 GG auch in dem Vorenthalten bestimmter Stoffe liegen.

---

682 Vgl. VG München, NVwZ 2005, 1215 (Feinstaub); Jarass, NJW 1983, 2844 ff.; Storost, NVwZ 2004, 257, 258; Fritzsche in: Bamberger/Roth (Hrsg.), BGB, § 906, Rn. 23 mit Rspr.-Nachweisen; Säcker in: MüKo, BGB, § 906, Rn. 67 f.

683 Vgl. Langer, NVwZ 1987, 195, 195; Murswiek, NVwZ 1986, 611 ff.; Säcker in: MüKo, BGB, § 906, Rn. 67 f.

684 Vgl. OVG Schleswig, Urteil vom 5.1.2005 – 2 LB 62/04, BeckRS 2005, 25866; Fritzsche in: Bamberger/Roth (Hrsg.), BGB, § 906, Rn. 21, 22 mit Rspr.-Nachweisen; Säcker in: MüKo, BGB, § 906, Rn. 67.

685 Vgl. Jarass, NJW 1983, 2844 ff.; Quaas, NVwZ 1991, 16,19; Storost, NVwZ 2004, 257, 258; Fritzsche in: Bamberger/Roth (Hrsg.), BGB, § 906, Rn. 25 mit Rspr.-Nachweisen; Säcker in: MüKo, BGB, § 906, Rn. 39 ff.

686 Vgl. Medicus in: MüKo, BGB, § 1004, Rn. 22 f.

687 Beispiel: Lackschaden infolge Emissionen – Fritzsche in: Bamberger/Roth (Hrsg.), BGB, § 1004, Rn. 39 mit weiteren Beispielen.

688 Medicus in: MüKo, BGB, § 1004, 33.

689 Siehe aber BVerfGE 58, 300 ff. – Nassauskiessung.

Die vollständige Entziehung der Nutzungsmöglichkeit stellt dabei – wie bereits ausgeführt – die stärkste Eigentumsbeeinträchtigung dar. Die bloße Beschädigung und die sonstigen Nutzungsbeeinträchtigungen lassen sich dagegen auf abstrakter Ebene insoweit nicht weiter in ein Stufenverhältnis einordnen, da sie letztlich beide dieselbe Folge zeigen, nämlich eine Beeinträchtigung der geschützten Privatnützigkeit, die weniger schwer wiegt als die gänzliche Entziehung.

Die Schwere der Beeinträchtigung lässt sich parallel dazu einteilen nach ihrer Dauer und Reversibilität. Hierbei wiegt die endgültige Entziehung der Nutzungsmöglichkeit wiederum am schwersten. Lang anhaltende Beeinträchtigen stören des Weiteren weniger als endgültige, aber – selbstverständlich –mehr als kurzzeitige oder (jederzeit) behebbare.

Keine weitere Unterteilung nach Verletzungsgraden folgt dagegen aus der Bedeutung des betroffenen Rechtsgutes. Die Rechtsordnung und insbesondere Art. 14 GG schützen jedes private Eigentum gleichermaßen. Ein Anhaltspunkt kann insoweit allenfalls der Wert des Eigentums sein. Die Bedeutung des Eigentums bemisst sich indes nicht allein am Wert einer Sache, so dass hierin nur ein schwaches Indiz liegt.

Abschließend gilt für alle vorgenannten Rechtsgüter aus objektiver, gesetzgeberischer („Makro-") Sicht eine Gefahrenabstufung nach der Zahl der Betroffenen. Zwar ergibt sich die Schutzpflicht bereits in jedem Einzelfall – insbesondere eine Gefahr für ein einzelnes Menschenleben löst hohe Schutzanforderungen aus –, jedoch leitet sich die Schutzpflicht nicht zuletzt aus der objektiven Werteordnung und dem Staatszweck zum Schutz und der Friedenswahrung her. In diesem Sinne kann die Bedeutung einer bestehenden Gefahr aus „Makrosicht" mit dem Kreis der Gefährdeten anwachsen.

2. Stufen der Gefahrenbeherrschbarkeit

Während oben eine Annäherung an die Bestimmung des Punktes der Schwelle zur Eintrittspflicht des Staats anhand des Ausmaßes der Gefahr für ein bestimmtes Schutzgut in einem „Koordinatensystem" aus Bedeutung des Rechtsguts und Wahrscheinlichkeit der Gefahrenrealisierung ermittelt wurde, gilt es im zweiten Schritt, die Beherrschbarkeit der Gefahrenlage zu berücksichtigen und so den Punkt exakter zu bestimmen sowie das Ausmaß des dem Staat Erlaubten gleichzeitig nach oben zu begrenzen.

Hintergrund hierfür ist zunächst das Erfordernis der „Chancenlosigkeit" einer Grundrechtsausübung, die erst eine staatliche Schutzpflicht begründet (s. o., D. I. 2. b.). Die Chancenlosigkeit betrifft die „Opfersicht": Je leichter die Gefahr durch den Grundrechtsträger abgewehrt oder eine Beeinträchtigung behoben werden kann, desto weniger bedarf er des staatlichen Schutzes. Umgekehrt bedarf er mit einem Anstieg des Gefahrenpotentials bis hin zur Unbeherrschbarkeit gleichsam mehr Schutz. In diesem Zusammenhang ist ebenfalls der freie Wille der Beeinträchtigten zu berücksichtigen. Wenn der Beeinträchtigte eine Verletzung freiwillig hinnimmt, gestattet ihm dies zunächst Art. 2 Abs. 1 GG und verbietet es dieser Umstand gleichsam dem Staat einzugreifen.[690] Eine andere Frage ist hingegen, inwieweit der Verzicht reicht. Hierauf wird sogleich noch einzugehen sein.

Die Beherrschbarkeit der Gefahrenlage muss jedoch auch aus einem weiteren Grund beachtet werden. Unter der Prämisse des Vorrangs individueller Freiheit und Eigenverantwortung (s. o., B.) soll den Einzelnen so viel Freiheit wie möglich verbleiben und nach dem Verhältnismäßigkeitsgrundsatz (s. o., C.) muss dieser Vorrang bei der Wahl der staatlichen Mittel ebenfalls berücksichtigt werden, indem eine staatliche Maßnahme so wenig belasteten darf wie möglich.

Die Beherrschbarkeit einer Gefahrenlage durch die Einzelnen begrenzt danach die staatliche Pflicht zum schützenden Tätigwerden nicht nur „nach unten", sondern ihr Ausmaß auch „nach oben". Die Beherrschbarkeit hängt von verschiedenen Faktoren ab, wie der Verursacherlage, der Überschaubarkeit des Rechtskreises Betroffener, aber auch von dem Ausmaß der Gefahr, wie es bereits oben in Abschnitt E. III. 1. ermittelt wurde.

Nachfolgend werden alle Faktoren (Eingriffs- und Gefahrenintensität sowie die Beherrschbarkeit) zusammengefügt, wobei alle drei Faktoren gegeneinander und unter Berücksichtigung der bereits entwickelten Intensitätsstufen abgewogen werden müssen. Aufgrund der Unüberschaubarkeit der verschiedenen Gefahrenlagen kann dies auf abstrakter Ebene noch nicht zu abschließenden Ergebnissen führen. Dies bleibt dem Teil 3 vorbehalten. Um allerdings den Abwägungsmechanismus zu veranschaulichen, wird vorgreifend auch auf Beispiele rekurriert:

a) Gefahr allein für Rechtsgüter des Störers

Auf niedrigster Stufe steht zunächst die Gefahr, die ausschließlich und allein Rechtsgüter des (verständigen) Verursachers betrifft. Solange die Gefahr keine Rechtsgüter anderer verletzt, tritt eine staatliche Schutzpflicht gar nicht erst ein. Die Freiwilligkeit der Selbstverletzung schließt ein Schutzbedürfnis aus.

690 Klein, NJW 1989, 1633, 1636; vgl. auch Möstl, DÖV 1998, 1027, 1036; vgl. oben, D. I. 2. b) bb).

Etwas anderes kann allein in zwei Ausnahmefällen gelten:

aa) Freiwilligkeit

Wenn die Selbstverletzung beispielsweise aufgrund geistiger Krankheiten nicht freiwillig erfolgt, könnte infolge der objektiven Werteordnung der Grundrechte eine Schutzpflicht bestehen. Wann die Schutzpflicht einsetzt, beurteilt sich im Wesentlichen nach dem Wert des Rechtsgutes und der Wahrscheinlichkeit der Gefahrenrealisierung.

bb) Dispositionsbefugnis

Etwas anderes kann auch gelten, wenn der Verursacher auf seine Rechte nicht verzichten dürfte. Klar ist dabei zunächst im Ansatz, dass sich ein Verzicht immer nur auf eigene Rechte, nicht auf Rechte Dritter erstreckt. Es muss also stets geprüft werden, ob die Handlung tatsächlich allein Rechtsgüter des Verzichtenden beeinträchtigt.

Darüber hinaus besteht Streit darüber, ob und inwieweit ein Verzicht auf Grundrechtspositionen zulässig und hinzunehmen ist. Sieht man die Grundrechte zunächst als reine Abwehrrechte gegen den Staat, steht einem Verzicht, der sich alleine auf die Rechtsgüter des Verzichtenden auswirkt, nichts entgegen. Etwas anderes kann sich allein aus der den Grundrechten zu entnehmenden allgemeinen Werteordnung ergeben.[691] So wird teilweise (zumeist im Rahmen der Diskussion zu einem Verzicht auf die Menschenwürde) angenommen, dass die Werteordnung ein Freiheitsrecht in seiner Ausübung relativiert.[692] Mit dieser Argumentation lehnte das Bundesverwaltungsgericht eine Verzichtsmöglichkeit für die Menschenwürde beispielsweise im *„Peepshow-Fall"* ab.[693] Trotz des Anerkenntnisses der aus den Grundrechten folgenden Werteordnung geht diese Ansicht aber wohl zu weit. Sie erhebt die Werteordnung über das Abwehrrecht und zu einem Anspruch des Staats gegen den Grundrechtsträger.[694] Ausschlaggebend für die Ablehnung dieser Auffassung ist der Bezug allein auf das Grundrecht des Betroffenen: Der Sinn und die Funktion der allgemeinen Werteordnung und der hieraus folgende Schutzauftrag an den Staat können nicht gegen den Einzelnen eingesetzt werden, der auf sein Recht verzichtet, solange er alleine von den Rechtsnachtei-

---

691 Höfling, NJW 1983, 1582, 1584.

692 Vgl. Höfling, NJW 1983, 1582, 1584.

693 BVerwG, NJW 1982, 664 ff.

694 Höfling, NJW 1983, 1582, 1584.

len betroffen ist.[695] Erst wenn der Verzicht auch Rechte Anderer beeinträchtigt, kann eine Pflicht erwachsen, diese Dritten zu schützen. Bezugspunkt muss also immer das Recht eines zu schützenden Dritten sein. Bezogen auf eine Peepshow wäre damit zu fragen, ob Rechte Dritter beeinträchtigt würden, die sich gegen ihre Beeinträchtigung nicht verteidigen können. Ein allgemeiner „Werteverfall" beeinträchtigt Rechte Dritter aber noch nicht, zumal die allgemeine Werteordnung den Staat nicht beauftragt, das gesellschaftliche Leben zu bevormunden.[696]

Damit ist ein Verzicht auf menschenwürdiges Verhalten, der alleine den Verzichtenden beeinträchtigt, grundsätzlich zulässig. Gerade die Verzichtsmöglichkeit ist Ausdruck des menschenwürdigen Verhaltens: In ständiger Rechtsprechung betont das Bundesverfassungsgericht,[697] es verstoße gegen die Menschenwürde, wenn der Einzelne – gegen seinen Willen – zum Objekt staatlichen Handelns gemacht wird. Das Gericht respektiert sonach die Eigenverantwortlichkeit eines jeden, die zum obersten Konstitutionsprinzip der Verfassung erhoben wird.[698]

In diesem Zusammenhang wird weiter diskutiert, ob die generelle Verzichtsbefugnis auch in Extremfällen oder in Fällen möglich ist, in denen eine (gezielte) Veränderung der objektiven Werteordnung durch einen Angriff hierauf insgesamt zu befürchten ist.[699] Bei einem formalisierten Angriff auf die Werteordnung sei es nach *Schmitt-Glaeser* unbestritten, dass der Staat zum Eingreifen im Vorfeld verpflichtet sei.[700] Daran trifft jedenfalls zu, dass der Staat zum Schutz im Vorfeld verpflichtet sein kann, wenn unabsehbar ist, ob die Teilnehmer in einen solchen formalisierten Eingriff in die Menschenwürde gezwungen werden, der Zweifel an deren Freiwilligkeit begründet, indem den Teilnehmern ein Rückzug faktisch unmöglich gemacht wird, beispielsweise durch die Zwänge einer Live-Übertragung, die von den „Protagonisten" vielleicht nicht ausreichend bedacht worden sein könnten. Auch mag man, anknüpfend an den objektiven Wertegehalt der Menschenwürde, darüber diskutieren, ob Rechte der Zuschauer verletzt sein können. Da diese wiederum auf ihre Rechte verzichten dürfen, könnte an dieser Stelle aber im Wesentlichen nur der Jugendschutz ins Feld geführt werden – hier fehlt eine (ausreichende) Freiwilligkeit. Dies alles lässt es abstrakt und im Fall der Sendung „Big-Brother" schwierig erscheinen, den Beteiligten das Verzichtsrecht

695 v. Olshausen, NJW 1982, 2221, 2221.

696 Vgl. Höfling, NJW 1983, 1582, 1584 f.; v. Olshausen, NJW 1982, 2221, 2222; Schmitt-Glaeser, ZRP 2000, 395, 399 f.; a. A.: Gern, NJW 1983, 1585, 1598, der den Sozialbezug der Verfassung ausreichen lässt, um eine Schutzpflicht des Staates zur „Wertebewahrung" zu begründen.

697 BVerfGE 49, 286 (298); 50, 166 (175); s. auch oben, B. I. 1. und 2. m. w. N.

698 v. Olshausen, NJW 1982, 2221, 2222; Schmitt-Glaeser, ZRP 2000, 395, 399 f.

699 Vgl. Schmitt-Glaeser, ZRP 2000, 395 ff. zu „Big Brother" und m. w. N.

700 Schmitt-Glaeser, ZRP 2000, 395, 399.

abzusprechen. Die Verfassung erlaubt auch das unvernünftige und im umgangssprachlichen Gebrauch zivilisierter Personen „unwürdige“ Verhalten.

Andererseits darf nicht verkannt werden, dass es eine Grenze geben „muss“. So ist es wohl kaum mehr hinzunehmen, wenn mit der obigen Argumentation „freiwillige“ Folterungen und Selbstmorde im Fernsehen übertragen würden, um das extremste Beispiel auszuwählen. Ausgehend von der grundsätzlichen Verzichtsmöglichkeit und der Pflicht des Staates, sich zurückzuhalten, kann die Grenze – wenn die Freiwilligkeit vorliegt – nur aus der Reichweite der Wirkung des Verzichts gewonnen werden. Jeder Rechtsträger darf ausschließlich auf seine Rechte verzichten, der Verzicht darf andere aber nicht benachteiligen. Stellt der Verzicht nun die Werteordnung schlechthin infrage, muss befürchtet werden, dass für Dritte ein menschenwürdiges Leben unmöglich, zumindest erschwert würde, wenn ein nachteiliger gesellschaftlicher Wandel einträte. Hiervor muss der Staat durchaus bewahren, wenn diese Dritten ihre Rechte nicht selbst verteidigen können. Dass diese Schwelle der Gefahr des Verfalls der Werteordnung schlechthin je nach Rechtsanwender unterschiedlich beurteilt wird, lässt sich dabei nicht vermeiden. So sieht *Schmitt-Glaeser* diese Grenze bei der Sendung „Big-Brother“ überschritten, das BVerwG bei einer *„Peep-Show“*. Anzusetzen ist jedenfalls bei der Reichweite der Verzichtsmöglichkeit und den Auswirkungen auf Dritte.

Vielleicht mehr noch als im Rahmen der Diskussion um den Verzicht auf die eigene Menschenwürde wird die Reichweite der Verzichtsbefugnis bei der Selbsttötung erörtert.[701] Hier verlässt die Debatte jedoch allzu oft die Pfade juristischer Argumentation und vermengt sich mit einer allgemeinen, von Verfassungsbestimmungen losgelösten Wertedebatte. Im Wesentlichen kreist die Argumentation um die Frage, ob es eine negative Freiheit des Art. 2 Abs. 2 GG gibt; wenn dies bejaht wird, muss abgewogen werden, ob ein Eingriff hierein gerechtfertigt ist, wenn es verneint wird, muss ermittelt werden, ob ein Eingriff in das dann maßgebliche Recht der Selbstbestimmung aus Art. 2 Abs. 1 GG (i. V. m. Art. 1 Abs. 1 GG) gerechtfertigt ist, wobei die Selbstbestimmung regelmäßig mit einer allgemeinen Werteordnung abgewogen wird.

Eine negative Freiheit aus Art. 2 Abs. 2 GG, also ein Recht, nicht zu leben, wird teilweise bereits abgelehnt.[702] Dies begründe sich dadurch, dass Art. 2 Abs. 2 GG kein Recht zu leben (und negativ: nicht zu leben) verbürge, sondern ein Abwehrrecht gegen staatliche Eingriffe in das Leben. Warum der Freiheitsbereich hier im Gegensatz zu allen übrigen Freiheitsrechten anders formuliert wird, wird offen gelassen und erklärt sich (wohl) allein aufgrund des erstrebten Ziels – salopp

701 Einen Überblick im Zusammenhang mit Polizeiaufgaben bietet: Deger, NVwZ 2001, 1229 ff.; einen Überblick im Zusammenhang mit Freitod und Sterbehilfe bietet: Hufen, NJW 2001, 849 ff.

702 Deger, NVwZ 2001, 1229, 1229 m. w. N.

formuliert scheint hier „der Wunsch Vater des Gedankens“ zu sein. So verortet auch das Bundesverfassungsgericht – in einer Art Vermischung der Art. 2 Abs. 2 und Abs. 1 GG – die freie Selbstbestimmung eines Sterbewilligen in Art. 2 Abs. 2 GG, indem es bei schwerkranken Patienten die körperlich-seelische Integrität betont.[703]

Erkennt man zu Recht eine Freiheit an, sich gegen das Leben zu entscheiden, gerät die Rechtswissenschaft in Erklärungsnot, warum in dieses Recht durch Verbote eingegriffen werden solle. Richtigerweise wird die grundsätzliche staatliche Pflicht zum Lebensschutz nicht gegen den – aufrichtig freiwilligen – Selbstmörder ausgespielt werden dürfen.[704] Die staatliche Schutzpflicht setzt erst beim Schutz Dritter ein. Ob aber eine „stille Selbsttötung“ einen derart starken Angriff auf die Werteordnung darstellt, dass hier Freiheiten Dritter beeinträchtigt würden, ist zu bezweifeln. Von dem berühmten „Dammbruch“[705] kann dabei keine Rede sein, da die Anerkennung dieses Rechts kaum jemanden in seiner Entscheidungsfreiheit beeinflussen wird.

Verortet man dagegen die Selbstbestimmung über den Tod oder die Selbstverletzung zu unrecht allein in Art. 2 Abs. 1 GG, könnte ein Verzicht mit Blick auf die Schranken des Selbstbestimmungsrechts, nämlich die Rechte Anderer, die verfassungsmäßige Ordnung und die Sittengesetze (Art. 2 Abs. 1 GG) unzulässig sein.[706] Zu diesen Schranken würden auch die Pflichten des Staates zum Lebensschutz und zur Achtung des Lebens in der Gesellschaft zählen (verfassungsmäßige Ordnung).[707] Auch hier wäre es widersprüchlich, wenn man den Schutz der verfassungsmäßigen Ordnung gegen den Verzichtenden ausspielen würde, so dass auch insoweit das Selbstbestimmungsrecht nicht eingegrenzt werden kann.[708]

Im Ergebnis bleibt festzuhalten, dass ein Verzicht des Einzelnen zulässig ist und verfassungsmäßig geschützt wird. Eine Grenze kann allein im Extremfall dann eintreten, wenn der Verzicht die verfassungsmäßige Werteordnung schlechthin infrage stellt und so Dritte in ihren Rechten gefährdet werden.

cc) Keine Gefahr = keine Schutzpflicht?

Soweit der Grundrechtsträger ein umweltgefährdendes Verhalten beherrscht und allein eigene Rechtsgüter freiwillig gefährdet und dabei in den vorgenannten

703 BVerfGE 52, 131 (171).

704 Murswiek in: Sachs (Hrsg.), Grundgesetz, Art. 2, Rn. 211.

705 Vgl. Hufen, NJW 2001, 849, 855.

706 Hufen, NJW 2001, 849, 855.

707 Hufen, NJW 2001, 849, 855.

708 Vgl. Murswiek in: Sachs (Hrsg.), Grundgesetz, Art. 2, Rn. 211, 212.

Grenzen des erlaubten Verzichts verbleibt, besteht keine Gefahr für ein Schutzgut, ebenso wenig wie eine Schutzpflicht des Staats. Auf den ersten Blick scheidet damit jegliche eingreifende staatliche Maßnahme aus.

Andererseits gelingt diese Beurteilung allein aus Sicht eines „omnipotenten“ Betrachters, dem alle erforderlichen Informationen zur Verfügung stehen. Es gilt zu unterscheiden: Kann ein Verhalten, das tatsächlich allein einen einzelnen Verursacher selbst betrifft, potentiell die vorgenannten Grenzen der Freiwilligkeit oder der Verzichtsmöglichkeit verlassen, muss der Staat über das Bestehen einer Schutzpflicht entscheiden und gegebenenfalls eingreifen. Eine Schutzpflicht kann sich auch gegenüber Dritten ergeben, wenn nicht klar ist, ob von der eigentlich allein den Verursacher betreffenden Gefahr nicht doch auch Gefahren für jene Dritte ausgehen. Mit anderen Worten muss der Staat in der Lage sein, das gefährliche Verhalten zu beurteilen, damit er im Notfall eingreifen kann.

Kann sich eine Gefahr für ein Umweltgut danach auch theoretisch allein auf den Verursacher beziehen, muss der Staat also wissen, wann die Grenzen der Freiwilligkeit und des Verzichts verlassen werden. Da dies sehr selten geschehen wird, kann er sich in seiner Gestaltungsfreiheit auf herkömmliche Mechanismen, wie die Meldung und Versorgung beispielsweise Geisteskranker, beschränken.

Kann das Verhalten aber auch Dritte potentiell gefährden, muss wiederum unterschieden werden danach, ob dem Dritten eine eigene Abwehrmöglichkeit zur Verfügung steht (die ihm der Staat beispielsweise über das Umweltprivatrecht bietet) oder nicht. In Abhängigkeit von der Gefahrenintensität und der Abwehrbarkeit durch beeinträchtigte Dritte kann der Staat dann zu unterschiedlichen Maßnahmen berufen sein. Diese Frage betrifft die nächste Stufe der Gefahrenbeherrschbarkeit und soll sogleich dargestellt werden (s. sogleich unten, b.).

b) Gefahr für Rechtsgüter eines konkreten Kreises Dritter durch konkrete Verursacher

Die nächste Stufe der Gefahrenbeherrschbarkeit tritt ein, wenn ein oder mehrere bestimmbare Verursacher eine Gefahr für einen festgelegten Kreis Dritter begründen. Hinsichtlich der betroffenen Rechtsverhältnisse ist die Gefahr hier noch gut beherrschbar, da Betroffene sich eher gegen Rechtsgutsverletzungen verteidigen können, wenn jene auf konkrete Verursacher zurückzuführen sind. Die Schwelle zum Eingreifen der Schutzpflicht und die Begrenzung des Ausmaßes der schützenden Maßnahme bestimmen sich dann im Weiteren und Wesentlichen nach der Gefahrenintensität (Verletzungsgrad und Wahrscheinlichkeit) und der Beherrschbarkeit durch den Verursacher, allerdings auch hier untergliedert in Abhängigkeit von der konkreten Beherrschbarkeit der Gefahr durch den Betroffenen:

Ausgehend von den Feststellungen zum Grundrechtsgewährleistungsschutz muss der Staat zunächst das Ausleben eines jeden grundrechtlichen Schutzbereiches zumindest ermöglichen. Verursacht ein „Privater“ eine Gefahr für einen Dritten, muss der Staat als mildeste Stufe zumindest eine Abwehrbarkeit für den Betroffenen gewährleisten. Dies kann beispielsweise durch das Umweltprivatrecht erfolgen, indem dem Dritten ein zivilrechtlicher Abwehranspruch eingeräumt wird. Es obliegt dann dem Dritten, diesen Anspruch geltend zu machen und durchzusetzen.

Als konkretes Beispiel mag durch das Rasenmähen verursachter Lärm herangezogen werden. Hier wird es reichen, dem Dritten einen Abwehranspruch über § 1004 BGB an die Hand zu geben, mit dem er das Rasenmähen zu bestimmten Zeiten abwehren kann. Im modernen Rechtsstaat ist dann eine Chancenlosigkeit des Betroffenen auszuschließen, da der den Einzelnen zur Verfügung gestellte Zivilrechtsapparat effektiv genug ist, das Recht des Betroffenen über ein Urteil und die Zwangsvollstreckung effektiv durchzusetzen. Sollten auf dem Weg zum Urteil oder danach weitere Verstöße folgen, greifen diese auf so geringer Intensitätsstufe in die Rechte des Betroffenen ein und sind so vorübergehend, ist also die Gefahrenlage so gering (s. o., E. III. 1), dass eine höhere Stufe der Eingriffsintensität entbehrlich ist.

Wenn die Gefahrenintensität durch eine Erhöhung des Verletzungsgrades steigt und den Bereich der Belästigung verlässt, genügt der Staat den Anforderungen an die Schutzpflicht aber gegebenenfalls nicht mehr. Führt man das vorherige Lärmbeispiel fort, kann eine Chancenlosigkeit des Betroffenen einsetzen, wenn der zivilrechtliche Abwehranspruch, auch unter Zuhilfenahme von Eilrechtsschutz, nicht mehr ausreicht und der Eingriff in das Recht des Einzelnen in seiner Wertigkeit eine Schwelle überschreitet, die auch nicht bis zur Erlangung zivilrechtlichen Schutzes hingenommen werden kann. Im Lärmbeispiel wäre das der Fall, wenn der Lärm beispielsweise zu Nachtzeiten auftritt und das Ausmaß von Gesundheitsbeeinträchtigungen erreicht. Dann muss der Staat dem Betroffenen weitere Hilfe zur Verfügung stellen. Diese Hilfe kann in Form des kurzzeitig verfügbaren Verwaltungszwangs (Polizeieinsatz) geboten werden. Aufgrund der Gefahrerhöhung hat der Staat dann öffentlich-rechtliche Hilfe in Form von „Untersagungsbefugnissen“ und Verwaltungszwang zur Verfügung zu stellen.

Dieses erste Herangehen zeigt, dass der Staat seinen Schutzpflichten im Bereich des Lärms regelmäßig durch zivilrechtliche Abwehrkonstrukte genügt, wenngleich hiermit regelmäßig Definitionen des noch hinzunehmenden Lärms einhergehen müssen, die zumindest Gebote, bei gesundheitsbeeinträchtigendem Lärm aber auch Verbote beinhalten, also von der Konstruktion zunächst relativ starke Eingriffe, die aber ihre Rechtfertigung in den betroffenen Rechtsgütern finden.

Der Erkenntnisgewinn der vorliegenden Ausführungen liegt im Folgenden: Das Beispiel des Rasenmähens zeigt, dass in Abhängigkeit des geringen Wertes des bedrohten Schutzgutes und der guten zivilrechtlichen Abwehrbarkeit weitere staatliche, eingreifende Maßnahmen entbehrlich sind. Niemand käme auf die Idee, eine behördliche Kontrollerlaubnis für das Rasenmähen zu statuieren.

Setzt man diesen Gedankengang fort, geraten beispielsweise die sehr aufwändigen und stark eingreifenden immissionsschutzrechtlichen Genehmigungen auf den Prüfstand, jedenfalls soweit es Lärmimmissionen betrifft. So darf man mit Fug und Recht annehmen, dass eine Abwehr gewerblicher Projekte und Anlagen für den Anlieger zivilrechtlich und ohne Rechtsbeeinträchtigung wenigstens möglich ist, wenn der Staat, was er getan hat, ein zivilrechtliches Abwehrinstrumentarium zur Verfügung stellt und zulässige Grenzwerte festlegt, was er ebenfalls getan hat.

Dagegen wird eingewandt, es überfordere den Anlieger, die Auswirkungen einer zukünftigen Anlage vorherzusehen und zu prüfen. Mit anderen Worten droht das betroffene Rechtsgut chancenlos zu werden. Andererseits gibt es zwischen der milden Stufe des zivilrechtlichen Abwehrsystems und der stark eingreifenden Stufe des präventiven Verbots mit Erlaubnisvorbehalt zahlreiche Zwischenstufen von Eingriffsintensitäten (s. o., E. II.). De lege ferenda könnte die Prüfung, ob ein Vorhaben zulässige Lärmwerte erreicht, beispielsweise nicht durch die heute erforderliche Eigenprüfung des Verursachers im Genehmigungsverfahren erreicht werden, sondern statt dessen auf Kosten des Betreibers durch eine Prüfung eines unabhängigen Sachverständigen, der diese Informationen zur Verfügung stellt. Diese Prüfung könnte später, beispielsweise auf Anforderung eines Anliegers, bei Aufnahme des Betriebs wiederholt werden. So würde die Überprüfung für den Anlieger wesentlich erleichtert („*so viel wie nötig*") und dem Betreiber eine Genehmigung erspart („*so wenig wie möglich*").

Weiter wird gegen den Verzicht auf eine Eröffnungskontrolle eingewandt, dem Staat obliege auch eine Schutzpflicht mit Blick auf die Zukunft. Überließe er es auch bei sehr gefährlichen Anlagen allein den Einzelnen, diese abzuwehren, könnten aufgrund der Privatautonomie Fehlentwicklungen nicht verhindert werden. Andererseits muss die Aufgabe einer Eröffnungskontrolle nicht dazu führen, dem Staat weitere Kontrollrechte zu nehmen. Wenn ein Betreiber eine Anlage im allgemeinen Wohngebiet errichtet und dabei mit allen Anliegern einen Verzichtsvertrag aushandelt, kann er noch immer gegen die öffentlich-rechtlichen Planungsvorschriften verstoßen. Es bedarf aber keiner Eröffnungskontrolle, um dies festzustellen. Ausgangspunkt sind wieder die Wertigkeit und Reversibilität der Rechtsverletzung: Verwirklicht ein Betreiber an solcher Stelle eine Anlage, muss dem Staat mit Blick auf zukünftig betroffene Rechte eine Untersagungsbefugnis zustehen. Die Gefahr der Lärm emittierenden Anlage ist immerhin nicht unumkehrbar/irreversibel. Mit Blick auf die betroffenen Rechtsgüter nach ihrer Wertigkeit und die Reversibilität von durch die Anlage drohenden Rechtsverletzungen reicht ein nachträgliches Eingreifen durchaus.

Allerdings, so wird man weiter einwenden, hinge es ohne Eröffnungskontrolle vom Zufall ab, ob der Staat das rechtswidrige Verhalten bemerkt. Um beurteilen zu können, ob eine Schutzpflicht besteht, bedarf der Staat also tatsächlich Informationen über das gefährdende Verhalten. Dies ermöglichen auf mildester Stufe Auskunftspflichten, beispielsweise durch eine Anzeige vor Bau- oder Betriebsbeginn. Fraglos wird eine solche Maßnahme im Rahmen der staatlichen Schutzpflicht zulässig sein. Fraglich ist aber, ob auch die de lege lata vorgesehene Form, nämlich das präventive Verbot mit Erlaubnisvorbehalt, mit Blick auf die Gefahrenlage erforderlich ist (*„so wenig wie möglich“*). Der Sinn des präventiven Verbots liegt darin, einen Schadenseintritt zu vermeiden, bevor der Staat Kenntnis erlangt. Der Betreiber darf daher nicht mit dem Bau beginnen, bevor der Staat die „Sicherheit“ überprüft hat. Allerdings wird man bei gewöhnlichem Anlagenlärm mit Blick auf die vorübergehenden Beeinträchtigungen für die Schutzgüter der Betroffenen de lege ferenda ein präventives Verbot nicht benötigen. Es würde die nachträgliche Kontrolle ausreichen.

Die vorgenannten Lärmbeispiele betreffen im Wesentlichen das Schutzgut der körperlichen Unversehrtheit, also mit Blick auf das Koordinatensystem zur Gefahrenintensität eine mittlere Gefahr, zumal diese regelmäßig reversibel und vorübergehend ist.

Senkt man nun die Gefahrenintensität hinsichtlich der Werthaltigkeit und Dauerhaftigkeit weiter ab, sinken auch die erforderlichen staatlichen Maßnahmen. Anders kann es liegen, wenn durch eine Anlage höherwertige Rechtsgüter irreversibel verletzt werden können (höhere Gefahrenintensität). Als Beispiel kann eine Anlage zur Herstellung von Farbstoffen im Sinne des Nr. 4. 1 lit. j) der 4. BImSchV oder anderer chemischer Anlagen dienen. Hier kann ein Unfall zu einem schwerwiegenden, irreparablen Schaden führen. Bedroht sind dann die körperliche Unversehrtheit auf höherer Stufe als beim Lärm und zudem das Leben. Überließe man die Abwehr der Gefahr allein den Einzelnen, wären sie eher schutzlos gestellt. Dies setzt an bei der schwierigen Überprüfbarkeit der Anlagensicherheit, welche allerdings wieder ein unabhängiger Sachverständiger anstelle der Behörde durchführen kann. Während der Einzelne sich eher gegen Lärm wehren wird, ahnt er aber von einer chemischen Gefahrenquelle u. U. nichts, so dass er faktisch erst an Abwehrmaßnahmen denken wird, wenn es bereits zu spät ist – wenn nämlich ein Mangel der Anlagensicherheit zur Rechtsgutverletzung führte. In diesem Beispiel sind also höherwertige Interessen berührt. Auch sind die Abwehrmöglichkeiten zumindest faktisch geringer, was dafür spricht, die Aufnahme des Betriebes anders als im Rahmen der Lärmproblematik von einer Eröffnungskontrolle abhängig zu machen.

Fraglich ist indes wiederum, wie diese Eröffnungskontrolle mit Blick auf die Schutzpflichten mindestens gestaltet sein muss („*so viel wie nötig*"). Angesichts des Gefahrenpotentials wird zumindest ein präventives Verbot erforderlich sein. Dies könnte im Wege des milderen Mittels („*so wenig wie möglich*") allerdings durchaus ersetzt werden. So wäre zuerst an Beliehene zu denken. Diese sind zwar noch der Exekutive, also dem Staat zuzuordnen.[709] Beliehene sind aber Subjekte des Privatrechts, die lediglich öffentliche Aufgaben kraft Übertragung wahrnehmen.[710] Auf diese Weise verbliebe den Einzelnen diese Aufgabe, die ansonsten allein von der Exekutive ausgeübt würde. Ferner könnte man daran denken, die Eröffnungskontrolle gänzlich in „private Hand" zu legen, sei es durch die Hinzuziehung von Verwaltungshelfern oder durch eine vollkommen eigenständige Organisierung. Bereits jetzt bedienen sich Kontrollbehörden externen Sachverstandes, um komplexe, hochtechnische Anlagen zu prüfen und legen ihrer Prüfung bereits jetzt technische Normen privater Vereine zugrunde. Eine Kontrolle durch unabhängige Sachverständige griffe weniger in Rechte des Anlagenbetreibers ein, weil er beispielsweise zwischen dem kostengünstigsten oder dem schnellsten, aber teuersten Prüfer wählen könnte. Er wäre bei einer „Antragsflut" nicht mehr auf die Prüfung seiner örtlich zuständigen Stelle angewiesen, sondern könnte eine weit entfernte Prüfstelle beauftragen, die nicht überlastet ist.

Eine solche Idee wird regelmäßig dem Einwand ausgesetzt, dass in die Prüfung einer Behörde ein höheres Maß an Vertrauen gesetzt werden könne. In der Tat mag in dem wirtschaftlichen Interesse der privaten Prüfstelle eine Gefahr liegen. Diese könnte man durch eine Überwachung der Prüfstelle gewährleisten, was erheblich kostengünstiger wäre als die heutigen Kontrollgenehmigungen, da Überwachungen gestrafft und besser formalisiert werden können. Die Effektivität der Gefahrenkontrolle ginge dadurch nicht verloren. Es würde Verwaltungskapazität frei, so dass die Kontrolle eher – gegebenenfalls anlassbezogen – an Tiefe gewänne. Ein höheres Maß an Spezialisierungen könnte die Qualität der Kontrollen erhöhen. Hinsichtlich der Gefahr der „Bestechlichkeit" ist auch zu berücksichtigen, dass ein Sachverständiger ebenso wie ein korrupter Beamter seine wirtschaftliche Existenz bei unsachgemäßen Prüfungen riskiert. Schließlich könnte man das Risiko durch gesetzliche Gebührenkataloge – ähnlich wie bei Ärzten oder Anwälten – einschränken, so dass das wirtschaftliche Interesse der Prüfstelle von dem „Erfolg" (aus Sicht des Betreibers) entkoppelt würde.

Auch hier wird man aber dem Staat im Sinne der Schutzpflicht zumindest abverlangen bzw. zubilligen müssen, dass er Informationen über die Gefahr erlangt und Mittel bereit hält, um in Notfällen oder bei „Schieflagen" eingreifen zu können.

---

709 Herdegen in: Maunz/Dürig (Begr.), Grundgesetz, Art. 1 III, Rn. 101.

710 Herdegen in: Maunz/Dürig (Begr.), Grundgesetz, Art. 1 III, Rn. 101.

Als Zwischenergebnis bestätigt sich sonach, dass eine Annäherung an den Punkt, an dem der Staat eingreifen muss und über den er nicht hinausgehen darf, je nach Gefahrenintensität und Abwehrbarkeit durch die Grundrechtsträger variiert. Die Annäherung kann dabei aber nur unter Bezug auf ein konkretes Beispiel zur Gefahrenlage gefunden werden, da diese abstrakt ohne weiteres kaum weiter zu differenzieren sind.

c) Gefahr für Rechtsgüter eines unbestimmten Personenkreises oder durch einen unbestimmten Verursacherkreis

Gefahren für einen unbestimmten Personenkreis oder von unbestimmten Verursachern hervorgerufene Gefahren wiegen aus Sicht des Grundrechtsgewährleistungsschutzes besonders schwer, da die Beherrschbarkeit einer Gefahr mit der zunehmenden Zahl Beteiligter, insbesondere auf Verursacherseite, stetig abnimmt und so Rechte letztlich Betroffener nur schwer von diesen abgewehrt werden können. Hierdurch steigt die „Chancenlosigkeit" beeinträchtigter Rechtsgüter an. Typischerweise fallen hierunter auch die Fälle, in denen punktuelle Gefahrenabwehrmaßnahmen regelmäßig hinter dem erforderlichen Schutzniveau zurückbleiben, weil zu viele Umweltbelaster auf zu wenig Umweltressourcen zugreifen oder zu globalen Schäden führen.

So liegen Fragen beispielsweise des Hochwasserschutzes oder des Waldsterbens kaum mehr in der Verantwortung und Beherrschbarkeit Einzelner. Die aus diesen Phänomenen folgenden Rechtsgutverletzungen, im Wesentlichen der Gesundheit und des Eigentums, wirken besonders schwer und sind kaum reversibel, ohne dass ein einzelner Betroffener die Möglichkeit hätte, sich selbst effektiv zu schützen. Dann obliegt es dem Staat, sich schützend, vorsorgend/planend vor diese Rechtsgüter zu stellen und erforderliche Schutzniveaus zu formulieren und durchzusetzen. Hinsichtlich der Gas- und Rußimmissionen kann dies beispielsweise durch Grenzwerte erfolgen, deren Einhaltung ständig überwacht werden, wobei die Überwachung wiederum durch unabhängige Sachverständige erfolgen kann, um den Eingriff so wenig wie möglich belastend auszugestalten.

IV. Ergebnis

Ein Maßstab zur Prüfung des Verhältnisses zwischen staatlicher und individueller Aufgabenwahrnehmung kann nur anhand konkreter Gefahrenlagen ermittelt werden. Abstrakt lässt sich die Vorgabe des „So *viel wie nötig, so wenig wie möglich*“ über folgende Prüfungspunkte, die dann anhand konkreter Gefahrenlagen abzuwägen sind, ermitteln:

Zum ersten ist von bindenden europarechtlichen Vorgaben auszugehen. Hieraus erwachsende konkrete Staatspflichten sind unabhängig von der Gefahrenlage zu erfüllen.

Zum zweiten sind dann die Stufen der Eingriffsintensität verschiedener Umweltschutzinstrumente der jeweiligen Gefahrenstufe zuzuordnen. Dabei existieren Gefahrenstufen – erstens – des Ausmaßes/der Intensität einer Gefahr (Wert des Rechtsguts), – zweitens - der Eintrittswahrscheinlichkeit und schließlich – drittens – der Beherrschbarkeit und Abwehrbarkeit einer Gefahr. Je höher die einzelnen Gefahrenstufen liegen, desto eher wird ein stärker wirkendes Eingriffsmittel gerechtfertigt sein.

Teil 3: Untersuchung des geltenden Umweltrechts

Anhand des gefundenen (Kriterien-) Maßstabes zum Verhältnis zwischen staatlicher und individueller Aufgabenwahrnehmung (s. o., Teil 2, E.) sollen nun gesetzlich geregelte Gefahrenlagen und die zur Beherrschung eingesetzten staatlichen Instrumente im Umweltschutz auf ihre Verfassungsmäßigkeit untersucht werden. Dabei kann aufgrund der umfassenden und unüberschaubar vielen Regelungen im Umweltschutz eine vollständige Prüfung nicht gelingen, ohne den Rahmen der Arbeit zu sprengen. Das Umweltschutzrecht soll daher auszugsweise überprüft werden.

A. Auswahl des konkreten Untersuchungsgegenstandes

Die Auswahl des konkreten Untersuchungsgegenstandes dient der Verdeutlichung und weiteren Veranschaulichung des oben gefundenen (Kriterien-) Maßstabes. Angesichts der Vielzahl umweltschutzrechtlicher Normen können allein Beispiele aus dem Instrumenten-Bestand des Umweltrechts gewählt werden.

Bei einer Auswahl von Beispielen droht die Gefahr der Willkürlichkeit. So wäre kaum zu erklären, warum gerade ein bestimmtes Rechtsgebiet herangezogen wurde, denn die unterschiedlichen Instrumente finden sich in den meisten Umweltschutz-relevanten „Themengebieten", wie dem Abfall- oder dem Immissionsschutzrecht, wieder. Noch erheblicheren Einwänden mag sich ferner eine Eingrenzung des ausgewählten Gebiets ausgesetzt sehen, bereitet es doch bereits Schwierigkeiten, das Umweltrecht als solches einzugrenzen. Bei der Definierung und Abgrenzung verschiedener Bereiche müsste ein erheblicher Aufwand betrieben werden, der im Ergebnis voraussichtlich dennoch nicht jede Kritik vermeiden könnte.

Da die auszuwählenden Beispiele den Maßstab weiter veranschaulichen und zeigen sollen, dass er „funktioniert", brächte dieser Darstellungsaufwand keinen Gewinn. Dienen die Prüfungsbeispiele aber der Veranschaulichung der „Funktionabilität" des Maßstabes, soll statt dessen bewusst die höchste Form der Willkürlichkeit ergriffen werden, indem sich die Auswahl am „Erfolg" des Maßstabes ausrichtet: Die nachfolgenden Beispiele wurden herausgegriffen, weil bei ihnen unter Berücksichtigung des Maßstabes ein „Weniger" an staatlicher Aufgabenwahrnehmung und ein „Mehr" individueller Eigenverantwortung verfassungsrechtlich geboten erscheint.

Zudem werden im Wesentlichen möglichst „klassische" Umweltinstrumente gewählt, um über deren Bekanntheit ein erhöhtes Maß an Nachvollziehbarkeit zu gewährleisten. Eine Abgrenzung danach, ob das jeweilige Instrument dem „klassischen" Umweltrecht im engeren Sinne zugeordnet werden kann, bleibt dabei entbehrlich, da die Aussagekraft des Maßstabes für im Grunde alle staatlichen Instrumente gilt (s. auch oben, Teil 2, A. III.). Um diese These zu belegen, wird die nachfolgende Untersuchung allerdings mit der Baugenehmigung (nach § 75 BauO NRW) eröffnet, bei der es sich unstreitig nicht um ein klassisches umweltschutzrechtliches Instrument handelt.

B. Untersuchung ausgewählter Umweltschutzinstrumente

Nachfolgend werden ausgewählte Umweltschutzinstrumente anhand des gebildeten (Kriterien-) Maßstabs zum Verhältnis zwischen staatlicher und individueller Aufgabenwahrnehmung untersucht.

I. Die Baugenehmigung nach § 75 BauO NRW

Die Baugenehmigung nach § 75 BauO NRW fand eine den übrigen Bundesländern entsprechende Ausgestaltung mit nur wenigen Besonderheiten in Bezug auf sogenannte „vereinfachten" Verfahren.[711] Sie soll daher vertretend für die weiteren landesrechtlichen Baugenehmigungen geprüft werden.

§ 75 BauO NRW statuiert ein präventives Verbot[712] mit Erlaubnisvorbehalt: Wenn keine öffentlich-rechtlichen Normen entgegenstehen, besteht ein Anspruch des Bauherrn auf die Genehmigungserteilung, der mit dem Bau erst nach der Erteilung der Genehmigung beginnen darf.[713] Das präventive Verbot mit Erlaubnisvorbehalt stellt einen recht starken Eingriff in die Freiheit des privaten Bauherrn dar (es entspricht der dritthöchsten Eingriffsstufe, s. o., Teil 2, E II. 1. a.). Bei einer Zuordnung der Stufen von Gefahrenlagen (nach Intensität und Beherrschbarkeit) müsste dieses als mildestes Mittel noch ausreichen, um der staatlichen Schutzpflicht zu genügen:[714]

Von der Errichtung eines Bauwerks gehen Gefahren aus und zwar im Wesentlichen für den Bauherrn (Eigentum), die Benutzer (insbesondere für Leib und

711 Vgl. die entsprechenden Vorschriften der weiteren Bundesländer: § 58 BauO BW, Art. 72 BauO Bayern, § 62 BauO Bln (2001), § 67 BauO Bbg, § 74 BauO Bremen, § 72 BauO Hamburg, § 64 BauO Hessen, § 72 BauO MV, § 75 BauO Nds, § 70 BauO RhPf, § 73 BauO Saarland, § 72 BauO Sachsen, § 77 BauO LSA, § 78 BauO Schleswig-Holstein, § 70 BauO Thüringen.

712 Stollmann, Baurecht, § 18, Rn. 1; Brohm, Baurecht, § 28, Rn. 8.

713 OVG NRW, NZV 2002, 102, 102; Boeddinghaus/Hahn/Schulte, BauO NRW, § 75, Rn. 8; Stollmann, Baurecht, § 18, Rn. 1, 3; Brohm, Baurecht, § 28, Rn. 6.

714 Dies bejahen: Boeddinghaus/Hahn/Schulte, BauO NRW, § 75, Rn. 3 ff.

Leben) und die Anlieger (z. B. für das Eigentum wegen Einsturz- und Brandgefahr, hieraus wiederum für Leib und Leben).[715] Sonach sind Rechtsgüter von hoher Bedeutung betroffen, wobei die Gefahr irreversibler Schäden besteht, zumindest soweit es um Leib und Leben geht.

Die Wahrscheinlichkeit für solche Rechtsverletzungen ist in der Praxis relativ gering, jedoch zeigen nicht zuletzt aktuelle Halleneinstürze aufgrund mangelnder „Dachstatik" durchaus die Relevanz der Gefahr. So wurden in der allgemeinen Hektik und Tagespolitik bereits Rufe nach einem „Gebäude-TÜV" laut, der eine fortwährende, situationsungebundene Zwangsüberwachung der Gebäudesicherheit gewährleisten soll.

Die Gefahr ist für den Bauherrn leicht übersehbar, da er sich fachlicher Hilfe bedienen kann und – de lege lata – muss (vgl. § 58 BauO NRW). Er selbst ist aber im Sinne des Grundrechtsgewährleistungsschutzes ohnehin nicht schutzbedürftig, da es des Schutzes gegen sich selbst nicht bedarf.

Eine größere Schwierigkeit bereitet die Beherrschbarkeit und Abwehrbarkeit für die Benutzer und Nachbarn. Diese können von sich aus die Gefahren nur eingeschränkt einschätzen und daher kaum abwehren. Allenfalls hinsichtlich der äußeren Gegebenheiten wie Abstandsflächen, fällt den Nachbarn eine Rechtsverteidigung gegen den Bauherrn leicht.

Trotz der relativ geringen Gefahr bedürfen die Benutzer des Gebäudes und die Nachbarn also des staatlichen Schutzes, der über ein reines zivilrechtliches Abwehrinstrumentarium hinausgeht. Fraglich ist, inwieweit hierfür ein derart starker Eingriff wie das präventive Verbot erforderlich ist. Mit den §§ 66 ff. BauO NRW hat der nordrhein-westfälische Gesetzgeber bereits gezeigt, dass ein gegenüber § 75 BauO NRW vereinfachtes Verfahren gerechtfertigt sein kann, indem auf ein Genehmigungserfordernis gänzlich verzichtet wird (§ 66 BauO NRW),[716] bei Wohngebäuden von niedriger Höhe und anderen Anlagen eine Genehmigung entbehrlich sein kann (§ 67 BauO NRW)[717] oder ein vereinfachtes Prüfungsverfahren erforderlich ist, in dem weniger öffentlich-rechtliche Vorschriften als im Grundfall beprüft werden (§ 68 BauO NRW). § 67 BauO NRW kommt dabei einer Anzeigepflicht mit Wartefrist nahe.[718] Danach hat die Behörde einen Monat Zeit, um die Genehmigungsbedürftigkeit des Vorhabens zu erklären.

---

715 Vgl. auch zu weiteren Schutzzwecken der präventiven Baugenehmigung: Brohm, Baurecht, § 5, Rn. 1 f.

716 Stollmann, Baurecht, § 18, Rn. 13 m. w. N. zu den Vorschriften in den BauO weiterer Bundesländer.

717 Stollmann, Baurecht, § 18, Rn. 14 m. w. N. zu den Vorschriften in den BauO weiterer Bundesländer.

718 Überblick zu der – mittlerweile weiter fortgeschrittenen – Entwicklung in der Gesetzgebung der Bundesländer im Rahmen der Anzeigepflicht: Brohm, Baurecht, § 28, Rn. 6.

Angesichts der sehr geringen Wahrscheinlichkeit einer Rechtsgutsverletzung kommen solche milderen Mittel aber bei allen „gewöhnlichen" Gebäuden in Betracht (etwas anderes kann sich bei Industrieanlagen ergeben, die beispielsweise nach dem BImSchG genehmigungspflichtig sind): Die Gefahr für Leib und Leben kann durch eine private, unabhängige Prüfung verringert werden. Hier kann der Vorlageberechtigte oder auch ein zusätzlicher unabhängiger Prüfer die Sicherheitsaspekte des Gebäudes prüfen. Indem man den Prüfer mit in die Haftung nimmt, ihn regelmäßig überprüft und gegebenenfalls seine Vergütung von gesetzlichen Gebührentatbeständen abhängig macht, wird das Risiko sachwidriger Entscheidungen erheblich verringert. Dem Bauherrn verbleibt durch die private Prüfung ein „Mehr" an Freiheit, da er sich nach Preis (wenn man keine gesetzlichen Gebührentatbestände fordern würde), Sachkunde und Bearbeitungsschnelligkeit Prüfer auswählen kann und nicht an eine möglicherweise gerade (etwa wegen Krankheit) überlastete Behörde wenden muss. Ohnehin verbleibt dem Bauherrn die zivilrechtliche Verantwortung für die von der baulichen Anlage ausgehenden Gefahren.[719]

Von Gebäuden gehen aber auch bodenrechtlich relevante Wirkungen aus.[720] Liegt ein qualifizierter Bebauungsplan vor, spricht nichts dagegen, auch die daraus folgenden Pflichten zum Prüfungsgegenstand für einen „Privaten" zu erheben. Anders liegt dies in Gebieten, in denen kein Bebauungsplan wirksam aufgestellt wurde. Dass der Behörde hier eine Lenkungsfunktion zukommen muss, die von den Einzelnen allein nicht wahrgenommen werden kann, liegt auf der Hand – immerhin besteht hier eine Vielzahl von „Störern" und Betroffenen (s. auch oben, Teil 2, E. III. 2. c.). In solchen Fällen müsste das private Prüfungsergebnis der zuständigen staatlichen Stelle zur Prüfung der bauplanungsrechtlichen Instrumente vorgelegt werden.

Um dem Hoheitsträger die Beurteilung zu ermöglichen, ob trotz der privaten Prüfung Schutzpflichten bestehen, muss der Staat als Mindestvoraussetzung seiner Schutzpflicht die erforderlichen Informationen erhalten. Ihm ist also das private Prüfergebnis zur Verfügung zu stellen. Allerdings bedarf es angesichts der erfolgten Prüfung und damit der enorm geringen Wahrscheinlichkeit für eine Gefahrenrealisierung keiner staatlichen Eröffnungskontrolle mehr, um eine Gestattungswirkung hinsichtlich des Baubeginns auszulösen.

Im Ergebnis kann den Gefahren mit Blick auf die Schutzpflichten bereits mit einer privaten, unabhängigen Sachverständigenprüfung ausreichend begegnet werden. Eine darüber hinausgehende Eröffnungskontrolle ist entbehrlich. Allein eine Mitteilungspflicht muss zur Informierung des Staates bestehen. Für Gebiete,

---

719 Vgl. Seidel, NVwZ 2004, 139, 142 f.; zur Stärkung der „öffentlich-rechtlichen" Verantwortung bei der Verringerung öffentlich-rechtlicher Kontrollen: Ortloff, NVwZ 2006, 999, 1001.

720 Boeddinghaus/Hahn/Schulte, BauO NRW, § 75, Rn. 11 ff.

in denen kein qualifizierter Bebauungsplan besteht, wird eine Genehmigung allerdings notwendig bleiben. Dabei darf man dem Bauherrn aber wiederum den Baubeginn vor Erteilung dieser planungsrechtlichen Genehmigung gestatten, da die einzige Gefahr, nämlich die Errichtung eines Gebäudes im „falschen" Umfeld, jederzeit rückgängig gemacht werden kann – es darf dem Risiko des Bauherrn überlassen werden, ob er den Abriss riskiert, weil er an „falscher Stelle" baut.[721] Eines Schutzes gegen sich selbst bedarf der Bauherr nicht.

Nach diesen Prüfungskriterien verstößt die aktuelle Regelungstechnik der nordrhein-westfälischen Baugenehmigung gegen den verfassungsrechtlichen Grundsatz der Subsidiarität staatlichen Handelns, indem der Staat seine Schutzpflicht über Gebühr ausgeweitet hat.

II. Die immissionsschutzrechtliche Genehmigung nach § 4 BImSchG

Die immissionsschutzrechtliche Genehmigung stellt sich wie die Baugenehmigung als präventives Verbot mit Erlaubnisvorbehalt und Gestattungswirkung für den Baubeginn dar.[722] Gegenüber der Baugenehmigung sind das förmliche (§ 10 BImSchG i. V. m. der 9. BImSchV) und das vereinfachte Verfahren (§ 19 BImSchG) allerdings wesentlich dezidierter ausgestaltet, indem umfangreichere Unterlagen einzureichen sind (regelmäßig wird bei förmlichen Verfahren eine UVP erforderlich,[723] Angabe zu Emissionswerten; Abfallbeseitigungskonzept etc.).[724] In förmlichen Verfahren findet zudem eine Öffentlichkeitsbeteiligung statt.[725]

Begründet werden die gegenüber der Baugenehmigung erhöhten formalen Eröffnungskontrollen mit der erhöhten Gefährlichkeit für Nachbarn und Umwelt.[726] Das BImSchG dient dem Schutz von Menschen, Tieren und Pflanzen sowie weiteren Schutzgütern vor schädlichen Umwelteinwirkungen in Form von Immissionen, also Luftverunreinigungen, Lärm, Erschütterungen, Licht, Wärme, Strahlen

721 Dagegen kritisch zur Effektivität eines „nachträglichen" Rechtsschutzes: Brohm, Baurecht, § 28, Rn. 6; vgl. auch Seidel, NVwZ 2004, 139, 144 f.

722 Wolf, Umweltrecht, § 14, Rn. 837 f., 906; Kotulla in: ders. (Hrsg.), BImSchG, § 4, Rn. 7; Peters, Umweltrecht, Rn. 693.

723 Zum Verhältnis zwischen UVPG und BImSchG Dienes in: Hoppe (Hrsg.), UVPG, § 3, Rn. 3; Gallas/Sangenstedt in: Landmann/Rohmer (Begr.), Umweltrecht, UVPG, § 3, Rn. 22.

724 Im Überblick: Kotulla, Umweltrecht, Teil 3, Rn. 59 ff.; Schack in: Giesberts/Reinhardt (Hrsg.), BeckOK, Umweltrecht, BImSchG, § 10, Rn. 3; im Einzelnen: Pütz/Buchholz, Anzeige- und Genehmigungsverfahren nach dem BImSchG.

725 Schack in: Giesberts/Reinhardt (Hrsg.), BeckOK, Umweltrecht, BImSchG, § 10, Rn. 3.

726 Vgl. Wolf, Umweltrecht, § 14, Rn. 836; Feldhaus, BImSchR, § 4, Anm. 7; Kutscheidt in: Landmann/Rohmer (Begr.), Umweltrecht, BImSchG, § 4, Rn. 2.

und ähnlichen Einwirkungen.[727] Das Genehmigungserfordernis ermöglicht eine vorgeschaltete staatliche Kontrolle mit der Folge der Genehmigungsversagung, wenn öffentlich-rechtliche Vorschriften zum Schutz von Nachbarn und Umwelt nicht eingehalten werden.[728] Dabei erweisen sich die von den in der 4. BImSchV genannten Anlagen ausgehenden Gefahren keineswegs als stets derart hoch, dass bei allen der erhöhte Kontrollbedarf besteht:

Zu relativ geringeren Lärmgefahren finden sich exemplarische Ausführungen bereits in Abschnitt Teil 2, E. III. 2. b). Zweifeln kann man u. a. auch an dem Sinn der Unterscheidung in der Nr. 1.6 der 4. BImSchV nach erster (förmliches Verfahren) und zweiter Spalte (vereinfachtes Verfahren).[729] Warum ein Windenergiepark mit drei bis weniger als sechs Anlagen in einem vereinfachten Verfahren zu genehmigen ist, eine und zwei Anlagen dagegen überhaupt nicht nach dem BImSchG und sechs oder mehr Anlagen in einem förmlichen Verfahren, erschließt sich wohl nur durch die Notwendigkeit, zahlenmäßige Grenzen einzuführen, findet somit aber kaum eine rationale Erklärung.

Einer genaueren Untersuchung soll dies allerdings wegen der sehr planungsrechtlichen Komponente von Windenergieanlagen und den bereits oben erfolgten Ausführungen zu „global" wirkenden Belastungen nicht (noch einmal) unterzogen werden. Dagegen sollen Anlagen zum Lagern unbehandelter Knochen nach Nr. 7.11 der 4. BImSchV einer näheren Betrachtung zugeführt werden:

Solche Anlagen dienen allein der Aufbewahrung noch unbehandelter Knochen, wobei Fleischereien ausgenommen werden, die weniger als 4.000 kg je Woche verarbeiten. Derlei Anlagen rufen mit Ausnahme der rein baulichen Gefahren, auf die hier nicht weiter eingegangen werden soll, weil sie bereits im Zusammenhang mit der Baugenehmigung erörtert wurden, Gefahren für die Gesundheit der Bevölkerung hervor, namentlich durch Seuchengefahren und Geruchsbelästigungen. Die Gefahren betreffen vornehmlich Arbeitnehmer und Nachbarn, können aber auch – bei einer Versickerung ins Grundwasser – weitere Teile der Bevölkerung betreffen.

Die Gefahrenintensität ist dabei auf einer „mittleren" Stufe anzuordnen. Geruchsbelästigungen wirken vordringlich aktuell und vorübergehend und rufen lediglich starkes Unbehagen hervor, jedoch keine bleibenden Schäden. Diese Geruchsbelästigen liegen demnach auf einer sehr geringen Gefahrenstufe. Dagegen wiegen

727 Dietlein in: Landmann/Rohmer (Begr.), Umweltrecht, BImSchG, § 1, Rn. 8.

728 Kutscheidt in: Landmann/Rohmer (Begr.), Umweltrecht, BImSchG, § 4, Rn. 2.

729 In Spalte 1 der 4. BImSchV sind die Verfahren aufgeführt, die ein förmliches Genehmigungsverfahren durchlaufen müssen, in Spalte 2 diejenigen, die ein vereinfachtes Verfahren im Sinne des § 19 BImSchG durchlaufen müssen, vgl. Hansmann in: Landmann/Rohmer (Begr.), Umweltrecht, BImSchG, § 19, Rn. 12.

die Gesundheitsgefahren bereits schwerer. Das unbehandelte Fleisch verwest und kann zu teilweise schweren Erkrankungen führen, im Falle der Seuchenverbreitung über das Grundwasser zudem zu schwer kontrollierbaren Gefahrenlagen.

Die Gefahrenlage rechtfertigt die hohe Eingriffsintensität indes nicht: Ginge es allein um die Geruchsbelästigung, könnte diese bereits ausreichend – wie Lärm auch – über zivilrechtliche Mechanismen beherrscht werden. Die Gesundheitsgefahr kann dagegen nur schwer durch die gefährdeten Arbeitnehmer und Anlieger abgewehrt werden. Im Falle der Anlieger entzieht sie sich bereits der faktischen Kontrollmöglichkeit. Im Fall der Arbeitnehmer bestehen soziale „Zwänge", die unbestritten ein erhöhtes Maß an staatlichem Schutz rechtfertigen (s. nur: Arbeitszeitbeschränkungen; Arbeitssicherheitsmaßnahmen etc.).[730] Doch wird auch hier der Betreiber regelmäßig ein erhöhtes Eigeninteresse an rechtmäßigen Zuständen haben, nicht zuletzt mit Blick auf negative Anreize wie u. a. Haftungsfolgen sowie strafrechtliche Sanktionen und Ausfälle von Arbeitnehmern aufgrund von Erkrankungen. Sicher bedarf es keines Praxistests um zu erkennen, dass unter den vielen verantwortungsbewussten Anlagenbetreibern immer wieder einmal einer ein solches Maß an Eigenverantwortung nicht zeigt. Aber auch diese Einzelfälle sind mit Blick auf die Schutzpflicht ausreichend zu erfassen. Gegenüber der sehr aufwändigen Kontrollerlaubnis im Wege des förmlichen Verfahrens, die mitunter allein wegen der Öffentlichkeitsbeteiligung lange Zeit in Anspruch nehmen kann, gibt es indes weniger eingreifende aber durchaus ausreichende Alternativen: So kann das erforderliche „Hygienekonzept" abermals durch einen unabhängigen Sachverständigen geprüft werden. Dieser muss prüfen, ob das Grundwasser hinreichend vor einem Zufluss von Krankheitserregern gesichert ist, ebenso, ob die Arbeitnehmer ausreichend geschützt werden. Die staatlichen Kontrollorgane müssen dann wiederum allein informiert werden, um die Mindestvoraussetzung ihrer Schutzpflicht, nämlich die ausreichende Informierung, zu gewährleisten. Angesichts der bestehenden Gefahrenlage könnte mit der Errichtung der Anlage bereits vor dem Abschluss der Prüfung der Hygieneanforderungen begonnen werden. Das Risiko notwendiger Änderungen trägt wiederum der Bauherr, der keines Schutzes bedarf. Der Betrieb könnte dagegen erst nach der unabhängigen Prüfung aufgenommen werden, da bereits mit der ersten Betriebsstunde Gesundheitsgefahren eintreten. Dagegen und bei Berücksichtigung der vorgenannten Alternativen bedarf es weder

---

730 Vgl. Oetker, RdA 2004, 8 ff.

der Öffentlichkeitsbeteiligung,[731] noch einer staatlichen Eröffnungskontrolle, um den Gefahren hinreichend im Sinne der Schutzpflicht zu begegnen.

III. Die abfallrechtliche Transportgenehmigung nach § 49 KrW-/AbfG

Nach § 49 Abs. 1 KrW-/AbfG bedarf derjenige, der gewerbsmäßig Abfälle zur Beseitigung transportieren will, einer Genehmigung,[732] ebenso derjenige, der besonders überwachungsbedürftige Abfälle zur Verwertung befördert (vgl. § 13 Transportgenehmigungsverordnung, TgV).[733] Die Genehmigung ist gemäß des § 49 Abs. 2 KrW-/AbfG zu erteilen, wenn die dort niedergelegten Voraussetzungen erfüllt sind (gebundene Entscheidung).[734] Es handelt sich mithin erneut um ein präventives Verbot mit Erlaubnisvorbehalt.[735]

Hintergrund sind die von der Kreislauf- und Abfallwirtschaft ausgehenden besonderen Gefahren.[736] Die mit dem Transport zusammenhängenden Gefahren stellen einen der Kernbereiche des Abfallrechts dar.[737] Diese Gefahren sind vielfältig und kaum überschaubar. Der Kreis der Umweltbelaster und der Betroffenen ist wenig bis überhaupt nicht konkret gezogen, sondern unbestimmt. Es geht um einen umfassenden Schutz der menschlichen Gesundheit und der Umwelt.[738] So wird eine Beherrschbarkeit aus Sicht Betroffener im Grunde unmöglich. Die betroffenen Rechtsgüter wiegen dabei schwer: Zwar wird vornehmlich das Eigentum, beispielsweise beim „wilden Verkippen", beeinträchtigt, wobei der Schaden

731 Dabei wird die – zunehmende – Bedeutung der Öffentlichkeitsbeteiligung im Umweltschutz und deren Sinn nicht unterschätzt. Die Öffentlichkeitsbeteiligung ist durchaus ganz besonders in der Lage, zu einer Ermittlung abzuwägender Belange beizusteuern. Sie wird aber umso eher erforderlich, desto weiter die Wirkungen eines Vorhabens gezogen sind. Im hier gewählten Beispiel erschöpft sich die „weitflächige" Wirkung in Gefahren, denen neben nachbarrechtlichen Abwehransprüchen durch einfaches Bauplanungsrecht begegnet werden kann, da es im Wesentlichen lediglich um einen Gebietsschutzanspruch geht.

732 Beckmann/Kersting in: Landmann/Rohmer (Begr.), Umweltrecht, KrW-/AbfG, § 49, Rn. 4 f.

733 Versteyl in: Kunig/Paetrow/Versteyl (Hrsg.), KrW-/AbfG, § 49, Rn. 10 ff.; Kropp in: Giesberts/Reinhardt (Hrsg.), BeckOK, Umweltrecht, KrW-/AbfG, § 49, Rn. 7; Beckmann/Kersting in: Landmann/Rohmer (Begr.), Umweltrecht, KrW-/AbfG, § 49, Rn. 4.

734 Wendenburg in: Hösel/v. Lersner (Begr.), Abfallrecht, § 49, 17; Kropp in: Giesberts/Reinhardt (Hrsg.), BeckOK, Umweltrecht, KrW-/AbfG, § 49, Rn. 34.

735 Vgl. Versteyl in: Kunig/Paetrow/Versteyl (Hrsg.), KrW-/AbfG, § 49, Rn. 36; Wendenburg in: Hösel/v. Lersner (Begr.), Abfallrecht, § 49, 17.

736 Wendenburg in: Hösel/v. Lersner (Begr.), Abfallrecht, § 49, 4; Martens in: Fluck (Hrsg.), KrW-/AbfG, BodSchR, § 49 KrW-/AbfG, Rn. 72; Beckmann/Kersting in: Landmann/Rohmer (Begr.), Umweltrecht, KrW-/AbfG, § 49, Rn. 1.

737 Versteyl in: Kunig/Paetrow/Versteyl (Hrsg.), KrW-/AbfG, § 49, Rn. 1.

738 Beckmann/Kersting in: Landmann/Rohmer (Begr.), Umweltrecht, KrW-/AbfG, § 49, Rn. 1.

reparabel ist; allerdings darf in der hohen und unüberschaubaren Anzahl potentiell Betroffener eine Erhöhung der Gefahrenintensität gesehen werden (s. o., Teil 2, E. III. 1. b. bb.). Auch kann es je nach Gefährlichkeit des Abfalls zu erhöhten Gefahren auch für die Gesundheit derjenigen kommen, die mit dem Abfall in Berührung kommen oder über das Grundwasser zu Gesundheitsgefahren für die Bevölkerung.[739] Gefährdet werden kann in diesem Sinne ebenso die öffentliche Wasserversorgung. Diese Schäden sind oft irreversibel.

Den Gefahren begegnet der Staat mit der Eröffnungskontrolle, die nach den §§ 51, 52 KrW-/AbfG antizipiert wird durch eine Anerkennung als Entsorgungsfachbetrieb – dann genügt eine einfache Anzeige.[740] Bei der Beförderung geringfügiger Mengen kann der Unternehmer zudem von der Genehmigungspflicht freigestellt werden (§ 49 Abs. 1 Satz 2 Nr. 3 KrW-/AbfG).[741]

Bei der Abwägung, ob die hohe Eingriffsintensität der Gefahrenlage genügt, bleibt darüber hinaus aber Folgendes zu berücksichtigen: Aufgrund der vorgenannten Gefahren besteht bereits die umfassende Auskunftspflicht nach § 40 KrW-/AbfG sowie die Nachweispflicht gemäß der NachwV, die eine lückenlose Verfolgung der Abfälle von ihrem Entstehungsort über den Transport bis hin zur Verwertung oder Beseitigung gewährleisten.[742] Die Nachweispflicht gilt jedenfalls für besonders überwachungsbedürftige Abfälle sowie für infolge einer Anordnung der Behörde Verpflichtete.[743] § 40 KrW-/AbfG erlaubt daneben die umfassende Überwachung entlang des Abfallstroms.[744]

Danach wird aufgrund der bestehenden negativen Anreizwirkungen der Strafbarkeit und der zivilrechtlichen Haftung, insbesondere aber der zu erhaltenden Möglichkeit, bei Verstößen fortan die Tätigkeit des Abfalltransports zu untersagen, ein Verstoß desjenigen, der eine Genehmigung beantragt, kaum zu erwarten sein. Fehlt eine Nachweisbarkeit des Verbleibs des Abfalls, ermöglicht die NachwV eine schnelle Ermittlung des Verantwortlichen, wenn sich dieser als Transporteur gemeldet hat. Vor diesem Hintergrund darf getrost die bloße Anzeige der Transporttätigkeit als ausreichend im Sinne der Schutzpflicht angesehen werden, da die Gefahren über die NachwV gebannt werden, wenn die Person des Transporteurs bekannt ist. Hierzu reicht aber die Anzeige aus.

---

739 Beckmann/Kersting in: Landmann/Rohmer (Begr.), Umweltrecht, KrW-/AbfG, § 49, Rn. 1.

740 Martens in: Fluck (Hrsg.), KrW-/AbfG, BodSchR, § 49 KrW-/AbfG, Rn. 110 ff.; Kropp in: Giesberts/Reinhardt (Hrsg.), BeckOK, Umweltrecht, KrW-/AbfG, § 51, Rn. 3.

741 Beckmann/Kersting in: Landmann/Rohmer (Begr.), Umweltrecht, KrW-/AbfG, § 49, Rn. 12.

742 Umfassend zur Überwachungssystematik: Heuer, NVwZ 1999, 624 ff.; vgl. auch VGH Mannheim, NVwZ 2002, 748 ff.; Enders, NVwZ 2005, 381, 384.

743 Thull in: Giesberts/Reinhardt (Hrsg.), BeckOK, Umweltrecht, KrW-/AbfG, § 43, Rn. 1 und § 42, Rn. 1 ff, Rn. 15 ff.; Heuer, NVwZ 1999, 624, 625, 627.

744 Zum Verhältnis zwischen dem Nachweisverfahren und den allgemeinen Überwachungsbefugnissen: VGH Mannheim, NVwZ 2002, 748, 750.

Teil 4: Ergebnis, Ausblick

Das Grundgesetz sieht einen Vorrang der Freiheit der Einzelnen und erst subsidiär eine Verantwortlichkeit des Staats, Aufgaben im Umweltschutzrecht wahrzunehmen. Viele staatliche Maßnahmen, vornehmlich die klassischen Kontrollinstrumente, die in Rechtswissenschaft und Judikatur als verfassungsgemäß angesehen werden, weil dem Staat in seiner Gestaltungsfreiheit ein Entscheidungsspielraum über das Ausmaß des gewährten Schutzes zukomme, können ohne Verlust notwendiger Sicherheitsstandards auf Einzelne zur Wahrnehmung übertragen werden.

Dies zeigt sich in aktuellen Gesetzgebungsvorhaben, beispielsweise im Baurecht. Dort galt die baurechtliche Genehmigung über Jahrzehnte als unverzichtbar, um den notwendigen Schutz zu garantieren. Heute wird das Genehmigungserfordernis bereits zugunsten einer individuellen Eigenverantwortung reduziert, ohne dass ernsthafte Hinweise für eine Verringerung des Schutzniveaus auszumachen sind.

Dieser Gedanke lässt sich fortführen und verstärken. Indem der Gesetzgeber die individuelle Eigenverantwortlichkeit verstärkt und Anreize für deren Wahrnehmung schafft, wird eine Vielzahl eigener staatlicher Maßnahmen entbehrlich. Dabei darf sich der Staat jedoch nicht gänzlich aus seiner Schutzpflicht verabschieden. In diesem Sinne obliegt es ihm, zunächst einmal den Rahmen für eine Betätigung der Eigenverantwortlichkeit der Einzelnen zu schaffen, in dem Grundrechtsträgern eine Entscheidungsfreiheit belassen wird und gleichzeitig Betroffenen ein effektiver Rechtsschutz zur Abwehr rechtswidrigen Handelns. Überdies obliegt es dem Staat im Sinne seiner Schutzpflicht, einen Apparat vorzuhalten, der die Tätigkeiten „Privater" beobachtet und – wenn Betroffene gegenüber rechtswidrigen Maßnahmen chancenlos gestellt werden – auch eingreifen kann.

Der Gang der Untersuchung hat gezeigt, dass dieses „Mehr" an individueller Eigenverantwortung de lege ferenda zulässig ist und von der Verfassung gefordert wird. Es hat sich aber auch erwiesen, dass bei der Verlagerung der Verantwortung vom Staat auf die Einzelnen Grenzen bestehen. Die Möglichkeit, Einzelnen Freiheitsräume zu belassen, nimmt ab, je weiter die Gefahrenbereiche gezogen und je stärker die Gefahrenintensitäten einzuordnen sind. Die staatliche Schutzpflicht setzt nämlich erst ein, wenn die Grundrechtsträger – einzeln oder im Zusammenschluss – gegenüber Eingriffen chancenlos gestellt würden. Je eingrenzbarer die Gefahr ist, desto eher kann der Betroffene diese selbst abwehren. Das hat zur Folge, dass ein „Weniger" an staatlicher Aufgabenwahrnehmung regelmäßig im Rahmen der klassischen Kontrollinstrumente möglich erscheint, da hier eine Gefahr von einem einzelnen, bestimmten Verhalten ausgeht. Ein „Weniger" an staatlicher Aufgabenwahrnehmung erscheint dagegen schwierig im Zusammenhang mit weiter reichenden Gefahren. Beispielsweise im Rahmen der Planungsinstrumente ist der Staat zur Lenkung gefordert. Mit Blick auf weitreichende, zukünftige Entwicklungen bedarf es übergeordneter staatlicher Entscheidungen, da Einzelne Fehlentwicklungen später nicht mehr effektiv entgegentreten können.

Im Ergebnis zeigt sich, dass das Umweltschutzrecht an vielen Stellen Möglichkeiten bietet, der grundgesetzlichen Forderung eines Vorrangs der individuellen Eigenverantwortung nachzukommen. Diese Möglichkeiten nehmen zu, je eingrenzbarer eine Gefahr im Wirkungskreis und hinsichtlich ihrer Intensität ist, und nehmen ab, je stärker die Gefahrenstufe nach Intensität und Wirkungskreis gezogen ist. So kann an vielen Stellen auf eine staatliche Eröffnungskontrolle ganz verzichtet werden, wenn nur der Staat – beispielsweise über Anzeigepflichten und Kontrollen – die erforderlichen Informationen erhalten kann, um bei Fehlentwicklungen schützend eingreifen zu können. Bereits jetzt bedient sich der Staat im Rahmen seiner Kontrollinstrumente neben einem umfangreichen Stab an Fachleuten beispielsweise auch privater Gutachter, um Grundlagen für die Entscheidungen der Administration zu erhalten. Diese Entwicklung wird mit weiter fortschreitender Technologisierung zunehmen. Hier bietet es sich geradezu an, privaten Sachverstand nicht nur durch den Staat einzubeziehen, sondern darüber hinaus, diesen verantwortlich einzusetzen und zwar eigenverantwortlich. So kann das geforderte „Mehr“ an individueller Freiheit erzielt werden, ohne notwendige Schutzstandards aufzugeben.

Zusammengefasst folgt aus der vorliegenden Untersuchung, dass der Forderung des Grundgesetzes nach einem Vorrang individueller Freiheit und Eigenverantwortung vor der subsidiären staatlichen Aufgabenwahrnehmung im Umweltschutzrecht an vielen Stellen de lege ferenda noch besser nachgekommen werden kann. Viele staatliche Maßnahmen können zugunsten individueller Aufgabenwahrnehmung zurückgenommen werden, wobei aber als Mindestgrenze der staatlichen Schutzpflicht bleibt, Gefahrensituationen erkennen und einordnen zu können, um im Notfall – nämlich wenn die Situation nicht durch den Einzelnen beherrscht werden kann – eingreifen zu können. Diese Erkenntnis mag abstrakt und für sich genommen nicht vollkommen neu erscheinen. Die Untersuchung zeigt aber, dass dieses Postulat in der aktuellen Verfassungs- und Gesetzgebungswirklichkeit zu oft vernachlässigt wird und zukünftig stärker betont werden kann und muss. So folgt aus der vorliegenden Arbeit kein neues umweltschutzrechtliches System, aber die Begründung dafür, dass das vorherrschende System im Sinne individueller Freiheit hinterfragt und überarbeitet werden kann und muss.

Zusammenfassende Thesen

1. *Das Grundgesetz sieht zuerst die Freiheit und die Eigenverantwortung der Einzelnen und erst subsidiär eine Staatspflicht zum Umweltschutz.*

   a) *Obiges zeigt sich in der nicht nur systematischen Stellung des Art. 1 GG und des Grundrechtskatalogs – das Grundgesetz hebt die Bedeutung der Grundrechte auch inhaltlich hervor und trifft dabei eine Grundentscheidung für ein freies und damit eigenverantwortliches Handeln der Einzelnen.*

   b) *Die Subsidiarität staatlicher Aufgabenwahrnehmung ergibt sich vorrangig aus den Schranken-Schranken, wonach dem Staat insbesondere eingreifende Maßnahmen verwehrt sind, wenn Einzelne selbst in ausreichender Weise die vom Staat gesetzten legitimen Ziele und Zwecke verwirklichen.*

   c) *Dieser Befund findet seine Bestätigung bei einer Analyse des hinter dem Staat stehenden Staatszwecks: Die im Verfassungstext niedergelegte Subsidiarität staatlicher Machtentfaltung beinhaltet letztlich die Umsetzung der Grundgedanken zum Staatszweck, wonach dem Staat eine Schutzaufgabe erst dann zukommt, wenn die Grundrechtsträger nicht selbst für eine ausreichende Freiheitswahrung Sorge tragen können – „der Staat ist kein Selbstzweck"; erst in dieser Schutzaufgabe findet er seine Legitimation.*

2. *Die Subsidiarität staatlicher Aufgabenwahrnehmung gegenüber der Eigenverantwortung der Einzelnen wird nicht durch aus dem Grundgesetz abgeleitete Schutzpflichten des Staats infrage gestellt. Diese Schutzpflichten stehen nicht gleichrangig neben den Freiheitsrechten der Einzelnen: Erst wenn der Einzelne einen Eingriff in seine Schutzgüter nicht selbst abwehren kann, muss der Staat helfend eingreifen, während es einer staatlichen Maßnahme nicht bedarf und damit keine Schutzpflicht besteht, solange der Einzelne sich selbst schützen kann.*

3. *Anders als die aus dem Grundgesetz selbst abgeleiteten Schutzpflichten können aus dem EU-Recht folgende Staatspflichten „theoretisch" die Subsidiarität staatlicher Machtentfaltung infrage stellen, denn diese können den Mitgliedstaat teilweise binden und dem nationalen Verfassungsrecht vorgehen.*

a) „Praktisch" löst sich dieser Konflikt jedoch zumeist auf, weil im EU-Recht ein dem deutschen Grundgesetz vergleichbarer Grundrechtskatalog existiert, aus dem sich wiederum eine Subsidiarität hoheitlicher Machtentfaltung gegenüber den Grundrechtsträgern ergibt.

b) Zudem wirkt der deutsche Staat an der EU-Gesetzgebung mit und ist dabei gehalten, Verstöße gegen den vorgenannten „Subsidiaritätsgrundsatz" zu verhindern.

c) Schließlich bilden die Art. 23, 24, 79 Abs. 3 GG die Grenze der Übertragung von Hoheitsrechten auf die Europäische Union; über das Verbot einer generellen Aufgabe dieser Grenze wacht das Bundesverfassungsgericht.

4. *Es bedarf weder des „anthropologischen Pessimismus" Hobbes noch kann der „anthropologische Optimismus" Rousseaus darüber hinwegtäuschen, dass die Utopie einer staatlichen Untätigkeit als mildestes Mittel zur Erreichung notwendiger Umweltschutzziele nicht ausreicht. Die Subsidiarität staatlichen Handelns besagt damit nicht, dass der Staat zur Untätigkeit verpflichtet ist – vielmehr gilt es, das Verhältnis zwischen staatlicher und individueller Aufgabenwahrnehmung so zu ermitteln, dass ein Maßstab dafür gebildet werden kann, in welchem Rahmen staatliche Machtentfaltung im Umweltschutzrecht zulässig ist.*

5. *Ausgehend von den Gedanken zum Grundrechtsgewährleistungsschutz lässt sich dabei bestimmen, ab wann staatliches Handeln in diesem Rahmen auf der „unteren Eingriffsschwelle" erforderlich wird („so viel wie nötig").*

6. *Andersherum, mit Blick auf die Schranken-Schranken für eingreifende Maßnahmen, lässt sich die Begrenzung dieses Rahmens der Eingriffspflicht auf der „oberen Eingriffsschwelle" vereinfacht umschreiben mit dem Satz: „So wenig wie möglich".*

7. *Dieser Rahmen – „so viel wie nötig, aber so wenig wie möglich" – lässt sich für jeden Einzelfall auf einen ganz bestimmten Punkt, eine einzige zulässige Maßnahme verkürzen, wenn nämlich ein Zurückbleiben hinter dieser Maßnahme ein „zu wenig" im Sinne des Grundrechtsgewährleistungsschutzes und ein Darüberhinausgehen ein „zu viel" im Sinne des Verhältnismäßigkeitsgrundsatzes und der übrigen Schranken-Schranken bedeuten würde.*

8. *Eine Annäherung an diesen „theoretischen Punkt" erfolgt im Rahmen dieser Arbeit in zwei wesentlichen Schritten: Zunächst werden Stufen der Eingriffsintensität umwelschutzrechtlicher Instrumente formuliert. Dann werden Gefahrenstufen gebildet. Die Gefahrenstufen geben an, ab wann der Staat schützend tätig werden muss („untere Eingriffsschwelle"). Indem man diesen Gefahrenstufen jeweils eine Eingriffsstufe zuordnet, wird die Schutzpflicht nach oben begrenzt („obere Eingriffsschwelle").*

9. *Die Gefahren lassen sich anhand von drei Kriterien bestimmen: Erstens anhand der Intensität einer Gefahr in Anbetracht des Wertes des bedrohten Rechtsgutes, zweitens anhand der Eintrittswahrscheinlichkeit und schließlich anhand der Beherrschbarkeit/Abwehrbarkeit einer Gefahr.*

10. *Je höher die einzelnen Gefahrenstufen liegen, desto eher ist dabei ein stärker wirkendes Eingriffsmittel gerechtfertigt.*

11. *Die exemplarische Untersuchung der geltenden Instrumente im Umweltschutzrecht zeigt, dass bei einer angemessenen Berücksichtigung der Gefahrenkreise, also der Beherrschbarkeit einer Gefahr durch den Verursacher und einer Abwehrbarkeit durch den Betroffenen, in vielen Fällen die aktuell gesetzlich verankerte Aufgabenwahrnehmung des Staats zugunsten einer Eigenverantwortung beschränkt werden kann, ohne erforderliche Schutzzwecke aufzugeben. Dies gelingt umso eher, je mehr sich Gefahren auf bestimmte Verursacher und Betroffene zurückführen lassen und umso weniger, je unkonkreter die Gefahrenursachen liegen und desto unbestimmter der Personenkreis der Betroffenen ist.*

12. *Demgemäß fordert die Verfassung ein solches „Mehr" an individueller Eigenverantwortung, je mehr die Gefahr eingegrenzt werden kann, was vornehmlich im Rahmen der klassischen Kontrollinstrumente gelingt.*

13. *Im Ergebnis zeigt die vorliegende Studie, dass in vielen Fällen staatlicher Aufgabenwahrnehmung im Umweltschutz ein „Mehr" an individueller Eigenverantwortung de lege ferenda zulässig ist und von der Verfassung gefordert wird.*

14. *Es erwies sich im Ergebnis aber auch, dass dieser Möglichkeit bzw. diesem Erfordernis Grenzen gezogen werden, insbesondere auf dem Feld der Planungsinstrumente. Zumindest muss der Staat aber auch bei den Kontrollinstrumenten ausreichende Mittel und Maßnahmen vorhalten, um Gefahrensituationen zu erkennen und im Notfall zu beherrschen.*

15. *Dieses Ergebnis bildet keine gänzlich neue Erkenntnis. Die Untersuchung liefert aber einen „ganzheitlichen Ansatz" zur Prüfung der aktuellen Gesetzeswirklichkeit und zeigt dabei, dass das Postulat des Vorrangs individueller Freiheit und Eigenverantwortung vor der subsidiären staatlichen Aufgabenwahrnehmung im Umweltschutz in der aktuellen Verfassungs- und Gesetzeswirklichkeit zu oft vernachlässigt wird und stärker betont werden kann und muss – die Arbeit bietet auf diese Weise eine Begründung dafür, dass das vorherrschende System mit Blick auf die individuellen Freiheiten hinterfragt und überarbeitet werden kann und muss.*

Literaturverzeichnis

Adomeit, Klaus Rechts- und Staatsphilosophie I
3. Auflage, Heidelberg 2001
ders.
Rechts- und Staatsphilosophie II
2. Auflage, Heidelberg 2002

Albin, Silke „Das Subsidiaritätsprinzip in der EU – Anspruch und Rechtswirklichkeit"
in NVwZ 2006, 629 ff.

Anderheiden, Michael „Transplantationsmedizin und Verfassung"
in Der Staat 2000, 509 ff.

Badura, Peter Staatsrecht,
2. Auflage, München 1996
ders. in Maunz/Dürig (Begr.), Grundgesetz
45. Erg.-Lfg., München 2005

Baer, Susanne „Zum ‚Recht auf Heimat' – Art. 11 GG und Umsiedlungen zugunsten des Braunkohletagebaus"
in NVwZ 1997, 27 ff.

Bamberger, Heinz Georg/Roth, Herbert (Hrsg.) Bamberger/Roth, Kommentar zum bürgerlichen Gesetzbuch
(zitiert: [Bearb.] in: Bamberger/Roth, BGB)
München 2005

Bauer, Jobst-Hubertus/Arnold, Christian „ Auf „Junk" folgt „Mangold" – Europarecht verdrängt deutsches Arbeitsrecht"
in NJW 2006, 6 ff.

Becker, Bernd „Einführung in die Richtlinie über Umwelthaftung zur Vermeidung und Sanierung von Umweltschäden"
in NVwZ 2005, 371 ff.

Becker, Jürgen „Informales Verwaltungshandeln zur Steuerung wirtschaftlicher Prozesse im Zeichen der Deregulierung"
in DÖV 1995, 1003 ff.

Beckmann, Martin in Landmann/Rohmer (Begr.), Umweltrecht
47. Erg.-Lfg., München 2006

Berg, Wilfried „Entwicklung und Grundstrukturen der Eigentumsgarantie"
in JuS 2005, 961 ff.

Berlit, Uwe „Die neue Niedersächsische Verfassung – Zur Ablösung eines provisorischen Organisationsstatuts"
in NVwZ 1994, 11 ff.

Bethge, Herbert in Sachs, Grundgesetz Kommentar
2. Auflage, München 1999
Blümel, Willi/Pfeil, Martin R. „Höchstrichterliche Rechtsprechung zum Verwaltungsrecht –Gesundheitsbeeinträchtigung durch elektromagnetische Felder?"
in VerwArch 85 (1994), 451 ff.
Boeddinghaus, Gerhard/Hahn, Dittmar/Schulte, Bernd Bauordnung für das Land Nordrhein-Westfalen
(zitiert: Boeddinghaus/Hahn/Schulte, BauO NRW)
Loseblatt, Berlin u. a., 56. Erg.-Lfg. 2007
Bogdandy, v. Armin in Grabitz/Hilf, Das Recht der Europäischen Union, Kommentar,
München, 29. Erg.-Lfg. 2005
Bohne, Eberhard „Staat und Konfliktbewältigung bei Zukunftstechnologien"
in NVwZ 1999, 1 ff.
Breuer, Rüdiger „Umsetzung von EG-Richtlinien im neuen Energiewirtschaftsrecht"
in NVwZ 2004, 520 ff.
ders. Öffentliches und privates Wasserrecht
(zitiert: Breuer, Wasserrecht)
3. Auflage, München 2004
Brohm, Winfried Öffentliches Baurecht
(zitiert: Brohm Baurecht)
3. Auflage, München 2002
Brugger, Winfried „Staatszwecke im Verfassungsstaat"
in NJW 1989, 2425 ff.
Bücker, Andreas/Schlacke, Sabine „Rechtsangleichung im Binnenmarkt - Zur Konkretisierung verfahrens- und materiell-rechtlicher Anforderungen an nationale Alleingänge durch den EuGH"
in NVwZ 2004, 62 ff.
Bull, Hans Peter „Staatszwecke im Verfassungsstaat"
in NVwZ 1989, 801 ff.
*Burgi, Martin/*Waldhorst, Nicola „Primärrechtliche Anforderungen an Bestimmtheit und Transparenz von Tariftreueverpflichtungen"
in RdA 2006, 85 ff.

Calliess, Christian „Sicherheit im freiheitlichen Rechtsstaat – Eine verfassungsrechtliche Gratwanderung mit staatstheoretischem Kompass"
in ZRP 2002, 1 ff.

Caspar, Johannes in Koch (Hrsg.), Umweltrecht
Neuwied u. a. 2002
ders./Geissen, Martin „Das neue Staatsziel ‚Tierschutz' in Art. 20 a GG"
in NVwZ 2002, 913 ff.
Cole, Mark/Haus, Florian „Grundfälle zum Europarecht"
in JuS 2002, 1181 ff.
dies. „Grundfälle zum Europarecht – 3. Teil Organe, Handeln und Rechtswirkungen der EG"
in JuS 2003, 145 ff.
Corman, Petra in Giesberts/Reinhardt (Hrsg.), BeckOK, Umweltrecht
Stand März 2006
Czychowski, Manfred/Reinhardt, Michael Wasserhaushaltsgesetz Kommentar
(zitiert: Czychowski/Reinhardt, WHG)
8. Auflage, München 2003

Danwitz, v. Thomas „Aarhus-Konvention: Umweltinformation, Öffentlichkeitsbeteiligung, Zugang zu Gerichten"
in NVwZ 2004, 272 ff.
Degenhart, Christoph in Sachs, Grundgesetz Kommentar
2. Auflage, München 1999
ders. „Grundzüge der neuen sächsischen Verfassung"
in LKV 1993, 33 ff.
Deger, Johannes „Waffeneinsatz gegen Selbstmörder?"
in NVwZ 2001, 1229 ff.
Di Fabio, Udo in Maunz/Dürig (Begr.), Grundgesetz
45. Erg.-Lfg., München 2005
Dieckmann, Martin/Graner, Thomas „Die Abgrenzung der thermischen Abfallbeseitigung von der energetischen Abfallverwertung nach EG-Recht"
in NVwZ 1998, 221 ff.
Dienes, Karsten in Hoppe (Hrsg.), UVPG
2. Auflage, Köln u. a. 2002
Dietlein, Johannes in Landmann/Rohmer (Begr.), Umweltrecht
47. Erg.-Lfg., München 2006
Dippel, Martin/Doerfert, Carsten „Abfallwirtschaftspläne und bestehende Entsorgungsstrukturen – ein Beitrag aus Sicht privater Anlagenbetreiber"
in NVwZ 1998, 230 ff.
Dolde, Klaus-Peter „Verwaltungsverfahren und Deregulierung"
in NVwZ 2006, 857 ff.

Dolde, Klaus-Peter/Vetter, Andrea „Ausnahmen von der TA Siedlungsabfall für die Ablagerung mechanisch-biologisch vorbehandelter Abfälle“
in NVwZ 1998, 217 ff.
dies. „Überwachung immissionsschutzrechtlich genehmigungsbedürftiger Anlagen – Möglichkeiten der Länder bei Gesetzgebung und Vollzug im Hinblick auf die Umwelt-Audit-Verordnung“
in NVwZ 1995, 943 ff.
Dörr, Dieter „Die neuere Rechtsprechung des Bundesverfassungsgerichts zur Eigentumsgarantie des Art. 14 GG – Ein Beitrag zur Harmonisierung der Schranken von Art. 14 GG und Art. 12 GG“
in NJW 1988, 1049 ff.
Dreier, Horst (Hrsg.) Grundgesetz: Kommentar
(zitiert: [Bearb.], Dreier (Hrsg.), Grundgesetz)
Tübingen 1996
ders. „Stufungen des vorgeburtlichen Lebensschutzes“
in ZRP 2002, 377 ff.
Dürig, Günter in Maunz/Dürig (Begr.), Grundgesetz
München 1958
Duttge, Gunnar „Freiheit für alle oder allgemeine Handlungsfreiheit?“
in NJW 1997, 3353 ff.

Ehricke, Ulrich „Die richtlinienkonforme Auslegung nationalen Rechts vor Ende der Umsetzungsfrist einer Richtlinie“
in EuZW 1999, 553 ff.
ders. „Vermerke der Kommission zur Umsetzung von Richtlinien“
in EuZW 2004, 359 ff.
Enders, Christoph Die Menschenwürde in der Verfassungsordnung
[zit.: Enders, Menschenwürde]
Thübingen 1997
Enders, Rainald in Giesberts/Reinhardt (Hrsg.), BeckOK, Umweltrecht
Stand März 2006
ders. „Die öffentlich-rechtliche und die zivilrechtliche Verantwortlichkeit des Abfallerzeugers“
in NVwZ 2005, 381 ff.
Engländer, Armin „Rechtsbegründung durch aufgeklärtes Eigeninteresse“
in JuS 2002, 535 ff.
Erbguth, Wilfried „Aspekte der Abfallwirtschaftsplanung und ihre Auswirkungen auf die Zulassung von Abfallanlagen“
in UPR 1997, 60 ff.

ders. „Luftreinhaltepläne im Abwägungsvorgang der Bauleit- und Landesplanung"
in NVwZ 1982, 649 ff.
Erichsen, Hans Uwe/Scherzberg, Arno „Verfassungsrechtliche Determinanten staatlicher Hochschulpolitik"
in NVwZ 1990, 8 ff.
Everling, Ulrich „Brauchen wir Solange III?"
in EuR 1990, 195 ff.
Evtimov, Erik „Umweltpolitik der Europäischen Union und die Osterweiterung"
in WIRO 2002, 225 ff.

Faßbender, Kurt „Präimplantationsdiagnostik und Grundgesetz – Ein Beitrag zur verfassungsrechtlichen und dogmatischen Strukturierung der aktuellen Diskussion"
in NJW 2001, 2745 ff.
ders. „Grundfragen und Herausforderungen des europäischen Umweltplanungsrechts"
in NVwZ 2005, 1122 ff.
Fechner, Frank „Öffentliche Ordnung" – „Renaissance eines Begriffs?"
in JuS 2003, 734 ff.
ders. „Menschenwürde und generative Forschung und Technik"
in JZ 1986, 653 ff.
Fehling, Michael/Faust, Florian/Rönnau, Thomas „Durchblick: Grund und Grenzen des Eigentums- und Vermögensschutzes"
in JuS 2006 Heft 1, 18 ff.
Feldhaus, Gerhard „Umweltschutzsichernde Betriebsorganisation"
in NVwZ 1991, 927 ff.
ders. (Hrsg.) Bundesimmissionsschutzrecht
(zitiert: Feldhaus, BImSchR)
130. Erg.-Lfg., Heidelberg 2006
Fisahn, Andreas „Ein unveräußerliches Grundrecht am eigenen genetischen Code"
in ZRP 2001, 49 ff.
Fischer, Hans Georg „Zur unmittelbaren Anwendung von EG-Richtlinien in der öffentlichen Verwaltung"
in NVwZ 1992, 635 ff.
Flanderka, Fritz/Renke, Ilona „Die neuen Pfandpflichten für Getränkeverpackungen"
in NVwZ 2006, 23 ff.

Fluck, Jürgen „Das Kooperationsprinzip im Kreislaufwirtschafts- und Abfallrecht"
in UPR 2000, 281 ff.
ders. Kreislaufwirtschafts- und Abfallrecht, Bodenschutzrecht Kommentar
(zitiert: [Bearb.] in Fluck (Hrsg.), KrW-/AbfG, BodSchR)
62. Erg.-Lfg., Heidelberg 2006
Fritzsche, Jörg in Bamberger/Roth, Kommentar zum bürgerlichen Gesetzbuch
München 2005

Gallas, Andreas in Landmann/Rohmer (Begr.), Umweltrecht
47. Erg.-Lfg., München 2006
Gassner, Erich in Gassner/Bendomir-Kahlo/Schmidt-Räntsch, BNatSchG
2. Auflage, München 2003
Gassner, Erich/Bendomir-Kahlo, Gabriele/Schmidt-Räntsch, Annette/Schmidt-Räntsch, Jürgen Bundesnaturschutzgesetz Kommentar
(zitiert: [Bearb.] in Gassner/Bendomir-Kahlo/Schmidt-Räntsch, BNatSchG)
2. Auflage, München 2003
Geddert-Steinacher, Tatjana Menschenwürde als Verfassungsbegriff
Berlin 1990
Gern, Alfons „Menschenwürde und gute Sitten (Fortsetzung)"
in NJW 1983, 1585 ff.
Gersdorf, Hubertus „Kooperationsverhältnis zwischen deutscher Gerichtsbarkeit und EuGH"
in DVBl 1994, 674 ff.
Giesberts, Ludger in Giesberts/Reinhardt (Hrsg.), BeckOK, Umweltrecht
Stand März 2006
Giesberts, Ludger/Reinhardt, Michael (Hrsg.) Beck'scher Online Kommentar, Umweltrecht
(zitiert: [Bearb.] in Giesberts/Reinhardt, BeckOK, Umweltrecht)
Stand März 2006
Ginzky, Harald in Giesberts/Reinhard (Hrsg.) BeckOK, Umweltrecht
Stand März 2006
Goll, Ulrich/Kenntner, Markus „Brauchen wir ein Europäisches Kompetenzgericht? – Vorschläge zur Sicherung der mitgliedstaatlichen Zuständigkeiten"
in EuZW 2002, 101 ff.
Götting, Horst-Peter „Der Begriff des Geistigen Eigentums"
in GRUR 2006, 353 ff.
Götz, Heinrich „Das Urteil gegen Daschner im Lichte der Werteordnung des Grundgesetzes"
in NJW 2005, 953 ff.

Götz, Volkmar „Europäische Gesetzgebung durch Richtlinien – Zusammenwirken von Gemeinschaft und Staat"
in NJW 1992, 1849 ff.
Grabitz, Eberhart in Vogel (Hrsg.), Föderalismus in der Bewährung,
Köln 1991
ders. Freiheit und Verfassungsrecht,
Tübingen 1976
Grabitz, Eberhart (Begr.)/Hilf, Meinhard (Hrsg.) Das Recht der Europäischen Union, Kommentar,
(zitiert: [Autor] in Grabitz/Hilf, Europarecht)
München, 29. Erg.-Lfg. 2005
Gündisch, Jürgen/Mathijsen, Petrus Rechtssetzung und Interessenvertretung in der Europäischen Union
Stuttgart u. a. 1999
Gusy, Christoph „Verwaltung durch Information – Empfehlungen und Warnungen als Mittel des Verwaltungshandelns"
in NJW 2000, 977 ff.

Hablitzel, Hans Subsidiaritätsprinzip und Bildungskompetenzen im Vertrag über die Europäische Union
Regensburg 1994
Häberle, Peter Die Wesensgehaltesgarantie des Art. 19 Abs. 2 GG
[zit.: Häberle, Wesensgehaltsgarantie]
3. Auflage, Heidelberg 1983
Haltern, Ulrich/Viellechner, Lars „Der praktische Fall – Öffentliches Recht: Import embryonaler Stammzellen zu Forschungszwecken"
JuS 2002, 1197 ff.
Hansmann, Klaus in Landmann/Rohmer (Begr.), Umweltrecht
47. Erg.-Lfg., München 2006
Harks, Thomas „Der Schutz der Menschenwürde bei der Entnahme fötalen Gewebes – Zur Bedeutung des Zusammenfallens von pränatalem und postmortalem Grundrechtsschutz"
in NJW 2002, 716 ff.
Hasche, Frank in Giesberts/Reinhardt (Hrsg.), BeckOK, Umweltrecht
Stand März 2006
Heberlein, Horst „Subsidiarität und kommunale Selbstverwaltung"
in NVwZ 1995, 1052 ff.

Hegel, Georg Wilhelm Friedrich Enzyklopädie der philosophischen Wissenschaften im Grundrisse
Onlineausgabe (Talpa-Verlag; www.hegel.de),
Berlin
ders. „Grundlinien der Philosophie des Rechts"
4. Auflage, Hamburg 1955
Helberg, Andreas in Koch (Hrsg.), Umweltrecht
Neuwied u. a. 2002
Herdegen, Matthias in Maunz/Dürig (Begr.), Grundgesetz
45. Auflage 2005
Hermann, Elke in Staudinger, BGB, Eckpfeiler des Zivilrechts
Berlin 2005
Herzog, Roman in Maunz/Dürig (Begr.), Grundgesetz
45. Auflage 2005
Heselhaus, v. Sebastian „Rechtfertigung unmittelbar diskriminierender Eingriffe in die Warenverkehrsfreiheit – Nationaler Umweltschutz in einem unvollkommenen Binnenmarkt"
in EuZW 2001, 645 ff.
Hesse, Konrad Grundzüge des Verfassungsrechts,
(zitiert: Hesse, Verfassungsrecht)
Berlin u. a. 1999
Heuer, Jens-Uwe „Abfallüberwachung in der Kreislaufwirtschaft"
in NVwZ 1999, 624 ff.
Hilf, Juliane in Giesberts/Reinhardt (Hrsg.), BeckOK, Umweltrecht
Stand März 2006
Hirsch, Günter „Europäischer Gerichtshof und Bundesverfassungsgericht – Kooperation oder Konfrontation?"
in NJW 1996, 2457 ff.
Höfling, Wolfram „Menschenwürde und gute Sitten"
in NJW 1983, 1582 ff.
ders. „Die Unantastbarkeit der Menschenwürde – Annäherung an einen schwierigen Verfassungsschutz"
JuS 1995, 857 ff.
ders. in Sachs, Grundgesetz Kommentar
2. Auflage, München 1999
ders. „Sterbehilfe zwischen Selbstbestimmung und Integritätsschutz"
in JuS 2000, 111 ff.
Hofmann, Hasso „Die versprochene Menschenwürde"
in AÖR 1993, 353 ff.

ders. in Schmidt-Bleibtreu/Klein (Begr.), Grundgesetz
10. Auflage, München 2004
Hofmann-Hoeppel, Jochen „Das Verhältnis des § 5 Abs. 1 Nr. 3 BImSchG zu den §§ 19, 20 KrW-/AbfG – Konsequenzen für die immissionsschutzrechtliche Genehmigungspraxis"
in ZUR 2000, 92 ff.
Hohm, Karl-Heinz „Grundrechtsträgerschaft und – Grundrechtsmündigkeit – Minderjähriger am Beispiel öffentlicher Heimerziehung"
in NJW 1986, 3107 ff.
Holleben, v. Horst/Schmidt, Guido „Beweislastumkehr im Chemikalienrecht – Das Leitmotiv der Reformdiskussion auf dem Prüfstand"
in NVwZ 2002, 532 ff.
Hölscheidt, Sven/Wiese, v. Irina „Grundrechte und Staatsziele im Verfassungsentwurf für Mecklenburg-Vorpommern"
in LKV 1992, 396 ff.
Hönes, Ernst-Rainer „ Zum Schutz bestehender Alleen"
in LKV 2003, 7 ff.
Hoppe, Werner (Hrsg.) Gesetz über die Umweltverträglichkeitsprüfung, Kommentar
(zitiert: [Bearb.] in: Hoppe (Hrsg.), UVPG)
2. Auflage, Köln u. a. 2002
Hösel, Gottfried/Lersner, Freiherr v., Heinrich (Begr.) Recht der Abfallbeseitigung
(zitiert: [Bearb.] in: Hösel/v. Lersner (Begr.), Abfallrecht)
Berlin 2006
Hufen, Friedhelm „Entstehung und Entwicklung der Grundrechte"
in NJW 1999, 1504 ff.
ders. „In dubio pro dignitate- Selbstbestimmung und Grundrechtsschutz am Ende des Lebens"
in NJW 2001, 849 ff.

Ipsen, Jörn „Die Ausführung des Atomgesetzes als föderalistisches Paradigma"
in DVBl 2006, 585 ff.
ders. Staatsrecht I, Staatsorganisationsrecht
17. Auflage, München 2005
ders. Staatsrecht II, Grundrechte
5. Auflage, Neuwied u. a. 2002
Isensee, Josef in Isensee/Kirchhof (Hrsg.), Handbuch des Staatsrechts der Bundesrepublik Deutschland
Heidelberg 1992

Isensee, Josef/Kirchhof, Paul (Hrsg.) Handbuch des Staatsrechts der Bundesrepublik Deutschland
(zitiert: [Bearb.], HStR)
Heidelberg 1992

Jakobs, Michael Ch. Der Grundsatz der Verhältnismäßigkeit. Mit einer exemplarischen Darstellung seiner Geltung im Atomrecht
Köln 1985

Jarass, Hans D. Bundes-Immissionsschutzgesetz Kommentar
München 2005

ders. „Der Rechtsschutz Dritter bei der Genehmigung von Anlagen – Am Beispiel des Immissions-schutzrechts"
in NJW 1983, 2844 ff.

ders. „Das allgemeine Persönlichkeitsrecht im Grundgesetz"
in NJW 1989, 857 ff.

ders. „Voraussetzungen der innerstaatlichen Wirkung des EG-Rechts"
in NJW 1990, 2420 ff.

ders. „Folgen der innerstaatlichen Wirkung von EG-Richtlinien"
in NJW 1991, 2665 ff.

ders. „Folgerungen aus der neueren Rechtsprechung des BVerfG für die Prüfung von Verstößen gegen Art. 3 Abs. 1 GG"
in NJW 1997, 2545 ff.

ders. „Verstärkter Umweltschutz der Mitgliedstaaten nach Art. 176 EG"
in NVwZ 2000, 529 ff.

ders./Beljin, Sasa „Die Bedeutung von Vorrang und Durchführung des EG-Rechts für die nationale Rechtsetzung und Rechtsanwendung"
in NVwZ 2004, 1 ff.

ders./Pieroth, Bodo Grundgesetz Kommentar,
(zitiert: [Bearb.] in Jarass/Pieroth, Grundgesetz)
7. Auflage, München 2004

ders./Ruchay, Dietrich/Weidemann, Clemens (Hrsg.) Kreislaufwirtschafts- und Abfallgesetz
(zitiert: [Bearb.] in Jarass/Ruchay/Weidemann (Hrsg.), KrW-/AbfG)
München 2005

Jauernig, Othmar (Hrsg.) Jauernig, BGB Kommentar
(zitiert: [Bearb.] in Jauernig (Hrsg.), BGB)
München 2004

ders. in Jauernig (Hrsg.), BGB
München 2004

Jeske, Anne-Kathrin „Die falsche Verwendung des Begriffs „Europäische Union“ in NJW 2001, 1986 ff.

Jestaedt, Matthias „Demokratische Legitimation – quo vadis?“ JuS 2004, 649 ff.

Jochum, Heike/Durner, Wolfgang „Grundfälle zu Art. 14 GG“ in JuS 2005, 220 ff.

Jutzi, Siegfried „Die Verfassungsreform in Rheinland-Pfalz“ in NJW 2000, 1295 ff.

Kahl, Georg in Landmann/Rohmer (Hrsg.), Gewerbeordnung München 2005

Kant, Immanuel Gesammelte Werke, Band 1–23
IKP – Universität Bonn
Elektronische Edition (www.ikp.uni-bonn.de),
Mai 2006

Kersting, Andreas in Landmann/Rohmer (Begr.), Umweltrecht 47. Erg.-Lfg., München 2006

Kilian, Michael „Die neue Verfassung des Landes Sachsen-Anhalt“ in LKV 1993, 73 ff.

Kimms, Frank „Das Grundrecht der Berufsfreiheit in der Fallbearbeitung“ in JuS 2001, 664 ff.

Klages, Christoph in Giesberts/Reinhardt (Hrsg.), BeckOK, Umweltrecht Stand März 2006

Klein, Eckart „Grundrechtliche Schutzpflicht des Staates“ in NJW 1989, 1633 ff.

Kloepfer, Michael Umweltrecht
2. Auflage, München 1998
ders. „Die europäische Herausforderung – Spannungslagen zwischen deutschem und europäischem Umweltrecht“
in NVwZ 2002, 645 ff.
ders./Brandner, Thilo „Wassersport und Umweltschutz – Beschränkungsmöglichkeiten des Wassersports durch die Gemeingebrauchs- und Schifffahrtsvorschriften im Wasserrecht“
in NVwZ 1988, 115 ff.

Knöll, Ralf „Die Diskussion um die Zukunft der EU aus Sicht der deutschen Länder“
in NVwZ 2002, 965 ff.

Kobes, Stefan „Das Bundes-Bodenschutzgesetz"
in NVwZ 1998, 786 ff.
ders. „Grundzüge des Emissionshandels in Deutschland"
in NVwZ 2004, 513 ff.
Koch, Hans-Joachim (Hrsg.) Umweltrecht
Neuwied u. a. 2002
ders. „Vereinfachung des materiellen Umweltrechts"
in NVwZ 1996, 215 ff.
Köck, Wolfgang in Giesberts/Reinhardt (Hrsg.), BeckOK, Umweltrecht
Stand März 2006
Kokott, Juliane in Sachs, Grundgesetz Kommentar
2. Auflage, München 1999
Kotulla, Michael „Die Steuerungswirkung des europäischen Umweltschutzrechts für das nationale Recht"
in Europarecht 36 (2001), 522 ff.
ders. Umweltrecht, Grundstrukturen und Fälle
(zitiert: Kotulla, Umweltrecht)
2. Auflage, Stuttgart u. a. 2003
ders. (Hrsg.) Bundesimmissionsschutzgesetz
(zitiert: [Bearb.] in Kotulla (Hrsg.), BImSchG)
7. Erg.-Lfg., Stuttgart 2005
ders. Wasserhaushaltsgesetz Kommentar
(zitiert: Kotulla, WHG)
Stuttgart 2003
ders. „Der Abfallbeauftragte nach dem neuen Kreislaufwirtschafts- und Abfallgesetz"
in DÖV 1995, 452 ff.
ders. „Das Gesetz zur Verbesserung des vorbeugenden Hochwasserschutzes"
in NVwZ 2006, 129 ff.
Kreuter-Kirchhof, Charlotte „Die europäische Emissionshandelsrichtlinie und ihre Umsetzung in Deutschland"
in EuZW 2004, 711 ff.
Krohn, Günter „Der Eigentumsschutz gewerblicher Betriebe in der neueren Rechtsprechung des Bundesgerichtshofs"
GewA 1981, 249 ff.
Krölls, Albert „Privatisierung der öffentlichen Sicherheit in Fußgängerzonen?"
in NVwZ 1999, 233 ff.
Kropp, Olaf in Giesberts/Reinhardt (Hrsg.), BeckOK, Umweltrecht
Stand März 2006

Krüger, Hartmut in Sachs, Grundgesetz Kommentar
2. Auflage, München 1999
Kube, Hanno „Die Elfes-Konstruktion“
in JuS 2003, 111 ff.
Kuebler, Heidrun Verfassungsrechtliche Aspekte der Organentnahme zu Transplantationszwecken
Berlin 1977
Kühne, Gunther/Brodowski, Christian „Das neue Atomrecht“
in NJW 2002, 1458 ff.
Kunig, Philip in Kunig/Paetow/Versteyl (Hrsg.), KrW-/AbfG
München 2003
ders. „Grundrechtlicher Schutz des Lebens“
in Jura 1991, 415 ff.
Kunig, Philip/Paetow, Stefan/Versteyl, Ludger-Anselm (Hrsg.) Kreislaufwirtschafts- und Abfallgesetz Kommentar
(zitiert: [Bearb.] in Kunig/Paetow/Versteyl (Hrsg.), KrW-/AbfG)
München 2003
Kutscheidt, Ernst in Landmann/Rohmer (Begr.), Umweltrecht
47. Erg.-Lfg., München 2006

Landau, Herbert „Heiligkeit des Lebens und Selbstbestimmung im Sterben“
in ZRP, 50 ff.
Landmann, v. Robert/Rohmer, Gustav (Hrsg.) Gewerbeordnung
München 2005
dies. Umweltrecht
(zitiert: [Bearb.] in Landmann/Rohmer (Begr.), Umweltrecht)
47. Erg.-Lfg., München 2006
Langer, Stefan „Staatshaftung für Waldschäden wegen Verletzung grundrechtlicher Schutzpflichten?“
in NVwZ 1987, 195 ff.
ders. „Ansprüche aus Freiheitsrechten als Appell zur politischen Verantwortung?“
in NJW 1990, 1328 ff.
Langerfeldt, Michael „Das novellierte Umweltauditgesetz“
in NVwZ 2002, 1156 ff.
ders. „Das sechste Umweltaktionsprogramm der Europäischen Gemeinschaft – Hoffnung auf zehn Jahre aktiven Umweltschutz in Europa?“
in NuR 2003, 339 ff.
Lecheler, Helmut „Zum Bananenmarkt-Beschluss des BVerfG, NJW 2000, 3124 ff.“
in JuS 2001, 120 ff.

Lersner, v. Heinrich „Die abfallrechtliche Produktverantwortung"
in ZUR 2000, 105 ff.
ders. in Hösel/v. Lersner (Begr.), Abfallrecht
Berlin 2006
Leube, Konrad „Tierschutz als Staatsziel – Gesetzlicher Unfallversicherungsschutz bei Rettung von Tieren im Straßenverkehr?"
in NZV 2002, 545 ff.
Locher, Matthias „Transportgenehmigung und Genehmigung für Vermittlungsgeschäfte nach dem Kreislaufwirtschafts- und Abfallgesetz"
in DVBl. 1997, 145 ff.
Locke, John Two Treatises of Government
1690
Lübbe-Wolff, Gertrude „Instrumente des Umweltrechts – Leistungsfähigkeit und Leistungsgrenzen"
in NVwZ 2001, 481 ff.
dies. „Rechtsprobleme der behördlichen Umweltberatung"
in NJW 1987, 2705 ff.
Lücke, Jörg in Sachs, Grundgesetz Kommentar
2. Auflage, München 1999
Ludwig, Frank Privatisierung staatlicher Aufgaben im Umweltschutz
Berlin 1998
Luhmann, Niklas Grundrechte als Institutionen
Berlin 1999 (Nachdruck von 1965)
Lütkes, Stefan/Ewer, Wolfgang „Schwerpunkte der bevorstehenden Revision der Umweltauditverordnung ([EWG] Nr. 1836/93)"
in NVwZ 1999, 19 ff.

Magen, Stefan „Die Garantie kommunaler Selbstverwaltung"
in JuS 2006, 404 ff.
Magill, Frank N. (Hrsg.) Masterpieces of World Literature
New York 1989
Mangoldt, v. Hermann/Klein, Franz (Begr.) Grundgesetz Kommentar
(zitiert: [Bearb.] in v. Mangoldt/Klein (Begr.), Grundgesetz)
4. Auflage, München 1999
Martens, Claus-Peter in Fluck (Hrsg.), Kreislaufwirtschafts- und Abfallrecht, Bodenschutzrecht Kommentar
62. Erg.-Lfg., Heidelberg 2006
Mattner, Andreas „Das Recht auf individuelle Freizeitgestaltung"
in DÖV 1989, 612 ff.

Maunz, Theodor in Maunz/Dürig (Begr.), Grundgesetz
45. Auflage, München 2005
Maunz, Theodor/Dürig, Günter (Begr.) Maunz/Dürig, Grundgesetz Kommentar (zitiert: [Bearb.] in Maunz/Dürig (Begr.), Grundgesetz)
45. Auflage, München 2005
und 1. Auflage, München 1958
Maurer, Hartmut Allgemeines Verwaltungsrecht
13. Auflage, München 2000
Medicus, Dieter in Münchener Kommentar zum Bürgerlichen Gesetzbuch
München 2004
Meyer, Hubert „Nichtwirtschaftliche Betätigung der Kommunen: Spiel ohne Grenzen?"
in LKV 2000, 321 ff.
Michael, Lothar „Die drei Argumentationsstrukturen des Grundsatzes der Verhältnismäßigkeit – Zur Dogmatik des Über- und Untermaßverbotes und der Gleichheitssätze"
in JuS 2001, 148 ff.
Miller, Manfred „Rechtsprobleme modernen Verwaltungshandelns – Das Organisationsrecht als Hindernis auf dem Weg zu einer neuen Verwaltung?"
in LKV 1998, 421 ff.
Möllers, Christoph „Wandel der Grundrechtsjudikatur – Eine Analyse der Rechtsprechung des Ersten Senats des BVerfG"
in NJW 2005, 1973 ff.
Möstl, Markus „Probleme der verfassungsprozessualen Geltendmachung gesetzgeberischer Schutzpflichten"
in DÖV 1998, 1029 ff.
Müggenborg, Hans-Jürgen „Formen des Kooperationsprinzips im Umweltrecht der Bundesrepublik Deutschland"
in NVwZ 1990, 909 ff.
Müller-Bromley, Nicolai Staatszielbestimmung Umweltschutz im Grundgesetz?
Berlin 1990
Münch, von, Ingo Staatsrecht, Band 2
5. Auflage, Stuttgart u. a. 2002
Murswiek, Dietrich in Sachs, Grundgesetz Kommentar
2. Auflage, München 1999
ders. „Staatsziel Umweltschutz (Art. 20 a GG) – Bedeutung für Rechtsetzung und Rechtsanwendung"
in NVwZ 1996, 222 ff.
ders. „Entschädigung für immissionsbedingte Waldschäden"
in NVwZ 1986, 611 ff.

Nettesheim, Martin in Grabitz/Hilf, Das Recht der Europäischen Union, Kommentar,
München, 29. Erg.-Lfg. 2005
Neumann, Peter „Staatsziele in der Verfassung des Freistaates Thüringen"
in LVK 1996, 395 ff.
Nicolaysen, Gert/Nowak, Carsten "Teilrückzug des BVerfG aus der Kontrolle der Rechtmäßigkeit gemeinschaftlicher Rechtsakte: Neuere Entwicklungen und Perspektiven"
in NJW 2001, 1233 ff.
Nierhaus, Michael in Sachs, Grundgesetz Kommentar
2. Auflage, München 1999
Nolte, Martin/Tams, Christian J. „Grundfälle zu Art. 12 Abs. 1 GG"
in JuS 2006, 31 ff.

Oebbecke, Janbernd „Die Reichweite des Bestandsschutzes von Altdeponien nach §§ 9 a AbfG und 35 Abs. 2 KrW-/AbfG"
in UPR 1995, 161 ff.
Oetker, Hartmut „Die Ausprägung der Grundrechte des Arbeitnehmers in der Arbeitsrechtsordnung in der Bundesrepublik Deutschland"
in RdA 2004, 8 ff.
Olshausen, von, Henning „Menschenwürde im Grundgesetz: Wertabsolutismus oder Selbstbestimmung?"
in NJW 1982, 2221 ff.
Oppermann, Thomas Europarecht
3. Auflage, München 2005
Ortloff, Karsten-Michael „Die Entwicklung des Bauordnungsrechts"
in NVwZ 2006, 999 ff.

Pabst, Heinz-Joachim
„Der postmortale Persönlichkeitsschutz in der neueren Rechtsprechung des BVerfG"
in NJW 2002, 999 ff.
Paetow, Stefan in Kunig/Paetow/Versteyl (Hrsg.), KrW-/AbfG
München 2003
Pape, Kay Artur in Landmann/Rohmer (Begr.), Umweltrecht
47. Erg.-Lfg., München 2006

Papier, Hans-Jürgen „Die Entwicklung des Verfassungsrechts seit der Einigung und seit Maastricht"
in NJW 1997, 2841 ff.
ders. in Maunz/Dürig (Begr.), Grundgesetz
45. Auflage, München 2005
Pestalozza, Christian „Die überarbeitete Verfassung von Berlin Integrationsbeitrag und Fusionsmitgift"
in LKV 1995, 344 ff.
Peters, Heinz-Joachim Umweltrecht
3. Auflage, Stuttgart 2005
ders. Art. 20 a GG – Die neue Staatszielbestimmung des Grundgesetzes
in NVwZ 1995, 555 ff.
Petersen, Frank „Kreislaufwirtschafts- und Abfallgesetz – quo vadis? Das Abfallrecht zwischen Bestandsschutz und Fortentwicklung"
in NVwZ 1998, 1113 ff.
Pieroth, Bodo/Schlink, Bernhard Grundrechte, Staatsrecht II
(zitiert: Pieroth/Schlink, Staatsrecht II)
17. Auflage, Heidelberg 2001
Posser, Herbert in Giesberts/Reinhardt (Hrsg.), BeckOK, Umweltrecht
Stand März 2006
Preu, Peter „Freiheitsgefährdung durch die Lehre von den grundrechtlichen Schutzpflichten"
in JZ 1991, 265 ff.
Püttner, Günter „Privatisierung"
in LKV 1994, 193 ff.
Pütz, Manfred/Buchholz, Karl-Heinz/Runte, Klaus Anzeige- und Genehmigungsverfahren nach dem Bundesimmissionsschutzgesetz
(zitiert: Pütz/Buchholz, Anzeige- und Genehmigungsverfahren nach dem BImSchG)
7. Auflage, Berlin 2003

Quaas, Michael „Der Schutz vor unzumutbarem Fluglärm in der Planfeststellung – Rechtliche Anwendungsprobleme nach dem Luftverkehrsgesetz"
in NVwZ 1991, 16 ff.

Rebmann, Kurt/Säcker, Franz Jürgen/Rixecker, Roland (Hrsg.) Münchener Kommentar zum Bürgerlichen Gesetzbuch
(zitiert: [Bearb.] in MüKo, BGB)
München 2004

Rehbinder, Eckard „Das deutsche Umweltrecht auf dem Weg zur Nachhaltigkeit"
in NVwZ 2002, 657 ff.
Rehn, Erich/Cronauge, Ulrich/Lennep, Hans Gerd von Gemeindeordnung für das Land Nordrhein-Westfalen Kommentar
(zitiert: Rehn/Cronauge, Gemeindeordnung NRW)
28. Erg.-Lfg., Siegburg 2005
Rennert, Klaus „Das Reiten im Walde – Bemerkungen zu Art. 2 I GG"
in NJW 1989, 3261 ff.

Sachs, Michael (Hrsg.) Grundgesetz Kommentar
(zitiert: [Bearb.] in Sachs (Hrsg.), Grundgesetz)
2. Auflage, München 1999
ders. in Stelkens/Bonk/Sachs (Hrsg.), Verwaltungsverfahrensgesetz
6. Auflage, München 2001
Säcker, Franz Jürgen in Münchener Kommentar zum Bürgerlichen Gesetzbuch
München 2004
Sacksofsky, Ute „Landesverfassungen und Grundgesetz – am Beispiel der Verfassungen der neuen Bundesländer"
in NVwZ 1993, 235 ff.
dies. „Verfolgung ökologischer und anderer öffentlicher Zwecke durch Instrumente des Abgabenrechts"
in NJW 2000, 2619 ff.
Sahm, Christoph in Giesberts/Reinhardt (Hrsg.), BeckOK, Umweltrecht
Stand März 2006
Sanden, Joachim in Giesberts/Reinhardt (Hrsg.), BeckOK, Umweltrecht
Stand März 2006
Sanden, Joachim/Schoeneck, Stefan Bundes-Bodenschutzgesetz Kommentar
(zitiert: [Bearb.] in Sanden/Schoeneck, BBodSchG)
Heidelberg 1998
Sangenstedt, Christof in Landmann/Rohmer (Begr.), Umweltrecht
47. Erg.-Lfg., München 2006
Schack, Petra in Giesberts/Reinhardt (Hrsg.), BeckOK, Umweltrecht
Stand März 2006
Schendel, Frank Andreas „Selbstverpflichtungen der Industrie als Steuerungsinstrument im Umweltschutz"
in NVwZ 2001, 494 ff.
Scherzberg, Arno „Die innerstaatlichen Wirkungen von EG-Richtlinien"
in JURA 1993, 225 ff.

Scheuing, Dieter H. „Instrumente zur Durchführung des Europäischen Umweltrechts“
in NVwZ 1999, 475 ff.
Schimanek, Peter „Die Ausschreibungspflicht von Privatisierungen“
in NZBau 2005, 304 ff.
Schink, Alexander „Auswirkungen des EG-Rechts auf die Umweltverträglichkeitsprüfung nach deutschem Recht“
in NVwZ 1999, 11 ff.
ders. „Wirtschaftliche Betätigung kommunaler Unternehmen“
in NVwZ 2002, 129 ff.
ders. /Weidemann, KrW-/AbfG
München 2005
Schittek, Lothar „Prostitution als Selbstverwirklichung?“
in NVwZ 1988, 805 f.
Schmid, Christoph „Ein enttäuschender Rückzug – Anmerkungen zum ‚Bananenbeschluss' des BVerfG“
in NVwZ 2001, 249 ff.
Schmidt, Reiner Einführung in das Umweltrecht
(zitiert: Schmidt, Umweltrecht)
6. Auflage, München 2001
Schmidt-Assmann, Eberhard „Anwendungsprobleme des Art. 2 Abs. 2 GG im Immissionsschutzrecht“
in AÖR 106 (1981), 205 ff.
ders. „Umweltschutz im Spannungsfeld zwischen Staat und Selbstverwaltung“
in NVwZ 1987, 265 ff.
Schmidt-Bleibtreu, Bruno/Klein, Franz (Begr.) Kommentar zum Grundgesetz
(zitiert: [Bearb.] in Schmidt-Bleibtreu/Klein (Begr.), Grundgesetz)
10. Auflage, München 2004
Schmidt-Kötters, Thomas in Giesberts/Reinhard (Hrsg.), BeckOK, Umweltrecht
Stand März 2006
Schmidt-Preuß, Matthias „Integrative Anforderungen an das Verfahren der Vorhabenzulassung – Anwendung und Umsetzung der IVU-Richtlinie“
in NVwZ 2000, 252 ff.
Schmidt-Räntsch, Annette in Gassner/Bendomir-Kahlo/Schmidt-Räntsch, BNatSchG
2. Auflage, München 2003
Schmidt-Räntsch, Jürgen in Gassner/Bendomir-Kahlo/Schmidt-Räntsch, BNatSchG
2. Auflage, München 2003

Schmitt Glaeser, Walter “Meinungsfreiheit, Ehrenschutz und Toleranzgebot” in NJW 1996, 873 ff.
ders. “Big Brother is watching you – Menschenwürde bei RTL 2 – in ZRP 2000, 395 ff.
Schmitt-Kammler, Arnulf in Sachs, Grundgesetz Kommentar 2. Auflage, München 1999
Schoch, Friedrich in Schoch/Schmidt-Aßmann/Pietzner (Hrsg.), VwGO München 2005
Schoch, Friedrich/Schmidt-Aßmann, Eberhard/Pietzner, Rainer (Hrsg.) Verwaltungsgerichtsordnung Kommentar (zitiert: [Bearb.] in Schoch/Schmidt-Aßmann/Pietzner (Hrsg.), VwGO) München, Oktober 2005
Schoeneck, Stefan in Sanden/Schoeneck, BBodSchG Heidelberg 1998
Scholz, Rupert „Identitätsprobleme der verfassungsrechtlichen Eigentumsgarantie“ in NVwZ 1982, 337 ff.
ders. „Rechtsfrieden im Rechtsstaat – Verfassungsrechtliche Grundlagen, aktuelle Gefahren und rechtspolitische Folgerungen“ in NJW 1983, 705 ff.
ders. „Wie lange bis Solange III?“ in NJW 1990, S. 941 ff.
ders. „Verkehrsüberwachung durch Private?“ in NJW 1997, 14 ff.
ders. in Maunz/Dürig (Begr.), Grundgesetz 45. Auflage 2005
Schröder, Meinhard „Konsensuale Instrumente des Umweltschutzrechts“ in NVwZ 1998, 1011 ff.
Schumacher, Hermann „Die Übertragung öffentlicher Aufgaben von Gemeinden auf Dritte“ in LKV 1995, 135 ff.
Schütz, Charlotte/Sauerbier, Maik „Die Jurisdiktion des EuGH im Unionsrecht“ in JuS 2002, 658 ff.
Schwarze, Jürgen „Die Bedeutung des Grundsatzes der Verhältnismäßigkeit bei der Behandlung von Verpflichtungszusagen nach der europäischen Fusionskontrollverordnung“ in EuZW 2002, 741 ff.
Schwertner, Inga in Giesberts/Reinhard (Hrsg.), BeckOK, Umweltrecht Stand März 2006

Seidel, Achim „Bauordnungsrechtliche Verfahrensprivatisierung und Rechtsschutz des Nachbarn – Öffentlich-rechtlicher Schutzanspruch und quasinegatorischer Abwehranspruch im Vergleich“
in NVwZ 2004, 139 ff.
Sellmann, Christian „Die eigentumsrechtliche Inhalts- und Schrankenbestimmung – Entwicklungstendenzen“
in NVwZ 2003, 1417 ff
Sendler, Horst „Gesetzes- und Richtervorbehalt im Gentechnikrecht“
in NVwZ 1990, 231 ff.
ders. „Stand der Überlegungen zum Umweltgesetzbuch“
in NVwZ 1996, 1145 ff.
Sodan, Helge „Der Anspruch auf Rechtsetzung und seine prozessuale Durchsetzbarkeit“
in NVwZ 2000, 601 ff.
Spieß, Gerhard „Inhaltskontrolle von Verträgen – Das Ende privatautonomer Vertragsgestaltung?“
in DVBl 1994, 1222 ff.
Spieth, Wolf Friedrich in Giesberts/Reinhardt (Hrsg.), BeckOK, Umweltrecht
Stand März 2006
Stadie, Holger „Unmittelbare Anwendung von EG-Richtlinien und Bestandskraft von Verwaltungsakten“
in NVwZ 1994, 435 ff.
Starck, Christian in v. Mangoldt/Klein (Begr.), Grundgesetz
4. Auflage, München 1999
Staudinger, v. Julius (Brgd.) Staudinger, BGB
Eckpfeiler des Zivilrechts
(zitiert: [Bearb.] in Staudinger, BGB 2005, Eckpfeiler des Zivilrechts)
Berlin 2005
Steinberg, Rudolf „Verfassungsrechtlicher Umweltschutz durch Grundrechte und Staatszielbestimmung“
in NJW 1996, 1985 ff.
Stelkens, Ulrich „Probleme des Europäischen Vertragsrechts nach dem Vertrag zur Gründung einer Europäischen Gemeinschaft und dem Vertrag über eine Verfassung für Europa“
in EuZW 2005, 299 ff.
Stelkens, Paul/Bonk, Heinz Joachim/Sachs, Michael (Hrsg.) Verwaltungsverfahrensgesetz, Kommentar
(zit.: [Bearb.] in Stelkens/Bonk/Sachs (Hrsg.), Verwaltungsverfahrensgesetz)
6. Auflage, München 2001

Stern, Klaus/Sachs, Michael Das Staatsrecht der Bundesrepublik Deutschland, Band III
(Zitiert: Stern, Staatsrecht)
München 1994
Stober, Rolf „Private Sicherheitsdienste als Dienstleister für die öffentliche Sicherheit?"
in ZRP 2001, 260 ff.
Stollmann, Frank Öffentliches Baurecht
(zitiert: Stollmann, Baurecht)
2. Auflage, München 2002
Storm, Peter-Christoph „Umweltgesetzbuch (UGB-KomE): Einsichten in ein Jahrhundertwerk"
in NVwZ 1999, 35 ff.
Storost, Ulrich „Umweltprobleme bei der Zulassung von Flughäfen – Materielle Schutzstandards (Immissions- und Naturschutz)"
in NVwZ 2004, 257 ff.
Straile, Frank „Betriebsbeauftragte in der gewerblichen Wirtschaft"
in Beilage zu BB 1999 Nr. 41, 1 ff.

Tettinger, Peter J. in Sachs (Hrsg.), Grundgesetz Kommentar
2. Auflage, München 1999
ders. „Rechtsschutz gegen kommunale Wettbewerbsteilnahme"
in NJW 1998, 3473 f.
Thull, Rüdiger in Giesberts/Reinhardt (Hrsg.), BeckOK, Umweltrecht
Stand März 2006
Thüsing, Gregor „Richtlinienkonforme Auslegung und unmittelbare Geltung von EG-Richtlinien im Anti-Diskriminierungsrecht"
in NJW 2003, 3441 ff.

Ule, Carl Hermann „Umweltschutz im Verfassungs- und Verwaltungsrecht"
in DVBl 1972, 437 ff.
Unger, v. Moritz „'Solange nicht mehr': Das BVerfG behauptet die normative Freiheit des deutschen Rechts"
in NVwZ 2005, 1266 ff.
Unruh, Peter „Die Zukunft der Andienungspflichten"
in ZUR 2000, 83 ff.

Versteyl, Ludger-Anselm in Kunig/Paetrow/Versteyl (Hrsg.), KrW-/AbfG
München 2003
Versteyl, Ludger-Anselm/Sondermann, Wolf Dieter Bundesbodenschutzgesetz Kommentar
2. Auflage, München 2005
Vierhaus, Hans-Peter „Das Bundes-Bodenschutzgesetz"
in NJW 1998, 1262 ff.
Vogel, Hans-Jochen „Gewaltenvermischung statt Gewaltenteilung?"
in NJW 1996, 1505 ff.

Wagner, Christean „Privatisierung im Justizvollzug – Ein Konzept für die Zukunft"
in ZRP 2000, 169 ff.
Wagner, Hellmut „Atomkompromiss und Ausstiegsgesetz"
in NVwZ 2001, 1089 ff.
ders. „Forschungsfreiheit und Regulierungsdichte"
in NVwZ 1998, 1235 ff.
ders. „Effizienz des Ordnungsrechts für den Umweltschutz"
in NVwZ 1995, 1046 ff.
Waibel, Dieter „Junges Volk mit alter Verfassung – Entstehung und Inhalt der amerikanischen Verfassung von 1787"
in JuS 2001, 1048 ff.
Weber-Fas, Rudolf „Freiheit durch Gewaltenteilung – Montesquieu und der moderne Verfassungsstaat"
in JuS 2005, 882 ff.
Weidemann, Clemens „Zum Verhältnis von privater Verwertungs- und kommunaler Entsorgungspflicht"
in NVwZ 2000, 1131 ff.
Wendenburg, Helge „Die Überwachungsinstrumente des KrW-/AbfG auf dem Prüfstand"
in ZUR 2000, 100 ff.
ders. in Hösel/v. Lersner (Begr.), Abfallrecht
Berlin 2006
Wendt, Rudolf in Sachs, Grundgesetz Kommentar
2. Auflage, München 1999
Wernsmann, Rainer „Wer bestimmt den Zweck einer grundrechtseinschränkenden Norm – BVerfG oder Gesetzgeber?"
in NVwZ 2000, 1360 ff.
ders. „Die Steuer als Eigentumsbeeinträchtigung?"
in NJW 2006, 1169 ff.

Westphal, Simone „Art. 20 a GG – Staatsziel, Umweltschutz'"
in JuS 2000, 339 ff.
Wieland, Joachim in Dreier (Hrsg.), Grundgesetz
München 1996
Willand, Achim/von Bechtolsheim, Caroline/Jänicke, Katrin „Kooperation oder Konkurrenz – kommunale Aspekte aktueller Entwicklungen der Abfallwirtschaft"
in ZUR 2000, 74 ff.
Wolf, Joachim Umweltrecht
München 2002
Wolfers, Benedikt „Produkt oder Abfall? Die Grenzen des neuen Abfallrechts"
in NVwZ 1998, 225 ff.
Wollenteit, Ulrich „Rechtliche Aspekte eines Pelztierhaltungsverbots – Ethischer Tierschutz im Spannungsfeld von Berufsfreiheit und Eigentumsgewährleistung"
in ZRP 2002, 199 ff.

Zöttl, Johannes „Die Mitteilung über die immissionsschutzrechtliche Genehmigungsbedürftigkeit einer Anlagenänderung"
in NVwZ 1998, 234 ff
Zuck, Rüdiger/Lenz, Christofer „Verfassungsrechtlicher Rechtsschutz gegen Europa – Prozessuale Möglichkeiten vor den Fachgerichten und dem BVerfG gegen Rechtsakte der Europäischen Gemeinschaft"
in NJW 1997, 1193 ff.
Zuleeg, Manfred „Bananen und Grundrechte – Anlass zum Konflikt zwischen europäischer und deutscher Gerichtsbarkeit"
in NJW 1997, 1201 ff.